古典文獻研究輯刊

三一編

潘美月・杜潔祥 主編

第6冊

嚴可均《全上古三代秦漢三國六朝文》研究（上）

陳玫玲 著

國家圖書館出版品預行編目資料

嚴可均《全上古三代秦漢三國六朝文》研究（上）／陳玫玲
著 -- 初版 -- 新北市：花木蘭文化事業有限公司，2020〔民
109〕
目 10+228 面；19×26 公分
（古典文獻研究輯刊 三一編；第 6 冊）
ISBN 978-986-518-146-8（精裝）
1.（清）嚴可均 2.學術思想 3.文學評論
011.08　　　　　　　　　　　　　　　　　109010385

ISBN-978-986-518-146-8

9 789865 181468

古典文獻研究輯刊
三一編 第 六 冊　　　　　　　ISBN：978-986-518-146-8

嚴可均《全上古三代秦漢三國六朝文》研究（上）

作　　者	陳玫玲
主　　編	潘美月、杜潔祥
總 編 輯	杜潔祥
副總編輯	楊嘉樂
編　　輯	許郁翎、張雅淋　美術編輯　陳逸婷
出　　版	花木蘭文化事業有限公司
發 行 人	高小娟
聯絡地址	235 新北市中和區中安街七二號十三樓
	電話：02-2923-1455／傳真：02-2923-1452
網　　址	http://www.huamulan.tw 信箱 hml810518@gmail.com
印　　刷	普羅文化出版廣告事業
初　　版	2020 年 9 月
全書字數	372562 字
定　　價	三一編 9 冊（精裝）台幣 26,000 元　　　版權所有 • 請勿翻印

嚴可均《全上古三代秦漢三國六朝文》研究（上）

陳玫玲 著

作者簡介

陳玫玲，研究的方向是屬於清人文獻領域，包括輯軼學、辨偽學與目錄學方面，而博士論文題目是清人嚴可均《全上古三代秦漢三國六朝文》，指導教授是中央研究院研究員林師慶彰先生。筆者自2萬多篇的錄文中逐篇對校，突破了前人的研究，也釐清許多的盲點。研究領域雖以文獻為主，卻也利用該材料，兼論其經學相關研究，如〈啖、趙、陸三家疑經與考辨學風之繼承與影響〉、〈張伯行編著《正誼堂全書》對理學的繼承〉、〈從書院學規看清人「實學」的開展─以蘇州書院為例〉。目前藉助文獻研究方法，正專研經學領域，延續經學學術的價值，是不因時代的變遷而有所抹滅的。

提　　要

　　《全上古三代秦漢三國六朝文》（簡稱《全文》）是部輯佚典範之作，由於該書部帙大，牽涉面向極廣，近代學者僅能針對幾個層面泛說，少有獨創新義。究其原因，未能審閱原典出處，僅憑《全文·凡例》說明而評析蠡測，迫使研究成果與文本有些許的差異。因此，本論以文本架構為主軸，探討作者小傳、篇文綴合、案語內容等相關議題，從而突破前人之研究。

　　嚴可均為乾嘉考證學風下之鉅子，其學貫通《六經》，浩博無涯名重一時。在進行研究時，有幾個發現：其一，《全文》如何繼承梅鼎祚《歷代文紀》、張溥《百三家集》二書，以及與彭兆孫《全上古三代附全秦文》、《南北朝文》兩者間之關係。其二，論文主要核心分三，首先，針對作者部分，分別以目次編列、作者考證為討論範圍。其排列次序的義涵，具有史家筆法；仿效《四庫全書總目》先釋家類後列道家之編次原則；創設新的類目「國初群雄」。取材出處注明有義例可尋，通常以史傳具載則不注明居多。對於篇文輯錄問題之探討，主在二個要項：第一輯錄篇文方式：（一）內容輯錄某處，全無增刪；（二）是內容有所增刪、改寫、合併；（三）是輯錄之篇文，凡出自同書，不同段落，內容有增刪、改寫、合併；（四）是輯錄篇文，出自多家文獻，有增刪、改寫、合併。透過本文研究，讓今人研治輯佚者了解，《全文》並非僅停留在抄書層面，從文獻取資觀點視之，確有其極高的學術價值。第二《全文》文體編次以根源五經原則，以及探討其分類異同之連結為研究面向。最末《全文》案語部分，在檢閱過程從而發現嚴可均利用其形式，表達自己的觀點、陳述稽考資料的歷程，提出合理解釋與成果。其中，尤以採酌史傳資料比例甚高，用意在於交代事件原委始末，兼及考校文字、相關人物。

　　統而言之，當代學術風氣以「通經明道」治學宗旨，借助文字、訓詁、音韻的方法來研治經學，考證範圍兼擅天文、地理、出土文獻。意謂《全文》編纂如此縝密，堪稱輯佚典範，是有其時代淵源。嚴氏一生用力於此，後人難以並駕齊驅。

目

次

第一章 緒 論

　　歷代的典籍散佚嚴重，遠在孔子時代已有文獻徵引不足的感慨了。「夏禮吾能言之，杞不足證也；殷禮吾能言之，宋不足證也，文獻不足故也。足，則吾能證之矣。」〔註1〕西漢以後，劉向（前77〜6）、歆（前53〜23）父子等人（整頓歷代典籍，檢視典籍的亡佚主因，乃是出於發展國家文教事業的需要為導向，采掘之事與後來輯佚意識不可同日而語。由是，有識之士早就注意到該問題所呈現的不同層面，如王應麟（1223〜1296）輯有《三家詩考》、《周易鄭氏注》等，將所見諸書鈔引《詩經鄭注》、《周易鄭注》等佚文、以及異義者，加以收錄結集。此後，類似著作應運而生，采拾他書所引相關注文，蒐輯成書。顯然，宋人輯佚的緣起動機似乎與復古、尊經、崇聖的思想相應，針對古籍因流傳近千年存在偽失之現象，企圖「恢復古籍原貌」該是當前主要訴求。顯見「疑經」、「復古」與考據學的發展是一體兩面，從當代學者主張回復至漢、唐之學，強調古注疏的重要，可見一斑。為了挽救古籍，便於讀書治學，刻意地興復漢代注疏，以搜集佚書和佚文為入手，在通過「校」與「議」，以恢復原貌。所謂的「校」是校勘，廣泛搜求古書所引之文，與當時通行本相對照，校出異文、闕文。「議」是在校勘的基礎上，辨證是非。誤則改之，闕則補之，衍則刪之。可見宋人在蒐亡輯佚的實踐方法上，給了後人有力的理論基礎，影響深遠。就此「輯佚」的意義，即是通過蒐集歷代亡佚的文獻，以及殘存在其他旁類的書籍中，將其重新併錄、整理，使其在不同程度上恢復佚書的原貌。〔註2〕

〔註1〕〔魏〕何晏；中華書局編：《論語集解・八佾》（北京：中華書局，收入《漢魏古注十三經》冊下，1998年），卷3，頁16〜17。

〔註2〕喻春龍：《清代輯佚研究》（上海：上海古籍出版社，2010年6月），頁66。

嚴可均（1762～1843）編纂的《全上古三代秦漢三國六朝文》一書，以
梅鼎祚（1549～1616）《歷代文紀》和張溥（1602～1641）《漢魏六朝百三家
集》﹝註3﹞為基礎，兼採古今史書、史注、類書、金石碑刻等，所輯錄範圍，
從上古迄至隋代，依朝代列分為十四集，凡朝代不明者則納編入第十五集《先
唐文》。計七百四十一卷，收錄 3495 作家之作品。舉凡采掇資料、整併錄合，
皆先以校勘為前提，追本溯源，徵引書籍達上千種之多。由此可見，《全上古
三代秦漢三國六朝文》能夠成書，有其歷史的淵源。除了受之於宋人疑經的
影響，明代的炫博好奇的學風在某種意義上，間接擴大其拾錄範圍。就經學
的層面言，探索方法的精密和科學化，實則代表乾嘉時期治學的一種重視古
本的風尚，涉及了辨偽、校勘、輯佚、辨誤、例證等範疇，以早期資料為判
斷是非之依據，在學術發展史具有象徵性的意義。由於當時的經學家多半精
通小學，多數學者認為重視《說文》研究與經學的復興關係緊密，是以「經
以明道」為首則，從而帶動了以考據為核心之學術趨向。推究當時的學者如
何從事《說文》的研究，又如何與治經的方法相互聯繫呢？至今，討論的並
不多。事實上，若單以嚴可均研究《說文》為本題意識，筆者認為其成就遠
不及清代《說文》四大家專精以及深入。﹝註4﹞今日看來，唯有從《全上古三
代秦漢三國六朝文》﹝註5﹞為研究主題，兼及嚴可均的相關著作，才能突破前
人的論述，符應時稱「博學四部」，代表清代考據學風之典範。其原由何在？
當從嚴可均、姚文田（1758～1827）同撰之《說文考異》中之「群書引《說
文》類」，蒐輯範圍廣泛，凡遇有各種舊籍引據《說文》者，盡皆摘錄成集，
其內容擴及四部如《易》、《書》、《詩》（附《魯詩》、《韓詩》、《周詩》）、《周
禮》、《春秋》、《淮南子》、《呂氏春秋》、《山海經》……。﹝註6﹞就此可知，嚴
氏治《說文》乃以輯佚之法入手。梁啟超（1873～1929）於古籍輯佚在發展
的敘述，相互呼應：

> 書籍遞嬗散亡，好學之士。每讀前代著錄，按索不獲，深致慨惜，
> 於是乎有輯佚之業。最初從事於此者為宋之王應麟，輯有《三家詩

﹝註 3﹞ 凡《歷代文紀》本文中簡稱《文紀》，《漢魏六朝百三家集》簡稱《百三家
　　　　集》，《四庫全書總目》簡稱《四庫總目》。

﹝註 4﹞ 《說文》四大家一般以為是段玉裁、王筠、桂馥、朱駿聲。

﹝註 5﹞ 《全上古三代秦漢三國六朝文》簡稱《全文》。

﹝註 6﹞ 轉引自陳韻珊：〈論嚴可均治《說文》的方法〉，《中國文學研究》第 10 期
　　　　（1996 年 6 月），頁 3～4。

考》、《周易鄭氏注》各一卷，附刻《玉海》中，傳於今。明中葉後，
文士喜摭拾僻書奇字以炫博，至有造偽書以欺人者，時則有孫瑴輯
《古微書》專搜羅緯書佚文，然而範圍既隘，體例亦復未善。入清
而此學遂成專門之業。〔註7〕

首先指出王氏輯錄《三家詩》、《周易鄭注》為注疏書之輯佚開其先河，次則
提出明代喜僻異書之風氣，帶動了造偽書之歪風，入清之後，則興起以考證
為中心，以輯佚為專門學之潮流。基此，清代輯佚始於編修《四庫全書》，梁
啟超在《清代學術概論》談到輯佚，曾言「吾輩尤有一事當感謝清儒者，曰
輯佚。」〔註8〕乾隆三十八年朱筠（1729～1781）奏請開四庫館，首以輯《永
樂大典》佚書為先務。可見，《四庫全書》編纂之動機，首以輯佚古籍為目的。
因循這個計畫，將《永樂大典》中輯錄以及編入《四庫存目》的舊籍，合計
為三百七十五種，四千九百二十六卷。單以此成果，在清儒以考據為核心價
值的眼光中，是不足以令人信服與滿足。於此，續而將《漢書・藝文志》、《隋
書・經籍志》等曾著錄而今已佚失者，逐步的將其輯出。對此，輯佚學風席
捲各地，尤見乾嘉學者，無不嘗試輯佚的工作。輯佚的範圍初從經部，漸及
史學、諸子、集部。取材的文獻資料，一則有唐宋間的數種大類書，如《藝
文類聚》、《初學記》、《太平御覽》等。另外，旁及諸經注疏及其他書籍，凡
有片簡殘語，幾乎搜羅殆盡。尤其明人孫瑴（1585～1643）《古微書》三十六
卷，以緯書為蒐羅核心，可惜不注明出處；此外，梅鼎祚《文紀》、張溥《百
三家集》，卷數僅有 118 卷，收錄 103 人。由是，嚴可均就在前人的基礎上，
以梅鼎祚《歷代文紀》、張溥《百三家集》為藍本，並參酌唐代《群書治要》
等類書，以及清人洪頤煊（1765～1833）《經典集林》等收輯的各種成果，擴
大采錄範圍、重新編纂、深入考證，使之更形齊備。葉德輝（1864～1927）
認為清代最有價值，部頭最大的輯佚書，當屬嚴可均《全上古三代秦漢三國
六朝文》（以下簡稱《全文》）最為絕後，或可謂空前。

乾嘉以來為是學者，如余蕭客《古經解鉤沈》，任大椿《小學鉤沈》，
孫馮翼《經典集林》，張澍《二酉堂叢書》，王謨《漢魏遺書鈔》、《晉
唐地理書鈔》，茆泮林《十種古佚書》，於經、史、子者，各有所取

〔註 7〕　梁啟超：《中國近三百年學術史》（天津：天津古籍出版社，2003 年 5 月），頁
　　　　293。

〔註 8〕　梁啟超：《清代學術概論》（北京：中國人民大學出版社，2004 年 9 月），頁
　　　　184～185。

重。然以多為貴，則嚴可均《全上古三代先秦兩漢魏晉南北朝先唐
文》，黃奭《漢學堂叢書》，馬國翰玉函山房輯佚書》，皆統四部為巨
編。嚴輯雖名古文，實包經、子、史在內，其搜采宏富，考證精詳，
較黃、馬二書尤為可據。〔註9〕

葉德輝總結乾嘉時期的輯佚巨作，相互比勘，將《全文》的特色與價值，「考
校精詳，較黃、馬二書尤為可據」昭然於世。筆者在查尋嚴可均資料時，發
現了今人如張榮輝在《中國文體通論》一書中，直言：「嚴氏此編，意在輯佚，
不求精粹，其旨趣如此。」〔註10〕又陳廷嘉言：「嚴氏不僅輯錄大量文章，而
且常注明文章產生的背景和結果。」〔註11〕兩者看法相違，是否有些偏頗？
若能進一步研究分析《全文》的內容與相關議題，相信會對這部書提供全面
性的了解，所謂《全文》「雖斷為殘珪，不誠書林之巨冊乎！」〔註12〕這部巨
帙文集，是將唐以前歷代留下來的鴻詞片語皆收輯起來，編一部總集。過程
中共引用了一千四百多種圖書，四百多種金石碑拓等，尤其利用出土文獻資
料，來研究典籍與歷史，並作為考訂文字之依據，最為創造性以及受到矚目。
其次，摘錄之篇文以綴合、存異同之方法整合；以及注明來源出處，並加案
語補充解說；每一篇首又繫之作者小傳，大略介紹其生平事蹟。採錄範圍上
從上古、三代、秦漢、三國、兩晉、宋、齊、梁、陳、北魏、北齊、北周、
以迄隋代，合計約二萬篇文章。每一作家所收錄之作品，按其文章性質、內
容分為七十類。其編纂有序，檢閱方便，實超乎《全唐詩》、《全唐文》之編
例。（詳見第四章〈作者編纂〉，第五章〈輯錄之篇文〉）尤其利用金石拓片，
實開二重證據研究之先河，可見嚴氏的貢獻不僅是輯佚，包括稽考方法，影
響所及遍於經學、史學、子學等各方面。

第一節　研究動機和範圍

　　乾嘉時期是考據學風最興盛之時代，而清學輯佚之興盛，是源於對陽明

〔註9〕〔清〕葉德輝：〈輯刻古書不始于王應麟〉，《書林清話》（北京：燕山出版社，
　　　　1999 年 12 月），頁 218。

〔註10〕張榮輝：〈以體格分類之文體〉，《中國文體通論》（高雄：高職叢書出版社，
　　　　1977 年 7 月），頁 390。

〔註11〕陳廷嘉、王同策、左振坤校點主編：〈校點前言〉，《全上古三代秦漢三國六朝
　　　　文》（石家莊：河北教育出版社，1997 年 10 月），頁 5。

〔註12〕〔清〕葉德輝：〈輯刻古書不始于王應麟〉，《書林清話》，頁 218。

心學「束書不觀」之反動，提出「返經汲古」，即是通過對儒家學說的「返本」和「正名」來恢復它的權威性。〔註 13〕在學術上重新思考，希望能夠從歷史傳統的文化中尋得「回歸原典」認同感。此時，就需依恃文獻是否具備完整性和真實性，來檢視經學。因此，輯佚學的發展就順勢出現，著眼在經典原貌上。清初的輯佚多為治經的需要，學者所所輯之書大多與研治經學有關。例如惠棟（1697～1758）輯《易漢學》、《九經古義》，姚之駰輯《後漢書補逸》等，以遵古興漢為宗。乾嘉學者認為經典文本的真實與否，既是文獻學的問題，也是儒家精神的體現。所以提出：「真書而非偽書，正文而非謬文，古本而非今本。」〔註 14〕由經學的研治，連帶引領辨偽、校勘、輯佚等課題之發展。以要求「本經」為極致目標，不僅遍尋亡佚之書，進而比勘各書之異同，將之引證豐贍，使之考核詳密。從而詳見乾嘉學者治經之方法，尤可略知經學家對經文詮釋的成果，所據由來。從這角度觀之，清代輯佚的目的在於道之顯現，而不是著眼於故訓，灼然可知。舉凡遺文的搜羅，字義之訓解，乃為求得聖人之道心為念。對此，網羅文獻耗時費力，以及範圍廣泛，連帶使眾多且有價值的舊籍文獻得以見天日。輯佚書紛出，特別來自私人藏書家。誠如來新夏所言：「清代前期的私家輯佚工作十分興盛，名家輩出。」〔註 15〕

　　嚴可均的輯佚著作《全上古三代秦漢三國六朝文》的出現，確實前有所承，他在張溥《百三家集》與梅鼎祚編《文紀》的基礎上，花了更多的工夫，去完成這套大部頭的書籍。今日來看，象徵著輯佚的發展，顯然已脫胎於乾嘉考據學，成為一種專門「學」的概念。吳仲強在《中國圖書館學史》指出，文獻學的發展，邁入新的里程，是與明清時期的學術文風有關。

> 明清時期，文獻學出現異常興旺發達的現象。文獻學各個領域均進
> 入系統全面地研究，成果斐然，達到鼎盛。這一局面的出現，一方
> 面是因為明清經濟發展，圖書比以前增多，需要對前代的文獻工作
> 進行總結；另一方面，則是因為統治者大興文字獄，鉗制學術思想，
> 使得文人學士大多轉向與政治沒有直接關係的文字、音韻、訓詁、
> 辨偽、輯佚等文獻學領域進行研究。〔註 16〕

〔註 13〕梁啟超：《清代學術概論》，頁 131～141。
〔註 14〕梁啟超：《清代學術概論》，頁 131～141。
〔註 15〕來新夏：〈清代前期的圖書事業〉，《社會科學戰線》，1986 年第 3 期，頁 59。
〔註 16〕吳仲強等：《中國圖書館史》（長沙：湖南出版社，1991 年 12 月），頁 230～231。

依此所言，文獻學的興盛，乃是受到政治的鉗制為主因外，文化事業的發達更不容忽視。其次，圖書文獻的發展，乃是依據學術風氣的脈動，應運而生。兩者相輔相成，從而興起文獻整理之必然性。其前置作業，涵蓋旁搜群籍，續而參稽眾本，將其編纂目錄，進而著錄各種版本，加以稽考，提出訂補糾正之根據，顯證輯佚乃是文獻考證的初步工作。〔註17〕

一、研究的動機

　　《全文》是清代輯佚的重要著作，歷來學者對其評價甚高。然而檢視學者的研究成果，不僅篇幅偏少，無法體現其書的價值，而且議論的主題頗多承襲。筆者查檢該書之文本，舉凡作者列次之文化層面、輯錄篇文的方式、案語相關之考證等，皆未能見諸於近人的論述。以致面對如此盛名之輯佚大著，以及對該書之認識和了解，顯得有不足之處。因此應該具有專著來探討其內容、體例、價值，使讀者能明白它的精義所在。尤其，今人對於嚴可均的著作研究，仍停留在《說文》相關的議題、生平事蹟上。例如2008年李士彪、吳雨晴著的《輯佚大家——嚴可均傳》；1995年陳韻珊、徐德明編纂的《清嚴可均事蹟著述編年》。對於《全文》的研究卻屈指可數。這些探討的文章，是針對《全文》的概述，以及對體例、增補、貽誤作些簡略的探討。而對於《全文》所呈現出的內在因素或者是外在編纂情況，包括輯佚的學術思想、義理、校勘考證等問題，皆未能全面開展與闡述。整體而論，《全文》雖具有學術研究的價值，但礙於它的「卷帙浩繁、通讀費時」，致使難以吸引學者的研究興趣，使得該書評價雖高，但缺乏學者的深入研究，實為可惜之事。再者根據目前臺灣、中國碩博士論文資料顯示，對於《全文》的研究共有七篇。研究範圍為六朝文的編年考與補正，包括《全三國文》、《全宋文》、《全後魏文》、《全齊文》、《全陳文》、《全後周文》、《全北齊文》。研究論述聚焦於一端，顯然未能全面完備成一體系。

　　近年來古籍數位化普及，引起一些學者對傳統學術在當代的定位，有了新的見解。有些前輩先進甚至認為古籍輯佚已經沒有存在的意義了，《古籍全文資料庫》的出現，瞬間即可得到大量線索，不需經過日積月累的辛苦，皓首窮經地苦讀，無疑是帶來文史哲研究的革命。就古籍輯佚學來說，筆者認

〔註17〕〔清〕嚴可均著：孫寶點校：〈商君書新校序〉，《嚴可均集》（杭州：浙江古籍出版社，2003年8月），頁409。

為要達到梁啟超眼中所謂之優秀古輯本，大抵需經過長時間之文獻搜集、校訂、鑑別、編次四道手續。古籍數位化確實為文獻的搜集提供了便利性，因為同一種書的佚文，會出現不同稱名；觀其內容，能判斷出自某書。無須經過校訂、鑑別來加以判斷。若從圖書的內容、呈現的思想脈絡來看，無疑是為漢學家的治學提供了極大幫助。然而，從輯佚學自身發展出來的考證特質來看，顯然是不夠全面。雖然現今有些前輩對輯佚一事抱有輕忽的態度，但又常利用一些輯佚材料開展考證活動。凡古佚書源流、亡佚詩文等追本朔源的工作，更需耗費時力，廣泛徵引群籍，董理爬梳，統合總匯以成一編。除此之外，周密考證更是不容輕怠，由此才能提高輯本之價值。

　　筆者生性喜好文獻整理之學，對其編纂、體例、價值、影響等等課題，都能產生探討之興趣。民國九十六年撰寫碩士論文《沈節甫及其紀錄彙編之研究》，初步奠定於輯佚叢書的概念，例如輯佚叢書有馬國翰《玉函山房輯佚書》、王謨《漢魏遺書鈔》等。對於清代學者精於古籍的整理，考據學的興起伴隨著輯佚的興盛，呈現出一種欣欣向榮的文化現象。《全文》既然是輯佚的權威之作，必定有它值得深探之價值，所以吸引筆者的注意。希望能以此書為研究的題材，繼續從事文獻整理的工作。總計研究的動機如下：

　　（一）嚴可均《全上古三代秦漢三國六朝文》歷經二十七年始成，全書七百四十一卷，上起上古，下迄隋代。廣採多方面資料，從完篇甚至零簡斷句均不棄置，全然蒐羅。前人雖對其遺漏或誤收等現象加以批評，不可否認，仍視它為清代文獻整理或輯佚工作的重要成果。〔註18〕除此之外，還輯有《陸賈新語》、《四民月令》等48種，104卷。輯書範圍遍及經、史、子、集各部，其中史志、地理類古輯本尤多。其中，《說文訂訂》一書，針對段玉裁（1735～1815）《說文》著作，進行校訂、糾正、補充，受到當代矚目；之外，還包括了考校經籍，利用新出土碑刻文獻，以及孫星衍（1753～1818）等人收藏，補訂王昶（1724～1806）《金石萃編》等。嚴氏著作眾多，然而針對《全文》或者是輯佚與校勘方面的文獻成就，例如校輯經籍利用哪些資料？校勘使用哪些治學方法等？學者都未有專文加以評論，致使其中的價值，都無法為學界所探知。因此，筆者認為從乾嘉考據學風的背景下，編纂此書的經過、輯佚的狀態、收書的過程、思想觀念的呈現等方面，是具有個人的風格與特色，實應該有專文加以評介。尤其是當代有那些的輯佚成果，比較分析出《全文》

〔註18〕洪湛侯：《文獻學》（臺北：藝文印書館，1994年3月），頁447。

的特色與內涵，確立他的考證成就後，可以補充前人論述的不足。嚴可均的文獻成就，在清代是具有影響力的學者。而平日所交遊往來的，不乏當代著名學者。藉從這些的學術團體，釐清清朝的學術脈絡。尤其最吸引筆者興趣的是探討《全文》的刊刻後，影響了哪一些的研究成果？尤其當時有哪一些的著作出現，可與《全文》作為比較。

（二）《全文》成書迄今，能夠享有盛譽，必有其研究價值。由於該書引證精博，所涉及的校勘之學非常深入，所以可供研究的題材是頗多的，值得我們重視。例如題稱的標示、引文的方式等等，究竟有何特殊的意義？此外，引書範圍擴及四部典籍，種類繁多，也有研究的價值。又該書編纂體例、分類的觀點，及類目的安排，均需要我們重新整理，才能有較為清楚的概念。由於此書牽涉的範圍頗廣，可供研究的主題也多，因此值得我們投注心力，多層面探討研究。因此之故，吸引筆者興趣，計畫以此書作為研究的題材。

（三）《全文》雖具有高度的學術價值，但成書既久，又受當時環境的影響，與今日相比，不管在取材上、引用內容上，頗有謬誤的地方，因此在探討其學術價值的同時，也必須釐正其中的錯誤，才有助於學者掌握明確的內容。此外，歷來學者對於該書的整理，或有錯誤的認知，或有未及周全之處，希望透過本論文全面性的整理，將相關的問題逐一糾正。例如《全三代文》收錄了〈釋氏〉類 19 篇，根據嚴氏的案語，說明編入《全三代文》的原因：

> 謹案：佛教始于周，《釋藏》所載佛說諸經中有敕、令、書、表，皆
> 周代外國文也，翻譯不無潤色，姑編入三代文。其不稱佛說者，如
> 《根本經》及《西域記》所載，西土先志中亦往往有書記，未詳時
> 代，編入先唐文。〔註19〕

佛教在印度出現，約是中國的周代，後來經過中國人翻譯潤色，所使用的文字，與當時通行的文字相符。基於此，嚴氏把它們編入在《全三代文》裡，視為上古周代之作品，理應屬於不同空間。對此，近人認為這是嚴氏犯了誤收的過失。筆者察考歷代文學總集，皆以這種概念來編纂上古三代文，包括《文紀》、《四庫全書》。由此，這些論述包括作品錯置時代等議題，是必須重新檢視與討論的。

〔註19〕〔清〕嚴可均：《全上古三代文·釋氏》，卷 16，冊 1，頁 209。

　　（四）《全文》是輯佚之作，為各朝文類的總集或稱別集。網羅了三千多個作家，並作有小傳概述其人、其著作。利用這些文獻資料，筆者認為值得進一步探索各時代的文學發展區域、學術發展的脈絡。《全文》也是治經學或文學的重要工具書。透過本書的研究與整理，有助於日後跨足於經學或文學的探索。不僅增加個人的學術視野，可以進一步拓展其他的領域。

二、研究範圍

　　佚文的收錄、分類編目，是一項龐雜繁瑣，耗時費力的功夫。但若能將全數佚文篇目，仔細分析，對於百年來充滿疑團的《全文》，必能有撥雲見日之效益。本文以《全文》一書為探討中心，對於輯本佚文的誤收、字句的舛誤、零簡殘句的整合，篇文的完整面貌，都可以收到明確的推論。佚，是散失的意思。輯佚是一項重要的文獻整理工作，宋明以來持續不斷進行整理，然以清代為最盛行與完備。從《全文》的內容中，可以得見嚴可均的文化素質。本文研究的對象是以嚴可均《全文》為主軸，旁及有關輯佚學的活動。全書可以區分為編輯架構以及相關的案語補注。對此，顯見清代的輯佚開展，大抵均建立在經學的基礎上；從而窺探出其內在思想之理路。因而分列為四個面向加以說明，據此可見每個層面，各有待解決的議題，不可合為一談。

（一）編輯架構及其相關的考證

　　從研究基礎的層面來看，文本所建立的架構是以探求《全文》的編輯體例為重要的根源。第一層面，《全文》收錄了三千多家著作，又按其文章性質，分為七十類。面對如此豐富的文獻資料，其編纂動機、程序、引文方式等等，均有探討的必要。因為研究者必須先對該書如何列目、採集資料、編纂概念有所認識，進而提出相較之前的研究成果，給予合理的詮釋，以及對《全文》之中的種種結構提供更具深度的分析。據此前提，才有可能對作者所編纂的體例、篇文的徵引方式、案語的考證等方面，有所回應。是否能如實彰顯經學「通經明道」？《全文》之所以能具體呈現會通思想的成因，即緣由於此。尤其是佚文的書目著錄，歷代的版本、本人輯佚的原因和資料的來源，均是本論文所要論述的重點。其中著錄的文獻是否有重出的現象？各類典籍的數量、存佚為何？都需要重新檢視，才能逐漸核心開展。即從文本內容來了解《全文》的基本架構，若能透過量化的分析，可以瞭解各朝學術的演變情況，

地方文化的特殊發展脈絡。例如《全漢文》收錄 334 人，每一人皆撰寫人物
傳記，是可以補《史記》與《漢書》內容之不足。另外，針對經籍的著錄內
容，擬以目錄學的分析方法，來研究相關的問題。首先是探求編纂的體例、
文體分類的觀念及其纂寫方法，並對其中具有的學術意義或文獻價值，提出
心得與看法。

（二）案語補注，管窺辨證之根柢

〈論張舜徽在考證、辨偽、輯佚諸領域的理論建設〉一文中，提出「考
證、辨偽、輯佚並不是彼此孤立的，而是密切聯繫的。辨偽工作中，少不了
考證；考證的依據，也得借助於辨偽的成果；而輯佚更需要利用考證、辨偽
的成果，否則輯佚之書就沒有用處。」〔註 20〕根據張舜徽的看法，輯佚與校
勘、目錄等古籍整理方法是密切相關的，這也是張舜徽強調「博通」的概念。
《全文》一書的案語，內容範圍極為博大，主要是運用目錄、版本、校勘、
辨偽學科等相關知識，融合貫通，進行輯佚校補。例如《全三國文》卷 33，〈蔣
子萬機論〉，嚴氏案語：

> 「《隋志》雜家《蔣子萬機論》八卷，蔣濟撰。《舊唐志》同。《新唐
> 志》作十卷。《直齋書錄解題》作二卷，稱：「《館閣書目》十卷五十
> 五篇，今惟十五篇，非完書也。」至明而二卷本亦亡。焦竑《國史
> 經籍志》以八卷入儒家，以二卷入雜家，虛列書名，又誤分為兩
> 種，不足據。今從《群書治要》寫出三篇，亦以各書所徵引，定著
> 一卷。〔註21〕

蔣濟的《蔣子萬機論》久已亡佚，嚴可均從《群書治要》錄出〈攻略〉、〈刑
論〉、〈用奇〉三篇；又據《三國志注》、《北堂書鈔》、《太平御覽》等書所引，
輯出不知篇名的片斷殘語二十多條。因之，嚴氏先以書名、著者、流傳亡佚
等情況入手，從而將日本新近傳入的《群書治要》為底本，旁稽他書；其次，
輔以校勘辨證之法，進而認定嚴氏之《蔣子萬機論》輯本，優於前人研究成
果。嚴氏深受乾嘉學風的影響，《全文》一書費時二十七年，結集成冊。考證
成就為該書重要的研究課題，尤其以精審校勘的特色為世人肯定。考察案語
補注，記載各種內容，實際上已突破傳統的校勘界限，青出於藍勝於藍。對

〔註20〕 韋順莉：〈論張舜徽在考證、辨偽、輯佚諸領域的理論建設〉，《廣西社會科
學》，2002 年第 5 期，總第 89 期，頁 177～179。
〔註21〕 〔清〕嚴可均：〈蔣子《萬機論》〉，《全三國文‧蔣濟》，卷 33，冊 3，頁 338。

此，於相關的治學方法，考證的觀點有何特殊之處？若能透過案語的分類比較，釐析條例，俾使讀者能一目了然其考證成就。

1、辨章學術源流，言必有據

梁啟超在〈清代學者整理舊學之總成績〉一文中，提出對於輯佚書優劣的標準：「佚文出自何書，必須注明；數書同引，則舉最先。能確遵此例者優，否則劣。」〔註22〕嚴氏輯佚古籍，非常重視目錄，不管著錄卷數、書名異同、歷代版本源流、書目解題等，都需應用到各朝的官私目錄。所以在《全文》中共引用了《漢書・藝文志》、《隋書・經籍志》、《郡齋讀書志》等十餘種，其中《漢志》、《隋志》更是特別倚重。透過著錄數量的增減，可使我們清楚掌握各種典籍的變化，並加上相關文獻的佐證，可使我們掌握一些為人所忽視的議題。同時，參照各目錄的解題或著錄的題跋，進一步探究佚書撰者之緣由及其內容，有俾略知原書之情況。這是值得研究和闡釋的，例如《全宋文・王叔之》：

> 叔之字穆仲，琅邪人，晉宋間處士。有《莊子義疏》三卷，集十卷。
> （見《經典釋文・敘錄》案：隋《經籍志》有宋《王敦之集》七卷，梁十卷。）《舊唐・經籍志》宋《王叔之集》十卷，群書引見作升之、叔之、叔元、淑之與敦之。名凡五異，疑止一人。今從《釋文・敘錄》列叔之名，而各書互異，每篇分注之。）〔註23〕

嚴氏從歷代經籍志《隨書・經籍志》、《舊唐書・經籍志》找出《王叔之集》有七卷、十卷之別；其次，名字也有五種不同稱名。可見各朝書目文獻提供了圖書源流之功能性，以及稽考撰者著作之相關資料。

2、求同存異，以疑存疑

嚴氏非常注重善本，他說：「說貴宋元本者，非但古色古香，閱之爽心鑿目也。即便爛壞不全，魯魚彌望，亦仍有絕佳處，略讀始能知之。」〔註24〕例如在輯《全文》采唐石經本，宋本有《御覽》、《廣韻》、《孟子》、《山海經》、《初學記》等，明刻本《御覽》、《肘後備急方》；明鈔本《書鈔》、《永樂大典》等，影宋本《西京雜記》等，日本國本《論語義疏》等，同一文使用不同版本，都一一注明。尤其在校勘各佚文時，必須參照歷代諸本，綴合同、存異

〔註22〕梁啟超：《中國近三百年學術史》，頁303。
〔註23〕〔清〕嚴可均：《全宋文・王叔之》，卷57，冊6，頁544。
〔註24〕〔清〕嚴可均：〈書宋本後周書〉，《嚴可均集》，卷6，頁6。

同，一一輯補佚漏之處。對其輯佚之文，所據何書，以及諸本之異同，皆詳實記載。例如《商君書》宋本已亡佚，嚴可均所得是元刊本，已是彌足珍貴。他取明代范欽本、秦四麟本加以校正。光緒二年（1876）浙江書局把嚴氏校正本刊入《二十二子》。不但後人的各種注本大都以此元刊本為底本，還常被翻印。如《二十五子匯函》、《子書二十二種》等等，可見嚴氏所校定之舊籍，備受肯定。因此在纂輯《全文》時，在見存不錄的原則下，從而在《群書治要》中，發現了該書之佚文，進而辯證「六法」當作「立法」，目前仍被學者視為正確可靠。〔註25〕

3、拾遺補闕，臻於完美

清初期的古文獻家，漢宋兼採，著重在義理。所謂義理，則是通過語言所表達的思想。顧炎武（1613～1682）批判王守仁（1472～1529）的心學，標榜朱熹（1130～1200）的理學，但他重考據、宣揚「經學即理學」，在義理學上講求考古求真，力求古文獻的原義。梁啟超對輯佚的標準有一條：「既須求備，又需求真。若貪多而誤認他書為本書佚文則劣。」〔註26〕堅守求真求古之信條，乃為當時考據學風以宗經明道為標誌，視輯佚與辨偽為入手初端，彼此對等，具相輔相成之關係。《全文》的體例包含佚文、著錄、小傳、數書同引，並在出處之下加注案語，以考證、注明偽託之作、補充說明一些有關的文本問題。嚴氏在〈凡例〉中說：「或宋以前依託，畢登無所去取。」〔註27〕依《全文》體例，凡依託之文，皆在案語中說明。

4、博采類書，存逸訂補

類書在中國古代社會有很多種功能，其中最顯著的一種是輔助詩文的創作。《四庫總目》說：

> 此體一興，而操觚者易於檢尋，註書者利於剽竊，轉輾稗販，實學頗荒。然古籍散亡，十不存一，遺文舊事，往往託以得存。《藝文類聚》、《初學記》、《太平御覽》諸編，殘璣斷璧，至捃拾不窮，要不可謂之無補也。其專考一事，如《同姓名錄》之類者，別無可附，舊皆入之類書，今亦仍其例。〔註28〕

〔註25〕〔清〕嚴可均：〈六法〉，《全上古三代文・商鞅》，卷11，冊1，頁188。

〔註26〕梁啟超：《中國近三百年學術史》，頁303。

〔註27〕〔清〕嚴可均：〈凡例〉，《全上古三代秦漢三國六朝文》，頁19～20。

〔註28〕〔清〕永瑢等：《四庫全書總目》（北京：中華書局，1997年1月），卷135，頁1141。

「操觚者」是指詩文作者，「註書者」是指詩文作注的學者，兩者都在文學的活動中占有重要一環。絕大數人認為，類書主要功能是為文人創作詩文準備材料。類書的發展與文體的變化息息相關，文體的變化刺激了文人對成語、典故的需求，從而啟發類書出版的熱潮；就文學總集的編纂形式來看，也是依循類書以內容、隸事（用典的材料）為原則，進行編排。反觀《文選》的編輯體例，將題材、主題相近的作品，將之以類相從，其編目方式乃與後之類書，十分類似。例如將「賦」體之下，依內容而區分類別，使之保留先唐時期的名篇作品，又可兼及考證某一歷史事件的發展演變和某一文體的源流脈絡。

　　類書向來被視為輯佚取材的重點，乃因唐代之後的編纂者是在前人的基礎上，增補了許多的資料以及開展更多主題；而這些新增的材料，均是從唐前的舊籍鈔撮而來。對此，《全文》輯錄的對象是以類書為主要範疇，為何該書一向被視為輯佚書之典範？是因為採錄繁瑣又不易之故外，又是經過嚴氏的裁剪、鎔鑄，異於前人的編目，獨樹一格。如某些的篇章，徵引不同類書，依循上下文義，將之綴合，結集成篇。又如《北堂書鈔》乃為最早四大類書之一，徵引的資料則有八百多種，其中保存了許多已失傳之舊籍。嚴氏曾為此當為工具，傾注很多的心力，從事校勘工作，並草創《全文》輯佚之概念。類書在清代特別受到重視，認為富有極高的價值，可見一斑。尤其在當代僅見陳禹謨的校刻本通行於世，且同被收入《四庫全書》；該書訛誤謬說、臆改增刪的地方很多，嚴氏誠然不以為善本。就〈書北堂書鈔原本後〉一文中得知，嚴氏增補輯校了卷一至卷二十六；又續校對卷百三十二至卷百六十。〔註29〕由於資金缺乏，導致遲遲無法刊行問世，直至光緒十四年（1888）孔廣陶（1832～1890）等人，將嚴氏所校《北堂書鈔》增訂一萬八千餘條，從而肯定加以刊刻面世。據此，舉凡《全文》的徵引採錄，編排列次，考證檢索，不同以往，來者也難追。

　　本文所論述之《全文》，以河北教育出版社所出版為據，博采相關文獻，董理爬梳，不僅釐清作者列次問題，一反常態提出因襲《史記》、《漢書》之編目，兼及解決《文紀》分合不當之因由。其次，深入探究篇文、題名輯錄原則，庶幾可略知斷簡殘篇之原始梗概。其三，舉凡該書案語內容，均加以分析、歸納，以能知嚴氏或者清代炫奇博學之讀書風氣。

〔註29〕〔清〕嚴可均：〈書北堂書鈔原本後〉，《嚴可均集》，卷8，頁272～274。

第二節　前人研究之成果

　　《全文》研究的困難之一，在於現今所留存關於成書經過，以及相關的線索太少了。過去的研究者大多只能依靠《全文·凡例》的內容進行衍伸，反招致一些錯誤推論。如作者的編列目次，與《五代史》是牛馬不相及的；或者案語的相關考證，至今皆未有一篇相關論述。這些資料足可與「訓詁通經明道」相印證，以及編書過程的研究依據。根據近人的論文及文獻資料顯示，有關嚴可均的研究以《說文》的校勘研究、及生平著述事蹟考為多。陳亦伶在《晚明學者的經學輯佚活動》論文中，指出各朝代輯佚文獻的篇章數量，明顯發現相關的研究仍著重在清代一朝，配合《輯佚目錄》可發現仍聚焦在嚴可均、馬國翰、黃奭等幾人身上。從《輯佚目錄》著錄的資料查究，論述的都不是很深入，大抵附屬於校勘學之內。〔註30〕輯佚是清代樸學的特色之一，許多著名的輯佚學家也都出現在此時，但真正深入探討清代輯佚學的著作卻很少，僅就清代學術略述輯佚現象時，提出對《全文》的探討。以下是這些單篇文章的論述，可以得見今人對於《全文》的研究是必須作全面整理。

一、嚴可均《說文》研究

　　1、《清嚴可均之說文研究》，陳韻珊撰，國立臺灣大學中文研究所博士論文，1996 年 1 月。內容是探討嚴可均對於《說文》的著述與研究成果。

　　2、《嚴可均《說文校議》研究》，陳茂松撰，逢甲大學中國文學研究所碩士論文，1998 年 6 月。內容主要是以嚴可均《說文校議》為依據，探討嚴可均對於《說文》的見解。

　　3、〈嚴可均《說文聲類》一書之內容與體例淺探〉，陳素貞撰，發表於《中台醫專學報》第 4 期（1987 年 4 月）。此篇內容是敘述嚴可均的《說文聲類》一書的體例，著重在諧聲偏旁之衍聲，從而推求古韻之分類以及通轉關係。

　　根據上文之分析，是以研究嚴氏《說文》的著作為探討中心，所涉及的內容是以《說文校議》所引用的例證為多，以嚴氏的同聲諧音、以及反駁段玉裁《說文》事例為課題。由此，可適切了解《全文》文字考異的重要基礎。

〔註30〕陳亦伶：《晚明學者經學的輯佚活動》（新北市：國立臺北大學古典文獻研究所碩士論文，2009 年 6 月），頁 12～13。

二、嚴可均輯佚專著

1、《嚴可均《全陳文》編年補正》，蘇建撰，西北大學中國古代文學碩士論文，2004 年 9 月。本文以嚴氏《全陳文》為底本，對其所收 340 篇文章中 200 餘篇嚴氏未作繫年者，逐一編年考證，考證過程中，凡涉及之典籍資料，必廣為徵引，互為參照，據而作結。

2、《嚴可均《全後周文》編年考》，張鵬撰，西北大學中國古代文學碩士論文，2004 年 9 月。此文主要是針對嚴君的《全後周文》所收錄的著作，逐一編年考證。若與嚴氏的編年有所牴觸，則訂正與說明。

3、《嚴可均《全北齊文》編年考》，魏宏利撰，西北大學中國古代文學碩士論文，2004 年 9 月。此論文主要是針對嚴氏《全北齊文》所收錄的著作，逐一編年考證。若與嚴氏的編年有所牴觸，則訂正與說明。

4、《嚴可均《全齊文》編年考》，張衛宏撰，西北大學中國古代文學碩士論文，2004 年 9 月。此論文主要是針對嚴君的《全齊文》所收錄的著作，逐一編年考證。若與嚴氏的編年有所牴觸，則訂正與說明。

5、《嚴可均《全三國文》編年補正》，張爭光撰，西北大學中國古代文學碩士論文，2008 年 7 月。內容是以《全三國文》所注文章出處為線索，檢索其所徵引的文獻，核對文字，力求徵引更多的資料出處，便於文本互校。以分析與綜合的方法，通過對史傳、詩文以及碑刻墓志中涉及的史實、人物及事跡的考證來確定文章之問世年限。

6、《嚴可均《全宋文》編年補正》，谷海林撰，西北大學中國古代文學碩士論文，2008 年 7 月。論文主要是就《全宋文》的劉宋底本，對其所收 1615 篇（存目 4 篇）文章逐一編年考證。

7、《嚴可均《全後魏文》編年補正》，胡全銀撰，西北大學中國古代文學碩士論文，2008 年 7 月。本文特以嚴氏《全後魏文》為底本，對其所收 1367 篇文章逐一編年考證，在考證過程中，就《全後魏文》所注文章出處為線索，依據相關史料，對文章的背景進行考察。其次，檢索相關文獻，相互參照，盡其所能加以求證，從而確定其作年。

綜合上述之七篇論文，顯然於《全文》的研究均側重在六朝文的編年考與補正。反之，於嚴氏輯佚學相關之議題，目前尚付之闕如。甚至，其他觸及較多的文獻，例如引書內容、校勘、目錄、辨偽等問題，卻未能逐一探討。尤其，對於《全文》價值、學術思想，目前卻遲遲未見相關的研究。所以就

研究現況而言，對於《全文》的重要性，實在很難反應它龐大的規模。因此筆者認為有重新整理與探討的必要。

三、嚴可均生平及著作

（一）生平

1、〈烏程嚴鐵橋生平及其著作〉，洪煥椿撰，發表在《浙江省通志館館刊》第 1 卷第 1 期（1945 年 2 月），略述嚴可均的生平事蹟與著作。

（二）編著

1、〈跋國立中央圖書館藏嚴可均《校本初學記》〉，閻琴南撰，《木鐸雜誌》第 7 期（1978 年 3 月）。敘述《初學記》的版本，並說明嚴可均所校本輾轉在臺灣存藏的過程。

2、〈烏程嚴可均著書輯書考略〉，洪煥椿撰，刊印在《浙江文獻叢考》（浙江人民出版社，1983 年 2 月）。這篇略述嚴可均的著作，包括自著部分、輯佚部分、校勘部分。

3、〈嚴可均著述考〉，徐德明撰，《華東師範大學學報》，1995 年第 5 期。內文是概略說明嚴可均目前所見存著作情況，約有 74 種。檢視《國朝未刊遺書志略》得知，嚴氏多數著作早已佚失，端賴該書目之記載而見其梗概。

4、〈嚴可均的著述考略〉，陳韻珊撰，分為上下篇刊登於《大陸雜誌》第 91 卷第 3 期（1995 年 9 月）、第 91 卷第 4 期（1995 年 10 月）。內文敘述嚴可均的著作考與探討著作風格及時代特色。

5、《清嚴可均著述編年》，陳韻珊、徐德明撰，臺北藝文印書館出版，1995 年。內容是敘述嚴可均的生平與著述。

6、〈嚴可均詩初探〉，李士彪撰，《魯東大學學報》第 25 卷第 6 期（2008 年 11 月）。根據嚴可均的詩歌題材、思想、風格加以探討，並分析其詩學主張，是以漢魏晉唐為宗，力求清新自然，與當時考據學風是有所分別的。

依據上文分析，嚴氏著作散佚嚴重，今人對此之研究，尚停留在著述考略的議題上，尤其僅以《四錄堂類集》為據，未能有所突破新發現。如果研究嚴氏任何一種著述，都無法適當處理以及詳查問題。對此，若企圖以短篇的論文，將之陳述嚴氏各種著作，可說是難上加難。

（三）治學方法

1、〈嚴可均輯佚方法初探〉，徐德明撰，《古籍整理研究學刊》1987 年第

4 期（1987 年 12 月）提出《全文》所使用的方法，有存異同、綴合同、存義同、注出處、考作者、揪謬誤等。

2、〈嚴可均輯佚方法再探〉，徐德明撰，《古籍整理研究學刊》1989 年第 1 期（1989 年 3 月），提出《全文》所使用的校勘方法，以金石拓片校勘、利用類書加以輯佚等課題。

3、〈嚴可均的貢獻與我們的工作〉，陳廷嘉、王同策、左振坤撰，《長春師院學報》，1994 年第 3 期。探討《全文》編輯者的問題、價值、成就等概論。

4、〈試論嚴可均對文獻輯佚的貢獻〉，陳華撰，《杭州大學學報》第 26 卷第 1 期（1996 年 3 月）。就《全文》為例，「從輯錄通代，歸模浩大」、「搜集齊全，罕與倫比」、「考訂周詳，校勘精密」、「編排有序，秩然不紊」四個方面探討嚴可均對文獻以及輯佚的貢獻。

5、〈論嚴可均治《說文》的方法〉，陳韻珊撰，發表在《中國文學研究》第 10 期（1996 年 6 月）。此篇是從嚴可均《說文》著作成書的始末，探討嚴氏治《說文》的次第與方法。

6、〈嚴可均對《說文》體例的認識〉，陳韻珊撰，發表在《中國文字》新 21 期（1996 年 12 月）。是以《說文》引經為例證，討論嚴氏義例的擬定過程及運用的原則。

7、〈嚴可均輯佚學的成績〉，中嶋隆藏撰，《清代學術論叢》第二輯（臺北：文津出版社，2001 年 11 月）。敘述清代考據學中輯佚的發展，以嚴可均的輯佚學為例，提出正負兩面的看法。

8、〈嚴可均之輯佚學初探〉，林曉筠撰，《有鳳初鳴年刊》第 2 期（2005 年 7 月）。以介紹嚴可均《全文》為探討中心，並淺談其成就及其對後世之影響。

9、〈略論中古子籍的整理——從嚴可均的工作談起〉，張蓓蓓撰，《漢學研究》76 第 32 期第 1 卷（2014 年 3 月），藉由嚴可均《全文》工作，討論中古子籍整理的資藉、方法、方向、視野等問題，並特別強調唐人所編《群書治要》、《意林》二書的重要文獻價值，並延伸介紹涉及中古子學研究的清代學者如周廣業、黃以周、譚獻、劉咸炘等人的工作。

10、〈明清所編總集造成的漢魏六朝文本變異——拼接插入的處理手本及其方法論反省〉，林曉光撰，《漢學研究》總 84 期第 34 期第 1 卷（2016 年 3

月），主在探討錄文拼接的另一反思，是否涉及到新文本的課題。似乎與「回歸原典」的主張，背道而馳。

關於嚴氏治學方法，諸家說法大同小異，皆圍繞金石拓片校勘、拓展蒐羅範圍、以經證經的說理方式，顯見清代考證之方法，發揮「文字訓詁通經明道」的共識。

（四）思想及其他

1、〈學海之大觀藝林寶籍——嚴可均編輯思想與成就論〉，閻現章、楊規劃撰，《河南大學學報》第 35 卷第 6 期（1995 年 11 月）。本文是針對嚴可均的《全文》編輯思想、特色，簡略探討分析。

2、〈嚴可均、嚴萬里辨〉，曹紅軍撰，《文教資料》，1996 年 06 期。辨明嚴可均與嚴萬里是同一人，從光緒《鐵橋漫稿》裡提及嚴可均的初名為嚴萬里。將作者多年來之疑惑，終於解開。

3、〈《全上古三代秦漢三國六朝文》隱涵體例發微〉，王京州撰，《書目季刊》第 40 卷第 3 期（2006 年 12 月）。敘述《全文》所隱含的體例，並補充加註說明。同時也指出其不足、貽誤之處。

可見嚴氏思想之相關議題比想像中要少，或許是出於清代考據學者無法相應理解著作本身，所呈現之思想特質。目前為止，尚未有學者對該部分進行較詳密的分析。此點，可參見第九章《全文》輯佚價值，將會作全面性的解說。

四、《全文》補遺正誤

（一）補漏拾遺

1、〈嚴鐵橋《全齊梁文》補遺〉，小尾郊一撰，邱棨錫譯，《華學月刊》第 32 期（1974 年 8 月）。該文乃以補《全文》漏注、以及未收入之文獻為重點。其次，注明仍見存於今之篇文，而以漢魏六朝時期為探討的範圍。

2、〈《全上古三代秦漢三國六朝文》所收誄文補遺〉，趙厚均撰，《古籍整理研究學刊》第 4 期（1995 年 7 月）。就嚴氏在《全文》所收錄的誄文，對於遺漏部分作一些補遺。

3、〈嚴可均《全晉宋文補遺》〉，森野繁夫撰、陳鴻森譯，《書目季刊》第 36 卷第 3 期（2002 年 12 月）。根據嚴氏的《全晉文》、《全宋文》部分，所採佚文出處加註不全者，或者是遺漏失採的作品，深入探討並將之補遺。

對《全文》的補遺，就前人研究的文獻成果而觀，所佔比例不是很高。若從韓理洲在《全三國兩晉南朝文補遺》一文提及，指出嚴氏漏遺之過，乃因後來尤其十九世紀末至 2005 年間，各地出土的碑刻墓誌如雨後春筍般的被發現，或者是未能及時收載之故。這種情況在所難免，不能過分苛責。〔註31〕

（二）辨誤補正

1、〈讀嚴可均輯高誘文〉，王利器撰，《經世日報·讀書周刊》第 5 期（1946年 9 月）。提出對《全文》所收錄高誘之文的看法，進而加以補正。

2、〈讀嚴可均輯晉潛帝文〉，王利器撰，《經世日報·讀書周刊》第 7 期（1946 年 9 月 25 日）。提出對《全文》所收錄晉潛帝之文的觀點，並加以補正。

3、〈嚴可均《全上古三代秦漢三國六朝文》編次得失平議〉，張嚴撰，《大陸雜誌》第 21 卷第 8 期（1970 年 10 月 31 日）。內容是對《全文》收錄唐以前單篇文章，檢討其編次得失。

4、〈論嚴輯《全文》之失誤〉，王利器撰，《成都大學學報》1995 年第 1 期。列舉二三事，說明《全文》失誤之處。有張升《友論》、《抱朴子外篇》佚文與王粲《荊州文學官志》、劉恢與劉惔等篇文。

5、〈論《全上古三代三國六朝文》之闕誤〉，程章燦撰，《南京大學學報》1995 年第 1 期。依據《全文》的編輯體例、方法及其所存在的闕誤問題，從出處的地方標示出來。有漏標、闕輯、主名有誤、小傳闕誤、篇名闕誤、內文闕誤、出處訛誤、重出誤收、存目疏漏、存疑待考等十個面向。分析其失誤之因，並糾正其訛誤之處。

6、〈點校嚴可均《全晉文》札記〉，李無未撰，《古籍整理研究學刊》第 4、5 期合刊（1998 年 Z1）。作者在點校嚴氏所輯《全晉文》時，發現一些失誤的地方，並舉例說明之。

7、〈論嚴可均《全上古三代文》之失與《全秦文》的編輯體例〉，趙逵夫撰，《西北師大學報》第 41 卷第 5 期（2004 年 9 月）。從《全秦文》收錄篇文，分析其失誤的地方，訂正或者注明。目的是反映先秦文獻的成果與新的資料。

8、〈嚴可均《王逸集》輯佚補正〉，蔣方撰，《文學遺產》2006 年第 6

〔註31〕韓理洲：〈前言〉，《全三國兩晉南朝文補遺》（西安：三秦出版社，2013 年 3月），頁 1。

期。根據嚴可均《全後漢文》中所收錄王逸之文，一卷，大部分取自類書，
或是《楚辭章句》。作者根據唐、宋間的著作，提出對《王逸集》的補充與
校正。

9、〈嚴可鈞《全漢文》、《全後漢文》輯錄漢賦之闕誤〉，踪凡撰，《文學
遺產》2007 年第 6 期。作者針對《全文》誤收或漏收之漢賦情況，進行檢討，
以及舉例說明。

10、〈嚴輯《全北齊文》、《全後周文》辨正〉，魏宏利、張鵬撰，《西北大
學學報》第 38 卷第 2 期（2008 年 3 月）。就嚴可均輯《全北齊文》、《全後周
文》采用文獻等方法，加以分析。尤其，當中普遍存在有誤收、重出、作者
誤考等現況，將之統理與辨證。凡對北齊與後周之政治、經濟、文化等研究，
提供了參考作用。

11、〈《全上古三代秦漢三國六朝文》證誤〉，王利器撰，《文學評論》1996
年第 2 期。說明《全文》闕誤之處，並舉證說明，其失誤最為嚴重之處。

12、〈《全上古三代秦漢三國六朝文》中三曹文考證〉，張爭光撰，《平原
大學學報》第 24 卷第 6 期（2007 年 12 月）。考證曹操、曹丕、曹植之文，存
在諸多失誤，作者因此分析其訛誤成因，並列舉實例來訂正之。

13、〈嚴可均輯桓譚《新論》佚文商議〉，王菱撰，《文史札記》2007 年第
4 期。漢代桓譚的《新論》原書早已散失，嚴氏《全文》將之收錄於《全後漢
文》卷十三至卷十五。該文重點乃以《桓子新論》仍需進一步研議，並列舉
一、二事作為佐證。

從上文所述而知，《全文》所呈現之種種問題，大抵有三，一是篇文錯置、
二是作者考證有誤、三是出處未能注明。由此見之，歷來學者凡對《全文》
進行闕疑補證，大致皆從文獻出處及作家作品之是非二方面著手。尤其透
過目錄著載以及多方的引證，藉以考論作家作品之流變、內容、形式。唯筆
者在檢視《全文》之際，則有某些與前輩扞格之想法，存疑已久。於是，
乃就《全文》之作者、篇文、案語三部分，加以梳理，望能有所突破前人之
論點。

（三）《全文》簡介

1、〈讀嚴可均《全上古三代秦漢三國六朝文》〉，陳啟雲撰，《新亞生活》
第 1 卷第 3 期（1958 年 6 月 2 日）。該文介紹《全文》的內容與體例。

2、〈評陳廷嘉、王同策、左振坤校點《全上古三代秦漢三國六朝文》嚴

可均輯新版橫排本〉，王君夫撰，《東方文化》第 37 卷第 1 期（1999 年 11 月）。
新版標點本《全文》的優缺點，與舊本的比較。

　　自從《全文》成書以來，即能獲得多方的賞識，但是學者在運用之時，
也逐漸發現其中的錯誤。因此大多數學者皆投注在補正的工作，也頗有考訂
的成果。所涉及的事項眾多，但往往僅發其端緒，未能作全面的整理。考訂
的內容也是言簡意賅，所談論的要點卻是未能周全。如收錄的佚文有重出之
例，或者僅採隨校隨錄的方式，仍留有補輯的空間。另外，前人校勘之際，
往往注重單字的釐訂，使得校勘的成果，失之瑣碎，難成系統。這些校訂工
作，成果有限，至於其他刪略、錯簡、訛誤等情況，卻未有進一步的整理，
實為可惜。因此筆者擬以《全文》為研究主題，釐定其中的體例、糾正其中
的錯誤、闡發嚴可均的輯佚思想、探討他的學術思想、配合當代的輯佚成果，
提高《全文》的價值。

第三節　研究價值

　　〈談古書輯佚〉一文中，談及輯佚之所以存在並得以發展，一是因為圖
書文獻散失嚴重，二是學術研究需要充分掌握保存這文獻資料，而佚文往往
在研究中能提供重要的訊息。〔註 32〕從輯佚運用的方法來看，一是搜求廣泛，
二是體例規範與輯文講求完善，三是輯佚與校勘、目錄、版本緊密結合。所
以輯佚需要精密的考證，需要和文獻各學科相互結合。〔註 33〕根據先輩學者
的研究，大都把輯佚的概念與校勘混淆，坊間都把輯佚當作校勘、辨偽的附
屬。例如〈嚴可均輯佚方法初探〉與〈嚴可均輯佚方法的再探〉，對於嚴氏《全
文》所使用的方法分為綴合法、存義同、注出處、考作者、揪謬誤等〔註 34〕，
或者以金石拓本來校勘原典故籍。〔註 35〕《全文》的出現，價值已受到學者
的肯定，但歷來一般人著重在校勘方面來探索，致使其傑出的研究成果令人

〔註32〕朱建亮、吳杰：〈談古書輯佚〉，《圖書館學研究》，1991 年第 3 期，頁 65～
　　　　67。
〔註33〕曹書杰：〈輯佚與輯佚學〉，《古籍整理研究學刊》，1990 年第 2 期，頁 46～
　　　　49。
〔註34〕徐德明：〈嚴可均輯佚方法初探〉，《古籍整理研究學刊》，1987 年第 4 期，頁
　　　　56～59。
〔註35〕徐德明：〈嚴可均輯佚方法再探〉，《古籍整理研究學刊》，1987 年第 1 期，頁
　　　　40～47。

所知有限。筆者擬就之前的作者、篇文、案語等三部分的分析辨證後，延伸出該書內在理路，思想意識以及學術的基礎為中心，提出合理的評述，以闡發、評價其內容，並提出合宜的學術定位與批判。如果直接引述《全文》的案語說明，其思想或者考證的特色，雖可呈現書中某些內容，卻很難突顯著述者如何思考以及採用何種思路來進行考證等較為細緻的層面。因此本文研究的意義，應從《全文》編纂體例論起，合併其采錄的資料觀之，不僅可以深探其學問之根基，也可以了解那個時代研究方法的特色。那些是嚴氏獨創，以及如何體現清代「通經明道」之價值所在？

一、近人研究之探索

嚴可均《全上古三代秦漢三國六朝文》一書，為研究唐以前思想、文學不可或缺之要籍。因其卷帙浩繁、間有漏失，自所難免。可惜清代如蔣瓚《全上古三代秦漢三國晉南北朝編目》三卷，近人劉盼遂（1896～1966）〈三家補嚴氏全上古三代秦漢三國晉南北朝文輯目〉，皆有補闕成果，可惜至今仍未能周全。甚至日本學者小尾郊一〈嚴鐵橋《全齊梁文》補遺〉、森野繁夫〈嚴可均《全晉文》補遺〉針對《漢魏六朝百三家集》所有晉代作家二十二人與南朝宋八人之作品，補嚴氏《全晉文》、《全宋文》之漏失。事實上前人對《全文》之研究，包括失收、誤收等等相關問題，透過案語研究的內涵、現代古籍數位化的整合，組織了相關的材料作為佐證，可使我們掌握今人對《全文》的誤解與遺漏。例如今人討論最多的是「時代作者」的問題，尤其是偏重在《全上古三代文》收錄的篇章，很多被證實為戰國時代依託之文。嚴氏在〈凡例〉也說明「文有煩簡、完闕、雅俗，或寫刻承訛，或宋已前依託，畢登無所去取」，〔註36〕歷來對於託名之偽書、偽文之編纂次序，大多是依照所託時代為列序。《四庫總目》：

> 託名之書，有知其贗作之人者，有不知贗作之人者，不能一一歸其時代，故《漢書·藝文志》仍從其所託之時代為次，今悉從其例。
> 〔註37〕

從《漢書·藝文志》開始，將依托之文或書，歸入所託的時代。這種編次方法，一直為後人沿襲，包括朱彝尊（1629～1709）《經義考》，後來之《全唐

〔註36〕〔清〕嚴可均：〈凡例〉，《全上古三代秦漢三國六朝文》，頁20。
〔註37〕〔清〕紀昀等：《欽定四庫全書總目》，卷1，頁2。

文》、《全唐詩》等文學總集，無人能超越這種編排方式。另外是文體的辨證，賦體、詩體不分，這也是需要重新釐定辨認，有些確實是今人的誤解。例如王利器引據《全宋文・咏雪離合》一文，認為嚴氏有「以詩為文」之失誤。其文曰：

> 霰先集兮雪霏霏，散輝素兮被詹廷，曲室寒兮朔風屬，川陸迥兮百籟銘。〔註38〕

這首是詩或者是賦，從文體特徵上很難判定。《太平御覽》卷十二，歸類在〈霰〉篇，《古詩紀》卷五十五有收錄，北宋吳淑（947～1002）《事類賦》卷三，清代吳士玉（1665～1733）《御定駢字類編》卷二七均有收錄。除《古詩紀》當作詩體之外，其他皆歸屬為賦體。王利器為何會認為是詩體呢？主要是著重在這題名上〈咏雪離合〉。

　　顯而言之，《全文》一書的編纂極其複雜，在文獻領域上具有劃時代的影響。就今人的研究，追溯文本之實例，似乎有些違和。筆者認為若能借助電子文獻的檢索，參閱其他相關典籍來分析，相信不會出現籠統地、武斷地加以評議。

二、徵實為宗，以彰顯經學

　　今日的學術工作講求創新，有時會使人忽略了蒐羅整理材料的難度與價值。清代無徵不信的學術風氣下，整理了不少古文獻，也發現不少新的材料。嚴可均著作龐大，大抵是以經學、小學為基礎，其輯佚方面之最大成就，乃聚焦在集部資料之蒐錄。然這些材料出處，通常是取自於漢代、古注。例如在纂輯《全文》階段時，先整理校勘《百三家集》中之文學大家作品，如司馬相如（前179～前117）、揚雄（前53～18）等文集。〈司馬長卿集序〉中提到，司馬相如之文章在魏晉時期早已出現散佚現象，隋唐時期通行之二卷本，是六朝人重輯，與今傳本無甚區別。其次，《凡將篇》本是司馬相如之文字學專著，嚴氏從群書徵引中找到五個片段，並附諸於集末；對此，除可看出司馬相如在經學上之造詣深厚外，善用經學典故抒寫文章之一面，後人卻少提及，概是受其文名所累而忽略之。這反映了嚴可均重視經學思想，與當時的考據學風是互相呼應的。〔註39〕《司馬相如集》收入《全漢文》的卷二十一

〔註38〕〔清〕嚴可均：〈咏雪離合〉，《全宋文・王韶之》，卷18，冊7，頁184。

〔註39〕〔清〕嚴可均：〈司馬長卿集序〉，《鐵橋漫稿》（臺北：世界書局，1984年10月），卷6，頁21。

至卷二十二。

其次，乾嘉考據學風席捲天下之際，「考」在《全文》中佔據絕大的重要性。觀其體要，凡撰人爵里、著書指歸、佚文出處，無不條舉而疏通證明之，務求一書一字之原委，梗概可見。由此，強調立說須徵實有據，推求古訓上溯孔門之義，並依循審音釋字之訓詁方法，藉以通經而明其義。凡所見該書之注語，皆為考求文字、音義、名物、度數，乃至典章制度等課題。呼應乾嘉特有之「徵實」核心，以及注重「單詞片義」，從而與嚴氏其他經學著作，相互連結呼應，直見其真章。

三、清代會通之背景

清儒輯佚風氣的興盛，緣起於「回歸原典」運動，目的是要闡發聖人的微言大義。而他們的輯佚思想主要體現在輯佚書之序跋、凡例中，對於該書的輯佚原則、方法、取材、目的、意義、佚書的流傳、前人的輯佚成果等方面，都作了簡要說明，這些論述具體呈現作者本身的學術思想。〔註40〕例如〈凡例〉有言：

> 是編于四部為總集，亦為別集，與經史子三部必分為界限，然界限有定而無定，詔令、書檄、天文、地理、五行、食貨、刑法之文出於《書》、騷賦韵語出於《詩》，禮議出於《禮》、紀傳出於《春秋》，百家九流皆六經餘潤，故四部別派而同源。故《文選》為總集，而收〈毛詩序〉、〈尚書序〉、〈春秋左氏傳序〉、史論、史述贊、〈典論論文〉，《文苑英華》、《唐文粹》亦如此。是經史子三部闖入集部。〔註41〕

上文指出《全文》之主要是以蒐輯佚文為能事。如要能遂行該書價值，則非徵引廣泛之資料不可。嚴氏所徵引資料之類別，除六朝傳世之文獻外，當以唐宋文獻為重點，甚至涵蓋當代時人之文獻。亦此，顯見嚴氏善於利用後人研究成果，從目錄專著、史傳、序跋，擴大到類書、政書、文集、筆記小說等。於此，顯見該書之價值非凡，不僅輯載大量文章，而且常常加注該文之歷史沿革。雖然治學方法，是偏重於清代考證學，於義理之說發揮甚少。然

〔註40〕臧其猛：〈論張舜徽先生的輯佚思想〉，《大學圖書情報學刊》第 27 卷第 2 期（2009 年 4 月），頁 82～85。

〔註41〕陳延嘉、王同策、左振坤校點主編：〈凡例〉，《全上古三代秦漢三國六朝文》，頁 19～20。

而，就《全文》所涉及之內容駁雜，尤可見其所徵引篇文中之案語說明，誠如評議該選文之原始本末，均能有獨道見解；或者所收載資料，藉以考訂史實，提供史料上的不足。例如崔實的《四民月令》一卷及〈敘錄〉一篇，收錄於《全後漢文》卷四十七，其後將此敘修訂，收入《鐵橋漫稿》卷五。〔註42〕崔氏的《四民月令》在清代有任兆麟和王謨（1731～1817）的輯本，嚴可均在兩人的基礎上，加以重輯，並逐月分類，共區分為十二章。原書有注，疑為崔氏自注，嚴可均則將正文與注文加以區別，俾觀覽者不難覆檢。換言之，該書的蒐錄不以輯佚為終極目標，從而驗證了先秦農政制度、先民思想、天人合一之觀念。不僅是著眼在民俗風土的介紹，更是為後人提供了農業史之參酌資料。

　　研究《全文》所涉及的內容，例如檢視清儒在輯佚工作上的成就為何？均是影響嚴可均輯佚成就之助因。此外，嚴氏使用何種輯佚方法？輯佚對象、選文的標準，佚文的來源出處、採錄哪些的版本，是否為善本？佚書或佚文之真偽？編輯體例所呈現的內在理路？當代對其評價如何？以及相關輯佚有哪些？這些疑問，在目前所見的文獻當中，皆無法全然得到解答。因此，筆者將以《全文》為研究的範疇，接著再透過清人文集、傳記資料、清代地方志、書目題跋等史料，挖掘出嚴可均對輯佚學的具體事蹟，徹底了解《全文》之價值與貢獻。總而論之，本文期望一反前人之論述，儘量將史料中記載有關嚴可均的生平著述，確認後並羅列出來，以便從這些蛛絲馬跡裡探析他的思想。對此加以延伸清代輯佚書之特色，與學術風氣之呼應。並依循當代之藏書、刻書環境作一個全面性的解析，希望可以獲致有關嚴可均學術理念之內在層次。再者，利用《全文》的研究，能夠將嚴可均的治學成就作一個說明，並且了解其編纂的思想、收錄文集的標準，以及對後世之貢獻等等。尤其這部文學總集是具有時代性，對隋以前包括上古文學研究是有所助益的。也希望透過這樣的論述，借助電子資料庫的支援，進而精實的查索，有俾於學界使用。使這部文學總集能提供給廣大讀者，更大的便利性與參考功能。

〔註42〕〔清〕嚴可均：〈四民月令敘〉，《鐵橋漫搞》，卷6，頁26。

第二章 《全文》成書背景

嚴可均字景文，又字廣文，號鐵橋（初名萬里，字叔卿），浙江烏程縣人。生於乾隆二十七年（1762），卒於道光二十三年（1843）。楊峴曾載其軼事：

> 試禮部，主試者貴人，索得先生卷，欲魁之，以詩失諧斥。或勸先
> 生詣謝，貴人喜且謂之曰：「君大博通，顧詩失諧何？」先生瞠目曰：
> 「唐始以律詩取士，今所傳失諧者十九矣。」貴人失色，罷。〔註1〕

嚴氏生性孤傲峭拔，意謂嚴氏視科場為俗務，且不肯屈附權勢。作詩鍾情於漢魏，淳古有體，可惜格律不足，故而出現詩韻不諧的現象。論其學問「於學無不通，尤邃於許氏書。鄉之人，識與不識皆敬服甚」。凡遇後進好學者，則多方獎掖，有問必答。〔註2〕嚴可均曾自編詩文集，《鐵橋詩集》十四卷、《鐵橋文稿》十六卷、《鐵橋漫稿》八卷，以少作不足存為由，逐漸刪減，不欲問世。道光十七年（1837）族弟嚴章福為其重編《鐵橋漫稿》十三卷，附在其校輯著述《四錄堂類集》之末。依據現有史料記載，嚴氏十六歲開始治經，即乾隆四十二年（1777）。陳韻珊在〈嚴可均的生平與著述〉說：「一個人的學術發展往往受到時代思潮與個人經歷的影響，因此探討嚴可均的《說文》學之前，鳥瞰其生平事蹟與著述概況實屬必要。」〔註3〕由此推知，嚴氏的學術成就，必有其時代的淵源。李士彪指出乾嘉風氣對嚴氏影響，說：

> 嚴可均的學術成就，就是乾嘉學風的產物，是清代考據學的一個組

〔註1〕〔清〕楊峴撰；〔清〕繆荃孫纂錄：〈書嚴先生逸事〉，《續碑傳集》（臺北：明文書局，收入《清代傳記叢刊》第 119 冊，1985 年），卷 72，頁 214。

〔註2〕〔清〕楊峴撰；〔清〕繆荃孫纂錄：〈書嚴先生逸事〉，《續碑傳集》收入《清代傳記叢刊》第 119 冊，1985 年），卷 72，頁 213～214。

〔註3〕陳韻珊：《清嚴可均之說文學研究》（臺北：國立臺灣大學中文研究所博士論文，1996 年 1 月），頁 23。

　　成部分，有著深刻的歷史必然性，但主要還是由他的主觀努力造成
　　的。〔註4〕

據此，嚴氏的著述特質，某部分是受到乾嘉考據盛行之影響。雖有其歷史承
襲的脈絡，仍肯定其孜孜不倦之耕耘。茲據《清嚴可均事蹟著述編年》〔註5〕
化繁為簡，以表格的方式呈現，於嚴氏的交遊、著述等相關議題，希冀能有
一個清晰的面貌。

附錄：嚴可均著述與交遊之對照表

年號	紀年	歲	著　　作	交　遊	備　　　註
乾隆	四四	18	錄〈晉侯盤銘〉	鈕樹玉	
	四六	20			弱冠與通人遊
	四八	22			遊林屋洞
	五十	24			重遊林屋洞
	五四	28		徐　松（星伯）	送「王仲堪墓誌」拓本
	五六	30	詩友結集	詩　友	鷗波小閣賦詩
	五七	31	《鐵橋詩集》		
	五八	32	《商君書新校正》		署名西吳嚴萬里
	五九	33		姚文田	在京，研討《說文》
	六十	34		諸藏書家	幕府姚文田
嘉慶	一	35	《說文長編》	姚文田　丁授經	丁氏甲乙丙丁長編校《說文》
	二	36	《唐石經校文》	葉紹楏　瞿中溶	丁溶《唐石經考辨》
	三	37		袁廷檮	
	四	38		袁又愷　陳鱣　張溥曾孫	〈書明刻本《太平御覽》後〉

〔註4〕李士彪；吳雨晴著：《輯佚大家——嚴可均傳》（杭州：浙江人民出版社，2008
　　年11月），頁213。
〔註5〕陳韻珊：《清嚴可均事蹟著述編年》，簡稱《事蹟著述編年》（臺北：藝文印書
　　館，1995年12月）。

五	39	《說文訂訂》		
六	40	始撰《說文聲類》	張惠言 孫星衍	會試落第，輯錄《太平御覽》等書所引《說文》；〈書管子後〉
七	41	校《北堂書鈔》、錄《公孫龍子》、《尹文子》、《鬻子》、《新語》	王石華	孫星衍幕府；顧廣圻、王引之、錢東垣、洪筠軒參與；在粵得拓本三種
八	42		宋　湘 金德恩	
九	43	《群書引《說文》類》、《說文聲類》		《群書引說文類》（《說文長編》）姚衡書〈小學述聞〉
十	44	《說文疏義》、《說文校義》、錄〈高貞碑〉《金石總纂》	孫星衍	輯鐘鼎拓本，草創《說文翼》，石鼓文
十一	45	校《魏三體石經遺字考》、〈許君事蹟考〉	洪頤煊	〈漢戚伯著碑〉
十二	46	與孫同輯《平津館金石萃編》、增輯《說文解字翼》、〈朱曇思等一百人造像記〉、校補《京氏易傳》		臨摹〈薛氏鐘鼎款識法鐵〉古篆
十三	47	《山東鹽法志》，校《司馬長卿集》、《楊子雲集》		拓「重立天寶井銘」、全唐文館臣屬輯失載唐碑；草創《全文》
十四	48		吳山尊 顧廣圻	校集孫藏周至宋碑文；校宋小字本《說文》（與顧不合）；得明拓〈泰山刻石〉
十五	49	輯《歐陽棐集古目》，輯《傅子》	葉東卿 臧　庸	摹〈西嶽華山廟碑〉，拓〈方道顯造釋迦像記碑〉，孫校《孔子集語》、敘錄《抱朴子》內篇
十六	50	鈔校《商子》	徐星伯 瞿中溶	摹〈西嶽華山廟碑〉，孫校《孔子集語》、敘錄《抱朴子》內篇
十七	51	輯《說苑》	繼　昌	紐樹玉〈石刻急就章書後〉
十八	52		周山人	
十九	53	輯《崔實政論》、《陸景典語》、《崔實四民月令》	廖　寅	續編《全文》、〈書廖刻《華陽國志後》〉

二十	54	輯《桓子新論》、《體論》、《篤論》、《昌言》、《典論》、《聖賢高士傳贊》、《蔣子萬機論》、《孝經鄭氏注》、《闕子》、《王孫子》、《申子》、《鄧析子》、《鷁子》、《吳興山墟名》、《吳興記》、《南越志》、《世要論》、《政論》、袁子《政論》與《正書》、《風土記》。校補《慎子》、《初學記》、《意林》	伍　福	《吳興山墟名》已佚，繆荃孫增輯；〈書兮中鍾後〉；〈陳禹謨刻《北堂書鈔》後〉；〈書伍詒堂所藏西嶽華山廟碑後〉；助孫刊《孔子集語》；俞正燮見《全上古周一秦八代文》不全本，嚴氏《全文》大抵完成
二一	55	《全上古三代秦漢三國六朝文目錄》、鈔《爾雅圖贊》、《山海經圖贊》、校《抱朴子外篇》	俞正燮繼　昌楊傳九	輯《傅子》四卷，〈金培英墓誌表〉〈書秦泰山刻石殘碑後〉
二二	56	編《先唐文》、輯《符子》、《蘇子》	繼　昌孫星衍方　體	〈代繼蓮龕敘抱朴子校勘記〉
二三	57	《抱朴子》內、外篇校勘記及佚文跋	俞正燮	〈書尚書顧命後〉；為孫輯《治城山館遺稿》；助龔慶《澄清堂續稿》；與俞討論《全文》；吳山尊請彭兆蓀輯《全上古三代文》
二四	58	《校拾雅》；〈周鐵瓢詩稿敘〉、〈秋室詩錄〉	夏味堂	夏味堂著《拾雅》；〈周鐵瓢詩稿敘〉、〈秋室詩錄〉
道光	一	60		吳山尊、彭兆蓀卒
	二	61	俞正燮	李兆洛為鮑氏輯《八代全文》；嚴證許慎卒年
	三	62		〈與姚秋農侍郎書〉、〈甲癸議〉
	四	63		《全文》已修訂告一段落
	六	65	吳汝霖	
	七	66	《建德縣志》	周興嶧孫爾準	
	八	67		陳用光陳榮玠陸芝蓉	〈答湯雨生將軍書〉、〈書顏魯公文集後〉、〈書宋本後周書後〉、〈書劉子後〉、〈書說苑後〉

九	68	《鐵橋時文》	陸芝蓉	《爾雅新義》稱經妖，題〈書王尚書殿試卷後〉、〈書北堂書鈔原本後〉
十	69	輯《黃帝占》		重編《蔡中郎集》
十三	72		陳用光 黃式三 吳德旋 俞正燮	
十四	73		陳用光 黃式三 俞正燮 許 翰 黃蕘圃	《全文》告成七百餘卷，得拓本〈張黑女墓志〉；〈孝經鄭注後敘〉；〈書汪小米所藏北堂書鈔原本後〉
十七	76		徐星伯 苗 夔 張 穆 俞正燮	祁寯藻《說文繫傳校勘記》
十八	77		瞿中溶 庾仲卿	嚴章福刊《鐵橋曼搞》
十九	78		李申耆 俞正燮 黃式三	《全三古周秦八代文》目錄
二二	81	《說文注補鈔》、《大悲咒石刻考異》		重校《蔡中郎集》，增收〈月令章句〉
二三	82			卒

就上述表格，具體透露兩種意涵，其一是嚴氏之學術歷程，約可析作三個時期，（一）是 32 歲以前為治學醞釀時期；（二）是 33 歲時入都，與姚文田（1785～1827）等人交遊，開始致力於《說文》之研究，且得益友之助伴，由此開展其校書、輯書之輝煌生涯。中以孫星衍、姚文田、俞正燮（1775～1840）等助力及影響最大；（三）是 62 歲以後半仕半隱，全心謄寫《全文》為重心，度過晚年生活。其二，觀察其交遊友人及其著述，顯然《全文》成書的淵源，有其時代性。據此，本章區分三節討論，第一節為嚴可均生平及《全文》成書過程，第二節當代輯佚發展之概況，第三節剖析當代學術風氣之成因。

第一節　嚴可均生平及《全文》成書過程

　　由相關的地方志書、史傳資料，勾勒嚴氏一生的行誼。其享壽 82 歲，寢寐將近六十載在破書堆中，著述不輟。校輯注書七十餘種，合編為《四錄堂類集》。據〈唐石經校文敘〉談到十六歲因得國子監及毛氏汲古閣注疏本，始治經。弱冠時，與賢達通人遊，又見宋版十行本，始對石經流傳生疑竇，而啟發校輯石經之念頭。其敘說：

　　　　逮弱冠後，與通人游，獲見宋板十行等本，始知今本不足多。既又思若漢，若魏，若唐，若孟蜀，若宋嘉祐、紹興各立石經，今僅嘉祐四石、紹興八十七石，皆殘本，而唐大和石壁二百二十八石巍然獨存，此天地間經本之最完最舊者。志欲通校一再過，購得裝冊本，有補字可疑，屢校屢輟業。〔註6〕

就此上文，透出兩個關鍵點，一是 20 歲見宋本十行書，始知古籍流傳中，所造成的殘篇斷簡；二是由此開始關注，今日通行之石經殘本，與之對比類推，始知今本的不足與漏誤。據此，立下校輯之初志。顯見嚴氏的校輯生涯，當以乾隆四十六年（1781）為萌芽開展。乾隆五十四年（1788）嚴氏 28 歲，得拓本「王仲堪墓誌」於徐松（1781～1848），就以該拓本考究王仲堪之事蹟，及各史傳記載之異同。上述二證，嚴氏始校輯，當以金石碑刻為發端。〔註7〕32 歲校《商君書》其〈商君書新校正序〉敘及校正該書之方法，參稽眾本、旁搜群籍、勘正紕繆、疑其不可考者，十去三四。顯證考辨文字、校注經籍，在入京之前已具有相當能力。〔註8〕至於如何開其輝煌成果，今按其著述年表，當以 33 歲入京後，開始邁入輯校人生之里程碑。依此，本文所要探求重點有二，一是嚴氏交遊助伴，對其學術影響；二是從《全文》成書的過程，受到舊友故人之問學影響，如姚文田之《說文》，孫星衍之輯校，俞正燮之補充校注，三者彼此交錯，加以連結而顯示出《全文》編纂之特質。

一、嚴可均學術歷程及其交遊知己

　　嚴可均 33 歲之前，大抵皆在縣庠求學、遊賞鄉邦景致、交結志趣相投之友。如〈壬子上巳翁氏山樓寄友人〉一詩即是最佳寫照，其注文云：「去歲上

〔註6〕〔清〕嚴可均著：〈唐石經校文敘〉，《嚴可均集》（杭州：浙江古籍出版社，2013 年 8 月），卷 5，頁 159。

〔註7〕〔清〕嚴可均：〈王仲堪墓誌〉，《嚴可均集》，卷 10，頁 339。

〔註8〕〔清〕嚴可均：〈商君書新校正序〉，《嚴可均集·附錄》，頁 409。

已，集同人於歐波小閣，皆賦詩，雪篷擅場。」〔註9〕此外，據《事蹟著述編年》分析，嚴氏一生從事學術研究，其歷程當與徐松、姚文田、孫星衍、俞正燮有著密切關係。然就具體事證上來看，其中以姚文田治《說文》，孫星衍輯校金石碑刻、校刻經籍、蒐羅《全文》資料，俞正燮為其校勘《全文》目錄，不管在學術適性方向，皆產生極大影響。許多的研究成果，是與姚、孫兩人合作完成的，況且在經濟上尤受到二人的支持。今擇，姚文田、孫星衍、俞正燮，予以介紹。

（一）姚文田與其治《說文》之關係

姚文田，字秋農，歸安人，嘉慶四年（1799）己未科一甲進士，授職修撰《全唐文》。其生平記載如下：

> 歷官詹事府、翰林院、內閣學士、禮部尚書，卒諡文僖。生平博覽群
> 書，精於考覈，兼明古秫傳。撰有《春秋經傳朔閏表》二卷。〔註10〕

「博覽群書，精於考覈」，均是當時乾嘉學風，問學基礎。此外，其他著作有《學易討原》、《四書瑣語》、《邃雅堂學古錄》、《說文聲系》、《說文解字考異》、《偏旁舉略》、《古音諧》、《四聲易知錄》、《漢初年月日表》，及與嚴氏同撰《說文長編》。由此可知，姚氏廣泛涉獵各種知識，當以經部小學類為主。《清史稿》論其行事，有極高的評價：

> 持己方嚴，數督學政，革除陋例，斥偽體，拔真才，典試號得士。
> 論學尊宋儒，所著書則宗漢學。博綜群籍，兼諳天文占驗。林清之
> 變未起，彗入紫微垣；道光初，彗見南斗下，主外夷兵事：文田皆
> 先事言之。〔註11〕

觀其行事作為，持守方正，以博稽群籍，兼及天文占術為稱名。論學尊宋儒，著述以漢學為宗，反映當時儒者已慢慢傾向，漢宋融合並蓄之風。又此，嚴氏之所以能受到其照顧及支援，應是論學理念相合為主因。乾隆五十九年（1794），嚴氏在京，常與丁溶（1829～1879）、葉紹楏（？～1821）等人往還，且大量收藏或目驗名碑古揭、善本珍刻，這都為後來所編纂及著述提供了有利養分。嘉慶元年（1796）入姚文田幕中，共治《說文》。嘉慶四年（1799），

〔註9〕〔清〕嚴可均：〈壬子上巳翁氏山樓寄友〉，《嚴可均集》，頁73。
〔註10〕〔清〕阮元撰；〔清〕羅士琳續補：《疇人傳》（上海：上海古籍出版社，《續修四庫全書》第516冊，1995年），卷52，頁518。
〔註11〕〔清〕趙爾巽等：《清史稿·姚文田列傳》，卷374，冊38，頁11551。

由於姚館忙於纂修《全唐文》，編纂《說文長編》的工作，全權委託嚴氏負責，並由丁授經從旁輔助。〔註12〕此時，又經友人贈貽段玉裁（1735～1815）《汲古閣說文訂》，促使撰寫《說文訂訂》的動機，其言：

> 《汲古閣說文訂》一卷，金壇段君若膺纂。其助之者，吾友又愷袁氏也。段君素以治《說文》有聲於時。嘉慶三年，此書流播都下，都下翕然稱之。余不觀近人書，以又愷故，亦寓目焉。……余既愛又愷之勤且慎，能助段君，能令天下之治《說文》者獲此一編，似獲數宋本也，又服段君之援稽當而決擇明也。尚有與鄙見未合者，下六十二簽，倩友人匯錄一卷，題云《說文訂訂》。以寄又愷，且就正段君。〔註13〕

依上文觀之，《說文訂訂》纂寫動機有二，其一是著眼於修正段氏《汲古閣說文訂》之訛誤，及其著錄意見不合之處。其二，就「此書流播都下，都下翕然稱之」、「余不觀近人書」二語來看，頗有欲與段氏較勁之弦外之意。顯見，嚴氏在嘉慶初期的治學方向，尤其在治《說文》領域上，當與居於姚文田幕中有很大關聯性。其後，嘉慶九年（1804）在姚文田邀約下，講學於廣東豐山書院，且刊《說文聲類》；又在嘉慶十年（1805）接受孫星衍之邀，入平津館校書，同時《說文校議》於此草創。簡言之，嚴可均於《說文》相關著作，大抵皆與姚文田有關。舉凡在經濟的援助，或是編纂構想，皆可說為有利助伴。

（二）孫星衍與輯錄《全文》之關係

孫星衍字淵如，陽湖人，乾隆五十二進士，由翰林院編修累遷至山東督糧道。曾主講杭州詁經精舍和江寧鍾山書院。《清史稿》敘其生平：

> 孫星衍，字淵如，陽湖人。少與同里楊芳燦、洪亮吉、黃景仁文學相齊。袁枚品其詩，曰「天下奇才」，與訂忘年交。星衍雅不欲以詩名，深究經、史、文字、音訓之學，旁及諸子百家，皆必通其義。〔註14〕

初以文學著稱，與洪亮吉（1746～1809）、黃景仁（1749～1783）齊名竝立，其後，專事於經史文字音韻訓詁之學，兼及諸子百家，工於篆隸。尤對經學、史學、金石碑版、天文、地理諸領域，均有獨到見解，造詣頗深。傳世之著

〔註12〕〔清〕嚴可均：〈答徐星伯同年書〉，《嚴可均集》，卷3，頁120～121。

〔註13〕〔清〕嚴可均：〈說文訂訂序〉，《嚴可均集·附錄》，頁407。

〔註14〕〔清〕趙爾巽等：《清史稿·列傳》，卷481，冊43，頁13224。

作有二十種，尤以《尚書今古文注疏》一書最負盛名。觀其傳，則可知治學方向：

> 星衍博極群書，勤於著述。又好聚書，聞人家藏有善本，借鈔無虛日。金石文字，靡不考其原委。嘗病《古文尚書》為東晉梅賾所亂，官刑部時，即集《古文尚書馬鄭注》十卷、《逸文》二卷。歸田後，又為《尚書今古文注疏》三十九卷，……其意在網羅放失舊聞，故錄漢、魏人佚說為多，又兼采近代王鳴盛、江聲、段玉裁諸人《書》說。惟不取趙宋以來諸人注，以其時文籍散亡，較今代無異聞，又無師傳，恐滋臆說也。凡積二十二年而後成。〔註15〕

孫氏家富藏書，博覽群籍，舉凡今古文字、金石碑刻等無不考究源流。於《尚書今古文注疏》一書，則可窺見其治學方法，考證成就。一是輯錄漢魏佚文，注明出處，連綴成文；二是採錄當代研究成果，體現徵實學風；以石經為校，廣徵博引詮釋經文為尚。累積二十二年研究，以博稽慎擇的精神，超越前人研究《尚書》之成果。觀此，孫氏之學術傾向，會通四部、經學、小學、金石、校勘，無不深究探研，其與嚴可均暗合之處，不言而喻。《全文》纂輯之功除受到孫氏資助為一成因外，長期寓居在孫氏之治城山館，利用其豐富之文獻資料，亦居功厥偉。其說：

> 是時漢魏晉佚書輯本，及章鳳枝佚書輯本彙聚淵如所者，不下七八百種，假余兩年之力，庶可蕆事。而限於齎斧，未獲峻功。今余老且病，諸輯本皆不在手，難復為力。〔註16〕

孫氏藏書豐富，涵蓋漢魏晉之佚書，又獲清人章宗源（1752～1800）所收佚書輯本，不下七八百種。顯見之，在《全文》編纂之時，借用孫氏藏書資料，大量徵引章宗源之研究成果，可見一斑。如《全晉文‧王羲之》之〈與謝安書〉，在該文第二則後注言：

> 蜀中山水，如峨嵋山，夏含霜雹，碑板之所聞，崑崙之伯仲也。
>
> （此見張溥本，未知所出。溥引楊云云，疑是楊升庵，依託也。溥又引《輿地志》，「山水」作「山川」；「峨嵋山」作「岷山」。今檢章宗源所輯《顧野王志》無此條，疑亦楊依託也，姑錄之，俟考。）〔註17〕

〔註15〕〔清〕趙爾巽等：《清史稿‧列傳》，卷481，冊43，頁13225～13226。
〔註16〕〔清〕嚴可均：〈書北堂書鈔原本後〉，《嚴可均集‧文類》，頁273。
〔註17〕〔清〕嚴可均：〈與謝安書〉，《全晉文‧王羲之》，卷22，冊4，頁238。

嚴氏輯錄《全晉文》時，參考了張溥《百三家集》、楊慎《升菴集》。又與章宗源所藏《顧野王志》相互對照，疑似楊慎假託造偽之一例。由此，纂輯錄文，頻頻利用孫氏藏書是可檢驗信實的，該案語即為具體明證。因此，從嘉慶七年（1802）為孫氏校《北堂書鈔》後轉於廣東香山，該時已錄出《公孫龍子》、《尹文子》、《鬻子》、《新語》；於嘉慶十年（1805）赴山東德州助孫氏校書，輯校鐘鼎拓本，編纂《平津館金石萃編》，草創《說文翼》、撰《說文校議》。嘉慶十三年（1808）開始纂輯《全文》，嘉慶十九年（1814）館於孫氏南京治城山館，續纂《全文》，直到嘉慶二十三年（1818）孫氏卒後，《全文》大致已完稿。俞正燮談及當時該書纂輯情況：

> 丙子及戊寅兩晤鐵橋於上元皇甫巷，相與檢文及目，因言文已大備。〔註18〕

俞氏與嚴可均曾兩次面晤商討《全文》編纂細節，大致已成書於嘉慶戊寅年（1818）年。依此，上述紀事表格可具實證知，嚴氏經典著作大抵皆在孫氏館幕中完成，舉凡金石碑刻拓本、考校經籍、輯佚範疇等，乃至於《全文》校輯工作，也在此受到孫星衍的資助，及其指點意見。

（三）俞正燮及校注《全文》

俞正燮，字理初，安徽黟縣人，著有《癸巳類稿》、《癸巳存稿》，梁啟超列兩書為札記最為可觀者之一。〔註19〕《清史稿》載其生平：

> 俞正燮，字理初，黟縣人。性彊記，經目不忘。年二十餘，北走兗州謁孫星衍。時星衍為伏生建立博士，復訪求左氏後裔。正燮因作《邱明子孫姓氏論》、《左山考》，星衍多據以折衷群議，由是名大起。道光元年舉人。明年，阮元主會試，士相謂曰：「理初入彀矣！」後竟落第。其經策淹博，為他考官所乙，元未之見也。房考王藻嘗引為恨。
>
> 正燮讀書，置巨冊數十，分題疏記，積歲月乃排比為文，斷以己意。藻為刻十五卷，名曰《癸巳類稿》，又有《存稿》十五卷，山西楊氏刻之。〔註20〕

〔註18〕〔清〕俞正燮：〈全上古至隋文目錄不全本識語〉，《癸巳存稿》（上海：上海古籍出版社，《續修四庫全書》第1160冊，2002年），卷12，頁136。

〔註19〕梁啟超：〈清代的學者社會〉，《清代學術概論》，頁63。

〔註20〕〔清〕趙爾巽等：《清史稿·俞正燮列傳》，卷486，冊44，頁13422～13423。

讀書過目不忘，刻苦自勵，曾作《邱明子孫姓氏論》、《左山考》等而受到孫星衍矚目，自此享譽於世。可惜仕途多舛，一生用力於讀書疏記，可謂學問淵博。曾受孫星衍之邀在嘉慶十一年（1806）同撰〈古天文說〉，刊宋小字《說文》與元本《唐律》，撰《平津館文稿》。〔註 21〕以此推知，嚴可均當與俞正燮同館於孫氏之處，校輯經籍。據此，舉凡《全文》蒐錄過程，或者是參與協助，均是可靠實證。如〈全上古至隋文目錄不全本識語〉提及：

> 此所收者，《史記》至《隋書》及史注，及《文選》、《古文苑》、《文紀》、《百三家集》，及《世說注》、《意林》、《北堂書鈔》、《蓺文類聚》、《初學記》……丙子後，鐵橋復搜校古書及金石稗官，其文真實可據者，乃能補至十分之一。又皆記其文所從得者于目錄下，可云寶貴矣。又為作者撰小傳，冠于其文之首。道光甲午春夏閒，兩次見其本于嚴州鐵橋官舍，嘆服其用心。……〔註22〕

對此上文，俞氏曾提出意見給嚴氏參考，也曾對照《全文》與彭氏之《全上古八代文》之差別，提出具體看法，並加以補充。顯然，孫氏《全上古八代文》收載錄文及考證詳實，是不及嚴氏《全文》。此外，董理其文，條分履析，均可舉證反駁清人對《全文》之誤解，尤以編纂者之疑居多。標舉此例，即可明證：

> 此嘉慶乙亥以前，《全上古周秦代文》目錄也。時陽湖孫淵如觀察之力，時歙鮑氏欲為刊于揚州而不果。……歸安嚴鐵橋廣文同人，籤寫裁貼成之。〔註23〕

嘉慶乙亥（1815）以前就曾見孫氏纂錄《全上古八代文》不全之目錄，當時已見嚴氏之標籤裁貼。又從上述兩段引文可知，《全文》之輯錄與三人之關係。其一，《全文》編纂當是嚴可均一人主事，此說應無可置疑，孫氏及俞氏僅能以從旁協助者視之；其二，俞氏明確指出，孫氏《全上古八代文》遺漏甚多之憾，歷經數寫仍不完備，須利用嚴氏原本加以補救。於此，《全文》編纂者之疑，迎刃而解。嚴可均應可視為獨立編纂者，此說大致無疑。

〔註21〕〔清〕張紹南；〔清〕王德福續：《孫淵如年譜》（臺北：新文豐出版公司，《叢書集成續編》第 259 冊，據藕香零拾本影印，1989 年），卷下，頁 729。

〔註22〕〔清〕俞正燮：〈全上古至隋文目錄不全本識語〉，《癸巳存稿》，卷 12，頁 136～137。

〔註23〕〔清〕俞正燮：〈全上古至隋文目錄不全本識語〉，《癸巳存稿》，卷 12，頁136。

二、奠立《全文》編纂基礎

綜觀嚴可均一生,除早年馳騖於詩壇,晚年為官建德教論,其後歸鄉故里之外,中年歲月幾乎專事於研究,以及孜孜不倦於著述。嚴氏回顧自己的一生,有因有果,遠離科場角逐,一語概之:「偃蹇終身」為一生寫照,因而潛心問學,才能「著述等身」〔註24〕,成為當世享有盛譽之學者。研究工作橫跨嘉道二朝,且與姚文田、孫星衍有密切的關聯。嚴氏前期在姚文田幕下,後期館於孫星衍處,一生重要著作約在此時陸續完成。簡言之,在姚孫兩氏的館幕生活期間,明顯地呈現不同學術領域,然以孫處最為燦爛可觀。〈答徐星伯同年書〉一文,末文之後,特加著錄當時所校、輯、著作等之書目,此時當為道光十四年(1834),總稱為《四錄堂類集》,共七十三種,一千二百五十一卷。為避免造成割裂與重複,筆者以專題的方式分別敘述如下:

(一)研究《說文解字》成就

自33歲開始,至京師追隨友人姚文田,與之商謀撰《說文》之學,自此開啟了他治學的方向。嚴可均《說文》著作有《說文長編》,亦名《說文類考》,共七十卷。其類目包括《天文算術類》、《地理類》、《草木鳥獸蟲魚類》、《聲類》、《說文引群書類》、《群書引說文類》、《鐘鼎古籀文秦篆類》、《說文聲類》、《說文翼》。此外,又為《說文長編》,撰寫疏義,可惜草創半年,轉而接受孫星衍之提議,先行略作綱要,即今所見之《說文校議》,此可視為嚴氏重要著作之一。於此,亦可見姚氏治《說文》之重要觀點。《說文校議敘》敘及該書編纂主旨與過程:

> 嘉慶初,姚氏文田與余同治《說文》,而勤於余。己未後,余勤於姚氏。合兩人所得,益偏索異同,為《說文長編》,亦謂之《類攷》,有《天文算術類》、《地理類》、《草木鳥獸蟲魚類》、《聲類》,《說文引群書類》,《群書引說文》類,積四十五冊。又輯鐘鼎拓本為《說文翼》十五篇。將校定《說文》,撰為《疏義》。至乙丑秋,屬稿未半,孫星衍欲先睹為快,乃撮舉大略,就毛氏汲古閣初印本,別為《校議》三十篇,專正徐氏之失。其諸訓故、形聲、名物、……〔註25〕

〔註24〕〔清〕嚴可均:〈答庾仲卿書〉,《嚴可均集》,頁127。

〔註25〕〔清〕嚴可均:〈說文校議敘〉,《說文校議》(上海:上海古籍出版社,《續修四庫全書》第213冊,2002年),卷1上,頁467。

通過該文，即可知嚴氏治《說文》之重要著述，有《說文長編》、《說文校議》、《說文翼》、《說文訂訂》。其中尤以《說文校議》與姚氏同撰，陸續增補約有十年之久，甚得孫星衍之重視，直到孫氏往逝後，終於刊行。《說文校議》之要旨，意在通過「校」、「議」，盡力恢復許慎（約 58～約 147）《說文解字》原貌。該書以毛晉（1599～1659）汲古閣初印本為底本，校證大徐本之誤；及徵引群書所收載之《說文》，加以辨析，為後人研究《說文》不可或缺的參考書。之外，嚴氏協助孫星衍輯錄鐘鼎拓本，編撰《說文翼》十五篇。該書以探討《說文解字》成書過程及其文獻成就為重點，並說明名家輩出，爭相研究《說文》，一時成為顯學。然而大抵皆囿於成說，卻未能全面貫通，凝滯固陋。

（二）考校經籍

嘉慶二年（1897）《唐石經校文》完成後，丁溶（1829～1879）作〈唐石經校文敘〉，提及歷來未曾有人校讀過《唐石經校》，顧炎武（1613～1682）雖曾考校過該經，議論闡述因陋就簡，未能突破前人之盲點，導致檢閱該書，讀猶若未讀；後人則將錯就錯，均以顧氏之書奉為圭臬。因此若追溯淵源而斷之，《唐石經》之校讀，當始自嚴可均起。其言：

> 余與鐵橋嚴氏校讀《唐石經》，余作《考辨》一書，方屬草而嚴氏《校文》先成。往復商榷，至再至三。即意見不必盡同，而其誼例旨趣，余頗識之。一以存石經之真，一以正版本之誤，一以糾顧氏炎武之非，其大較也。……夫經之有版本，昉於後唐，彼時依石本句度鈔寫，相沿至今。是今人所讀者，毋論非漢魏六朝之舊，亦非陸、孔所據之本矣。句皆石經之句，字皆石經之字，讀經而不讀石經，歠水而忘其源，可乎？〔註26〕

丁溶指出校正石經原意有二因，一是正本溯源，經書當以石經為古本；二是指出存石經之真，正版本之誤，糾顧氏《金石文字記》之非。最後，肯定嚴可均校書之勤，優於顧氏之精審。嚴氏考校其他的經籍，亦如是也。如校類書《北堂書鈔》，以博稽群籍、徵引有據而取勝，以此達成「辨章學術，考鏡源流」之標竿。

（三）以金石校證文字

嚴氏金石之學，乃可說是《唐石經校文》之延續。其一是治經當以古

〔註26〕〔清〕丁溶：〈唐石經敘文〉，《唐石經校文》（上海：上海古籍出版社，《續修四庫全書》第 184 冊，2002 年），頁 245～246。

本為宗，石經可為最古之本；其二是當代考據學的興盛，催生了金石學之發展。大凡當代學者，無不援引金石資料，證經考史，樂此不疲。孫星衍一向重視金石資料，〈京畿金石考序〉提及金石資料之功能，可作為某些領域之考證：

> 夫金石一方文獻，可以考證郡縣、都邑、陵墓、河渠、關隘，古今興廢之迹。尤大有裨於政事，不獨奇文妙墨，足垂永久。〔註27〕

孫氏認為金石碑刻的珍貴，不僅只是在刻文墨寶；從文獻價值而言，舉凡各地風土民情，地方志書、均可藉以考證，輔助史傳之不足。對此，嚴氏《平津館金石萃編》之編纂就在嘉慶十年（1805）進入孫星衍館閣幕下，為其校書時之構想。又如與洪頤煊共同校正《魏三體石經遺字》，〈高貞碑〉、〈漢戚伯著碑〉、臨摹〈薛氏鐘鼎款識法帖〉、研討古文篆字、拓「重立天寶井銘」等；還鈔纂《金石總纂》，以王昶（1724～1806）《金石萃編》為探究之主題，依其次第，摘錄各篇之旨要，實為該書補遺之作。今觀《金石總纂》的鈔錄，應可視為嚴氏之筆記提要，為日後《平津館金石萃編》之編纂而預先準備。孫星衍曾說及該書之校訂初始，嚴氏亦曾參與：

> 先是，與嚴孝廉可均校集所藏周、秦、漢、晉、六朝、唐宋碑文為《金石萃編》，又采錄鐘鼎文字為《說文翼》，至是手為校定。
> 〔註28〕

審視該書，嚴氏在校集金石碑刻之時，附注自己的跋語，且注明出自《四錄堂類集》。依此觀之，全書雖由兩人合撰，大抵是由嚴氏一手完成，孫氏僅參與審定。至於金石資料來源，有孫氏、嚴氏兩人各自的收藏，及朋友的贈與。金石碑刻、《說文》研究、校勘經籍，三者關係是密不可分，校勘須以訓詁、文字學為基礎；在以古為重的前提下，碑刻文獻可作為輔證之用，糾繆經書。凡此各種文獻考證，皆脫離不了三者交互運用，代表了乾嘉學風「以文字訓詁，通經明道」。

（四）輯佚之成就

李慈銘（1830～1895）論及嚴可均之學術成就，其說：

〔註27〕〔清〕孫星衍：〈京畿金石考序〉，《京畿金石考》（上海：上海古籍出版社，《續修四庫全書》第 906 冊，2002 年），頁 187～188。

〔註28〕〔清〕張紹南撰；〔清〕王德福續：《孫淵如年譜》（臺北：新文豐出版社據藕香零拾本影印《叢書集成續編》第 259 冊，1989 年），卷下，頁 730。

閱《鐵橋漫稿》。鐵橋銳意搜尋古人逸書，心力之精，殆無倫比，不
特紀文達諸公所不及。即同時如孫伯淵、章逢之、洪筠軒亦俱遜之。

其識別真偽、校勘微芒，足與顧澗薲相匹，而較顧為大。〔註29〕

上述引文，除肯定嚴可均治學成就，並簡易的說其研究成果，以輯佚、辨偽、
校勘等著述，顯於當世。尤以蒐輯古人逸書，無人可及，在當時享有極高地
位。透過《全文》之編纂，顯示清代考據形式，以多重方法交叉運用，才有：
「廣蒐三分書，與夫收藏家祕笈、金石文字，遠而九譯，旁及釋道鬼神。」
〔註30〕厚實能力。其治學特長，不拘泥於一隅，橫跨經、史、子、集四部，
更遍及金石文字、音韻訓詁、校勘輯佚、方志纂輯等多層面。在其卷帙浩繁、
千頭萬緒之時，卻能董理分明，以精詳考校為基礎。其實，嚴氏一生輯成之
古籍尚有多種，《全文》不過僅是其中最為盛名之一而已。如《孝經鄭氏注》，
其〈敘〉言：

漢儒有功聖經，莫如鄭氏。鄭氏《詩箋》、《三禮注》今在學官，而
《易》、《書》、《論語注》亡，近人輯本殘闕不全。獨《孝經注》亡
而復存，可與《詩》、《禮》比竝，僅述其原委而為之敘曰：

《孝經鄭氏注》始見晉《中經簿》。江左中興，《孝經》、《論語》共
立博士一人。齊、梁代，鄭氏《注》與古文孔安國《傳》竝立，而
孔《傳》本亡於梁亂。陳及周、齊，唯立鄭氏，……〔註31〕

首先，簡略說明歷代古經舊注如《孝經鄭氏注》散佚甚多，現今所見傳本也
是殘闕不全。其次，在檢校群書進程中，逐條匯輯，與當今通行別本相與
對校董理，「考覈異同，酌加案語，不敢臆定」，〔註32〕雖未臻於完備，補闕
之功大體略具，即所謂「《校經鄭氏注》亡而復存」。嚴氏在輯錄補文時，不
僅有收載匯輯之能，兼及考證，注明出處。若稱為輯佚大家，可說是實至
名歸。

三、結語

嚴氏為人孤傲，盛氣凌人，不易與人相處。上述三人與他交往後，卻保

〔註29〕〔清〕李慈銘撰；由雲龍輯：〈鐵橋漫稿〉，《越縵堂讀書記·文學》（北京：
　　　　中華書局，2006年9月），冊中，頁825。
〔註30〕〔清〕嚴可均：〈總敘〉，《全上古三代秦漢六朝文》，冊1，頁21。
〔註31〕〔清〕嚴可均：〈孝經鄭氏注敘〉，《嚴可均集》，卷5，頁156～157。
〔註32〕〔清〕嚴可均：〈孝經鄭氏注敘〉，《嚴可均集》，卷5，頁156。

持終身的友誼。彼此之間發生爭論時，嚴氏措詞直切，卻備受容忍，可見三人對其人非常欣賞。據此，筆者認為三人對嚴氏之包容，不僅因賞識其學術之成就，品格高尚應是主因之一。〈答徐星伯同年書〉中說：

> 皇皇焉上觀千載，網羅放失舊聞，以羽儀經業，導揚儒風。不爾，天生我材，亦何所用？夫立德、立功難，立言亦大不易。載籍極博，千僅一存；補闕拾遺，毋俾失墜。匪異人任也，願與足下共勉之。〔註33〕

由此，不難看出他以興復古文為己任，在立德、立功、立言三不朽的價值觀中，傾向於後者居多。所以才說「既不能致君澤民，祇應與古為徒。」〔註34〕之外，有別於藏書家之私心。如〈書葛香士林屋藏書圖後〉說及藏書相互借鈔之事：

> 余稍有撰述，而家貧不能多聚書。顧自周、秦、漢以逮北宋，苟為譔述之所必需，亦略皆有之；南宋已下寥寥焉，非不欲也，力不足也。四十年來，南遊嶺海，北出塞垣，遇稀有之本，必倩精寫，或肯售，即典衣不吝。今插架僅二萬許卷，不全不備。以檢近代諸家書目，如世善堂、天一閣、萬卷樓、世學樓、傳是樓、曝書亭，及同時同好，如魯孔氏、閩張氏、漢陽葉氏、陽湖孫氏、績溪方氏，以至石刻之本，異國之本、道釋之藏，彼有而余無者多矣，彼無而余有者不少也。……〔註35〕

依此，嚴氏那怕在困頓之際，仍孜孜不倦於聚書，非但不以仕名不申為恥。反而盡將所有的精神投入學術研究，蔬食敝衣，以擁萬卷書為樂。因之，藏書家常有「彼有而余無者多矣」之困擾，所以樂於「互相借鈔，則藝林之勝事也」。基此二點，追求立言不墜之功；又廣納四方之書冊，且不以擁書自重為念，讀書人之品格，昭然若揭。

第二節　清代輯佚發展概述

　　清代輯佚工作興起之學術背景，與《四庫全書》之編纂有極大密切關係。

〔註33〕〔清〕嚴可均：〈答徐星伯同年書〉，《嚴可均集·文類》，卷3，頁119。
〔註34〕〔清〕嚴可均：〈答徐星伯同年書〉，《嚴可均集·文類》，卷3，頁119。
〔註35〕〔清〕嚴可均：〈書葛香士林屋藏書圖後〉，《嚴可均集·文類》，卷8，頁282～283。

大致上來說，《四庫全書》與輯佚有相互啟發與推動之作用。如孫星衍云：「輯書始於王應麟，近代惠徵君棟踵為之，《四庫全書》用其法，多從《永樂大典》寫錄編次，刊布甚夥。」〔註36〕該文指出惠棟接踵王應麟輯佚法則，《四庫全書》依此輯存《永樂大典》亡佚之書；至此，學者因而效法，或私人從事，或自行組織人力，蔚然成風，輯佚範圍迅速延伸至經、史、子、集四部，呈現多元化之現象。《四庫全書》從《永樂大典》中輯佚之工作，前人論述頗多，可詳見於《永樂大典及其輯佚書研究》及相關研究，如喻春龍《清代輯佚研究》等，在此就不贅述了。對此，僅就清代學者輯佚工作為探討中心，分析輯佚發展現象，得出輯佚盛事乃與乾嘉考據學風，互有推瀾之功。

一、《四庫全書》館輯前之工作

　　清代輯佚發展歷程，大致可劃分三個階段，一是在《四庫全書》開館前，以官方延聘的學者為主導，康熙朝之《全唐詩》、《全金詩》為開啟輯佚之先聲；其次，學者出於治學之需要，而進行輯佚。喻春龍認為：「前者大張旗鼓，有聲有色，後者伏流涌動，薪火相傳，無不凸顯學者在輯佚活動中的主題作用。」〔註37〕指出經由兩者輯佚活動，影響之後文學總集如《全唐文》、《全文》等之輯錄工作。以下分別說明之：

（一）官府組織之輯佚

　　將前人散佚的詩文，匯集一部文學總集，是清初官方輯佚的重點。所輯的成果，當以康熙年間所編《全唐詩》、《全金詩》為代表之作。今以《全唐詩》輯錄為例，起因於唐朝本是詩歌創作輝煌鼎盛之時代，康熙四十四年（1705）認為唐詩之收載未盡詳備，宋之《文苑英華》摘錄又脫漏甚多，遂命曹寅（1658～1712）結合當代學者如彭定求（1645～1719）等人編纂《全唐詩》，其云：

　　　　自昔唐人選唐詩有殷璠、元結、令狐楚、姚合數家，卷帙未為詳備。
　　　　至宋初，撰輯《英華》，收錄唐篇什極盛。然詩以類從，仍多脫漏，
　　　　未成一代鉅觀。朕茲發內府所有全唐詩，命諸詞臣，合《唐音統籤》

〔註36〕〔清〕孫星衍：〈章宗源傳〉，《五松園文稿》（臺北：新文豐出版公司，收入《叢書集成新編》第 77 冊，1985 年），卷 1，頁 714。
〔註37〕喻春龍：〈清代輯佚的發展概況〉，《清代輯佚研究》（上海：上海古籍出版社，2010 年 6 月），頁 108。

> 諸編，參互校勘，蒐補缺遺，署去初、盛、中、晚之名，一依時代，
> 分置次第。〔註38〕

據此，康熙時之輯佚盛事當以《全唐詩》為首要，蒐羅範圍以通行民間唐詩選本及官府所藏唐詩為首，並且「參互校勘」；其次「又旁採殘碑斷碣、稗史、雜書之所載，補苴所遺」。〔註39〕直至康熙四十五年（1706），共收錄 49403 首，散句 1055，與作者 2576 人，「裝潢成帙，進呈盛覽」。從而求其全備，「累朝遺軼，存於野史，但誇其盛，莫攬其全」。〔註40〕顯而易見，凡輯佚之工作莫不以蒐羅文獻、參互校勘、補遺闕為次第，以「全」為終極目標。

（二）私家學者之輯佚活動

清初私家輯佚活動，早在康熙編纂《全唐詩》前即已開跑了。近日學者對清代輯佚發展歷程，以輯佚的成果來劃分特色，共分四個時期。概括而言，第一時期可稱為「學者的輯佚時期」。其原由：

> 清代輯佚發展所經歷的是一個相當長的時期，從康熙中葉姚之駰輯
> 書始到清末光緒年間王仁俊輯書止，大約兩百多年的歷史。概括而
> 言，可以分為下面四個階段：
>
> 一、康熙中葉至乾隆開館（1773）時期。這個時期是輯佚的興起階
> 段。這個時期主要是一些大學者為了治學的方便需要而從事輯佚，
> 因此可稱為「學者的輯佚」時期。〔註41〕

反映出清初階段輯佚的特徵以「治經」需要為著眼處；此外，曹書杰更具體說明該時期的輯佚範疇：

> 清代的輯佚工作，有官方輯佚和私家輯佚兩股力量，其可相對劃分
> 為四個階段。
>
> 第一個階段是清初至乾隆中，主要是漢學家輯彙古經義傳時期。學
> 界一般認為，清代的輯佚工作發端於漢學家的治經。清代學者一反
> 明代「宋學」泛談性理之學風，傾心於古經學，考據之風盛行，重
> 振「漢學」之聲浩蕩。然漢儒的古經傳注疏大多亡佚，遂首先從蒐

〔註38〕〔清〕彭定求等編：〈御製全唐詩序〉，《全唐詩》（臺北：臺灣商務印書館，影印《文淵閣四庫全書》第 1423 冊，1983 年），頁 1～2。
〔註39〕〔清〕永瑢等：《四庫全書總目‧集部》，卷 190，冊下，頁 1725。
〔註40〕〔清〕彭定求等編：〈全唐詩進書表〉，《全唐詩》，影印《文淵閣四庫全書》第 1423 冊，頁 5。
〔註41〕張升：〈對清代輯佚的兩點認識〉，《文獻》，1994 年第 1 期，頁 1～2。

集漢代久佚的古經義傳開始，繼而魏晉唐。其代表人物是惠棟、余蕭客。而康熙朝彙輯散佚所成的《全唐詩》、《全金詩》之類，姚之駰所輯《後漢書補逸》，也是這時期值得稱道的。〔註42〕

曹氏的第一期，主以興復「漢學」對立於「宋學」之虞；首以漢儒古經傳疏為彙輯範疇；代表人物以惠棟、余蕭客（1729～1777）、姚之駰最稱名於世。然喻氏則另有一說，清代輯佚不始於漢學家治經，提出黃宗羲（1610～1695）《剡源文鈔》、《明文海》，以及朱彝尊（1629～1709）《經義考》收補佚經，加以佐證。兩造說法均有可取之處，然當以崇古興復漢學為共同宗旨，私家學者為清代輯佚之主要活動者。

二、乾隆中葉四庫館臣之輯《永樂大典》

清初學者之輯佚活動為後來輯佚者打開了視野，並產生深遠影響。徐乾學奉命校勘閣府書籍時，曾建議：「請命儒臣，重加討論，以其秘本，刊錄頒布，用表揚前哲之遺墜于萬一。」〔註43〕其後，查慎行（1650～1727）編纂《佩文韻府》時，也一度奏請拾遺補闕《永樂大典》；直至全祖望（1705～1755）在乾隆初與李紱（1673～1750）借鈔翰林院《永樂大典》，即發現該書散佚不完整，約缺2000餘卷。其說：

> 《大典》移貯翰林院，然終無過而問之者。前侍郎臨川李公在書局，始借觀之，於是予得寓目焉。……是書之存，乃斯文未喪一碩果也。因與公定為課，取所留傳於世者概置之，即近世所無，而不關大義者，亦不錄；但鈔其所欲見而不可得者，而別其例之大者為五。

> 其一為經：諸經解之集大成者，莫如房審權之《易》，衛湜、王與之之《二禮》，此外莫有仿之者；今使取《大典》所有，稍微和齊而斟酌，則諸經皆可成也。

> 其一為史：自唐以後六史，篇目雖多，文獻不足；今采其稗野之作，金石之記，皆足以資考索。

> 其一為志乘：宋元圖經舊本，近日存者寥寥，明中葉以後所編，則皆未見古人之書而妄為之；今求之《大典》，鏊然具在。

〔註42〕 曹書杰：〈清代輯佚的繁興（上）〉，《中國古籍輯佚學論稿》（長春：東北師範大學出版社，1998年9月），頁131。

〔註43〕 〔清〕徐乾學：〈編珠原序〉，《編珠》（臺北：商務印書館，影印《文淵閣四庫全書》第887冊，1983年），頁40。

其一為氏族：世家系表而後，莫若夾漈《通略》，然亦得其大槩而已，未若此書之賅備也。

其一為藝文：東萊《文鑑》不及南渡，遺集之散亡者，《大典》得十九焉。其餘偏端細目，信手薈萃，或可以補人間之缺本，或可以正後世之偽書，則信乎取精多而用物宏，不可謂非宇宙間之鴻寶也。……夫求儲藏於秘府，更番迭易，往復維艱。而吾輩力不能多畜寫官，自從事於是書，每日夜漏三下而寢，可盡二十卷。而以所簽分令四人鈔之，或至浹旬未畢，則欲卒業，非易事也。然以是書之沈屈，忽得人讀之，不必問其卒業與否，要足為之吐氣。〔註44〕

全氏鈔錄《永樂大典》側重於蒐輯，以宋代以後不見流傳之經、史、集等亡佚書為首要。次則兼覽經史詩文、校略群籍、並徵文考證。對此，全氏開輯校《永樂大典》之先河，於相關校輯、刊布之計畫，不曾中斷，私家學者沿襲其鈔錄。乾隆三十八年（1735），朱筠眼見漢唐遺書，尚存者日稀，乃提出搜訪古籍之建議：其一，「舊本鈔本，尤當急搜也」；其二，「中秘書籍，當標舉現有者以補其餘也」；其三，「著錄校讎，當並重也」；其四，「金石之刻、圖譜之學，在所必錄也」。在第二條中，朱氏特別指出，翰林院所藏《永樂大典》一書，雖「編次少倫，或分割諸書，以從其類；然古書之全，而世不恒覯者輒具在焉」，「請敕擇取其中古書完者若干部，分別繕寫」。〔註45〕經此，《永樂大典》甚得乾隆注意，並責令專司查校，將原書詳細檢閱，且與《古今圖書集成》相互對核，擇其未經采錄而傳本漸稀，以及可裒輯成編者，先行收載並著錄於目錄。〔註46〕自此，《永樂大典》輯本的相關工作，如輯錄、校勘、考訂等乃如火如荼的展開。歷經八年有餘，輯得亡書計 516 種，其中收入在《四庫全書》者有 388 種。然據〔清〕繆荃孫（1844~1919）《永樂大典考》、趙萬里（1905~1980）《永樂大典內輯出之佚書目》等陸續補輯觀之，乾隆以迄民初，仍尚有簽錄而未輯出者甚多。可見風氣一開，從事輯佚工作

〔註44〕 〔清〕全祖望撰；朱鑄禹彙校集注：〈鈔永樂大典記〉，《鮚埼亭集外編》（上海：上海古籍出版社，收入《全祖望集彙校集注》，2000 年 12 月），卷 17，冊上，頁 1071~1072。

〔註45〕 〔清〕朱筠：〈謹陳管見開館校書摺子〉，《笥河文集》（上海：上海古籍出版社，《續修四庫全書》第 1440 冊，2002 年），卷 1，頁 4。

〔註46〕 〔清〕清高宗；中國第一歷史檔案館編：〈諭著派軍機大臣為總裁官校核《永樂大典》〉，《纂修四庫全書檔案》（上海：上海古籍出版社，收入《清代檔案史料》，1997 年），冊上，頁 55。

者，蔚然成風，出現了視輯佚為專門事業之學者。顯然，朝廷的支持和重視，於學術的發展有極大的影響。

三、清代學者之輯佚工作

輯佚之事盛於乾嘉時期，於考據之風彼此互有影響。綜觀清代輯佚著作應可略分為五類，由是也可視為當代輯佚學者之工作要項：

（一）古佚書輯本

所謂古佚書之輯本，亦是吳楓所謂「輯佚」一類，為歷來文獻研究者論述之主要對象。此類學者以輯佚為業，亦以輯佚書留名後世。如王謨（1731～1871）字仁圃，金谿人。《清儒學案》稱其：「天才俊逸，精力過人，弱冠賦〈江右風土〉，下筆千言。自少疾俗學，好為博覽，晚歲獨抱遺經，泊然榮利之外。」〔註47〕先後完成兩項重要工作，一是《增訂漢魏叢書》，二是輯錄《漢魏遺書鈔》。《漢魏叢書》初輯自明嘉靖括蒼何鐺，舊目原有百種；後由萬曆程榮彙輯漢魏六朝之遺書，並加以校勘，板行三十七種。明萬曆何允中付梓補刻七十六種；並分「經翼」、「別史」、「子餘」、「載籍」四部，直到〔清〕王謨增訂為八十六種，再廣增為九十四種。今僅見流傳有明刻的三十六種與清刻之增訂八十六種。是乾嘉時期第一位注意漢朝以來書籍散亡的現象，曾言蒐輯動機：「十三經、二十一史牙籤插架，錦軸盈箱，學者往往童年習之，至皓首而莫能殫厥」。〔註48〕指出漢魏以來諸書，日漸散佚，今之說經者無法窺盡全貌，而皓首窮經，厥不盡本意。除了輯刻《漢魏叢書》、《漢魏遺書鈔》、《漢魏地理書鈔》外，還編纂《江西考古錄》、《豫章十代文獻略》等書。其次，藉此叢書的刊印能夠嘉惠後進學子，其說：

> 司建昌校官之任期以鼓舞多士，樂育英才，復取《漢魏叢書》加輯
>
> 為八十六種，重付剞劂。商量舊問，培養新知，其立志也。〔註49〕

據此可知，其乃為培養新知，並作為後人之表率。又依《江西攷古錄》之〈原序〉，曰：

〔註47〕徐世昌著；陳祖武點校：《清儒學案》（石家莊：河北人民出版社，2008 年 12 月），卷 200，冊 4，頁 7062。

〔註48〕〔清〕陳蘭森著：〈重刻漢魏叢書敘〉，《增訂漢魏叢書》（臺北：大化書局，影印〔清〕乾隆五十六年金溪王氏刻八十六種，1983 年），頁 1。

〔註49〕〔清〕陳蘭森：〈重刻漢魏叢書敘〉，《增訂漢魏叢書》（臺北：大化書局，影印〔清〕乾隆五十六年金溪王氏刻八十六種，1983 年），頁 2。

叔孫穆叔之論，不朽也。以立言竝德功而三論，辨考證之作，亦立
言之一端也。然繁稱博引，而其義弗精。勦說蕪詞，而其文弗備，
皆不可謂之言立。〔註50〕

顯然，清初學風專主考證，立言之業乃與立功、立德相並。由此，「讀書必自
窮經始，窮經必自漢唐注疏始」。〔註51〕治學之風經此迅速轉變，舉凡經書的
真偽，文字音義、名物制度的考訂，佚文之收載，皆全心投入，為能建立三
功之業。於此，與張氏所言：「殊不知，乾嘉義理學正是完成儒學『兩種義理
類型』——除了理學的道德形上學以外，另一主於發揚『經驗面價值』、姑名
為『情性學』的經驗取向義理學重要功臣。」〔註52〕

（二）增補前人之輯佚書

　　清人輯佚領域，主以隋唐以前舊注為首，因之，一書常見多家輯本之現
象。惠棟輯鄭玄諸經注，是在王應麟《易注》之基礎下，加以增錄。孔廣林
（1736～？）《通德遺書所見錄・敘錄》謂及《九經古義》託名王氏，又加錄
諸家之說：

浚儀王尚書應麟伯厚，留意古學，不拘於時，輯鄭君《周易注》散
見它書者，錄為一帙，信後鄭之元勳，有宋之巨擘也。後又見輯《尚
書注》、《駁異議》、《鍼膏肓》、《發墨守》、《釋廢疾》、《鄭志》六種，
並稱伯厚輯錄。竊思伯厚既輯錄七種，宜皆列集中，何《玉海》後
只有《易注》，未及諸書，且所著錄者既多遺漏，間亦謬譌，疏注連
比，每迷其畛限，篇章分綴，或失其部居，雖勘省之疏，前賢或亦
不免，然伯厚沈心邃學，斷不至粗略若是。久乃聞諸好古君子云是
惠氏輯錄，託名深寧；因以惠氏《九經古義》參證，輯中案語多與
相同，然後知誠非伯厚所輯矣。〔註53〕

孔氏所見王應麟之輯《易注》外，尚有六種之多，卻不見著錄於《玉海》。與

〔註50〕 〔清〕何飛熊：〈原序〉，《江西攷古錄》（臺北：成文出版社，收入《中國方
　　　　志叢書》光緒十七年刊本），頁9～10。

〔註51〕 〔清〕朱彝尊；〈陸輔十三經注疏類鈔〉條，見林慶彰、蔣秋華、楊晉龍、馮
　　　　曉庭主編：《經義考新校》（上海：上海古籍出版社，2011年1月），卷251，
　　　　冊7，頁529～520。

〔註52〕 張麗珠：《清代新義理學・緒論》，頁1。

〔註53〕 〔清〕孔廣林輯：《通德遺書所見錄》（濟南：山東大學出版社，收入《山東
　　　　文獻集成》第1輯第1冊，2006年12月），卷72，頁167。

惠氏《九經古義》相互參證，頗多暗合。蓋斷言大抵為惠棟託名王應麟，惠氏《九經古義》可說是輯錄諸家不同之說，結集成冊。又據嚴可均之〈對王氏問〉，其言：

> 王氏問曰：「雅雨堂刊《尚書大傳》，其〈序〉稱得之吳中藏書家，盧抱經以為出於掇拾，信乎？」對曰：「惠松崖輯錄也，其本尚在吳中。」〔註54〕

依此兩文觀之，惠氏輯錄《九經古義》「既多遺漏，間亦謬譌，疏注連比，每迷其畛限，篇章分綴，惑其部居。」可見該書並輯佚書，僅在前人基礎上，增補古籍舊注結集成書。至於所謂輯補前人之作，在清代發展歷程，曾聖益有扼要的說明：

> 一書則常見多家輯本，此多家輯本分別輯之者有之，然大多數多是增補前人之工作成果而成，如王應麟之鄭氏《易注》輯之於前，惠棟、張惠言、孫堂等增補之於後，至曹元弼據眾本而作箋釋。此外，清人讀書劄記中，多記增補前人輯佚書疏漏之輯文，或僅若干條，或成篇章，則不一而足，此類雖未成輯佚書，然考訂古書佚文者，則不得因其寥寥而忽之也。〔註55〕

曾氏指出三點：一是該類佚書是以輯補前人之作為前提；二是清代以惠棟、張惠言（1716～1802）等人續其補佚，並開箋釋之風；三是清人劄記，是增補前人文獻資料，不可忽視之一環。此外，清人又擴充采輯範圍，拾補尚存之古書佚文，如盧文弨《群書拾補》、錢大昕《風俗通義佚文》，嚴可均《全文》亦屬此類，其收載輯文，多所考訂，亦多精賅，若非通學碩儒是不能為之。

（三）辨證佚書及佚文

考訂佚書或佚文，雖非輯佚，若以輯文可據信與否視之，亦具有輯佚之功，不可忽視。就此考辨之動機有二，一以辨章學術源流為目的，二乃去其訛誤，使成為精善之本。誠如吳楓所謂：「輯佚之外，另加引申，如陳壽祺《尚書大傳》輯本與《駁五經異義》輯本，李貽德《左傳賈服注》輯本。」〔註56〕

〔註54〕〔清〕嚴可均：〈對王氏問〉，《嚴可均集·文類》，卷4，頁138～139。

〔註55〕曾聖益著；蔣秋華主編：〈乾嘉時期之輯佚書與輯佚學淺論〉，蔣秋華主編《乾嘉學者的治經方法》，冊上，頁215。

〔註56〕吳楓：〈輯佚書〉，《中國古典文獻學》（臺北：木鐸出版社，1983年9月），頁153。

此類學者多為經學家，從事古書輯佚，著重在佚文收錄，藉以考證經學思想及源流。盧文弨言：「余於厚齋所輯，若《詩考》、若鄭注《古文尚書》及《論語》若《左氏》賈、服等義，皆嘗訂正。」〔註57〕基此，考論經籍之成就，遠在輯存佚文之上，且涉及到史傳文獻資料，不可不慎矣。章宗源（1752～1800），字逢之，浙江山陰人，孫星衍曾為其作傳：

> 積十餘年，采獲經史群籍傳注，輯錄唐、宋以來亡佚古書盈數笈，自言欲撰《隋書經籍志攷證》，書成後，此皆糟粕可嘔之。然編次成帙，悉枕中秘本也。又言輯書雖不由性靈，而學問日已進，吾以此事久之，亦能為古文、為駢體文矣。又以今世所存古書版本多經宋、明人刪改，嘗恨曩時輯錄已佚之書，不錄見存諸書、訂正異同文字，當補成之。

> 其已輯各書，編次成帙，皆為之敘，通知作者體例曲折，詞旨明暢。古書多亡佚於北宋，古輯書始於王應麟，近代惠徵君棟踵為之。《四庫全書》用其法，多從《永樂大典》寫錄，編次刊布甚夥。至於宗源，則無書不具焉。〔註58〕

孫氏言及章宗源校輯古書動機，源自於世人對宋元版書之刪改；其二是所輯佚資料，或當世見存之書，相互對證，加以考訂文字異同；其三是將已輯之古書，陸續撰寫各書之體例、要旨，以敘錄形式成帙。可見當世在輯存古書時，不僅著眼於搜羅殆盡之精神，章氏更重視輯文之信實可徵，尤以所寫錄《隋書經籍志攷證》為例，可見一斑。若所輯於《隋志》失之收載，則注「不著錄」，尚存則注曰「今存」。凡所收載佚書輯本，則詳加考鏡源流，所輯古佚書之零章斷語各附於相應書目下。顯見，清代輯佚古籍，不管增補前人佚書、佚文，或者於古佚書之考證等，皆彼此交雜互用，以達辨章學術、考鏡源流之理想。此可於《尸子》之輯本，昭然若揭：

> 此書（按：指《匯函》）乃歸氏有光所輯，內《尸子》有〈正楚師〉、〈君治〉二篇，明人著述，多不足憑，而惟此二篇邵徵君師以為非偽。今以鄙所掇拾之本，與相參校其語，並見於《太平御覽》諸書，

〔註57〕〔清〕盧文弨：〈丁小杰校本鄭注《周易》序〉，《抱經堂文集》（上海：上海古籍出版社，《續修四庫全書》第1432冊，1995年），卷2，頁561。

〔註58〕〔清〕孫星衍：〈章宗源傳〉，《五松園文稿》，收入《叢書集成新編》第77冊，頁714。

則信其無偽矣。〔註59〕

可見，章氏於輯佚之事非常慎重，舉凡古書之真偽、篇文出處均嚴加去取。其次，透過「其語並見於《太平御覽》諸書，則信其無偽矣」之語而見之，文獻收載涉及唐、宋以前類書；而對前人引用並非照單全收，也不妄加臆測，其治學門徑嚴謹，實可作為清人輯佚工作之通則。

四、結語

綜觀清代二百多年間，從事輯佚工作者，不下百人。所輯錄之成績，當以前人基礎上，加以增補居多。如王鳴盛（1722～1797）《尚書後案》，以輯鄭《注》為主，兼及馬、王之說。《清史稿》敘及：

> 嘗言：「漢人說經必守家法，自唐貞觀撰諸經義疏而家法亡，宋元豐以新經學取士而漢學殆絕，今好古之儒皆知崇注疏矣，然注疏惟《詩》、《三禮》及《公羊傳》猶是漢人家法，他經注則出魏、晉人。未為醇備。」著《尚書後案》三十卷，專述鄭康成之學，若鄭《注》亡逸，采馬、王注補之。孔傳雖出東晉，其訓詁猶有傳授，間一取焉。又謂東晉所獻之〈太誓〉偽，而唐人所斥之〈太誓〉非偽，故附書今文〈太誓〉一篇，存古之功，自謂不減惠氏《周易述》也。〔註60〕

據此可知，《尚書後案》乃增補鄭氏《注》，兼載馬融（79～166）、王肅（195～256）之《注》。在王氏之前的《尚書》輯本，於清代前期則有朱彝尊、孫之騄、惠棟、盧見曾（1790～1768）、盧文弨等；後有王謨、陳壽祺、孔廣林等。又有皮錫瑞（1850～1908）之《疏證》，王闓運（1833～1916）《補注》。繼此，曾聖益將其輯佚特色，以「前後相承，後出轉精」詮釋最為貼切。曾言：「今人言清人輯佚之書，多肯定黃奭之輯本，此正因其多增補前人所輯而成，故後出轉精也。」〔註61〕

究其應用發展，當以經典考據注疏為宗旨。雖輯佚學者未必盡是漢學家

〔註59〕〔清〕章宗源：〈章孝廉書〉，《尸子》（臺北：新文豐出版公司，收入《叢書集成續編》第 20 冊，1985 年），頁 487。

〔註60〕〔清〕趙爾巽等：《清史稿·王鳴盛列傳》（北京：中華書局，1977 年 8 月），卷 268，冊 43，頁 13196～13197。

〔註61〕曾聖益：〈乾嘉時期之輯佚書與輯佚學淺論〉，蔣秋華主編《乾嘉學者的治經方法》，頁 317。

或者專事於考據之學者，然清代著名的經學著述，鮮有不以輯佚資料為證者。
如李貽德（1783～1832）之《春秋左傳賈服注輯述》即是典型之一：

> 孫淵如方居江陵，輯《十三經佚注》，招以自佐，因師事焉、為撰《周
> 禮膡義》，其采錄《左傳》賈、服注，亦始於此時。搜羅既廣，抉擇
> 尤嚴，賈氏他書注及服氏雜入義疏，一一皆別白，復引申其義，疏
> 通證明，不曾別為作疏，定名曰《左傳賈服注輯述》。〔註62〕

依此，該書專輯錄賈逵（174～228）、服虔《左傳》之注解；舉凡雜入他書及
各義疏者，皆一一析出，言必有實據。可說為輯《左傳》舊注，最為詳備齊
全者。藉輯佚資料而為考證之作，可說為經學之詮釋指出一條途徑。

第三節　學術風氣之改變

　　清代輯佚工作的興起，與當代的學術背景具有很大的關係。輯佚之事盛
於乾嘉時期，其與考據學風相互影響，也互有推闡之作用。張麗珠在〈學術
典範之建立與時代課題〉一文談到，在歷史演進中，各個階段有其獨特的
思想，據此反映社會實況，以及形成特有的意識形態。是以，各個時期的時
代課題，形成特有的學術典範。〔註63〕又在〈清代考據學興盛的原因〉一文
談到：

> 宏觀地說，實證之學與思辯之學這兩種學術的開發、創造，都是構
> 成任何一種完善具足的學術發展所不可少的領域，則以任何外緣的
> 政治、經濟、社會等因素來解釋學術之興起，都不過是次要的助成
> 因素罷了；也因此考據興起的真正原因，應該還在於儒學之從理性
> 領域邁向經驗領域開發的內在理路演進，所以考據學會在清初出現，
> 那是一種水到渠成的學術內部自然發展。〔註64〕

指出時代所需迫切解決的問題，也是一代學術所要扣緊而發的主題意識；連
結考據學興起之因，儒學從形上思辨領域轉向形下器化經驗之領域，換言之，

〔註62〕徐世昌；陳祖武點校：〈柳東學案〉，《清儒學案》，卷144，冊3，頁5124。
〔註63〕張麗珠：〈緒論〉，《清代義理學新貌》（臺北：里仁書局，1999年5月），頁
　　　　28；「……用『典範』一詞來說明學術的演進，適足以清楚地呈現出學術所內
　　　　具的精神、與其外在的表現型態；並且還能輕易地表出各學術間的書殊異
　　　　性。」
〔註64〕張麗珠：〈學術典範之建立與時代課題〉，頁20～21；〈清代考據學興盛的原
　　　　因〉，《清代義理學新貌》，頁97。

以儒家內在的理路發展為觀點，智識主義的經驗領域獲得開發，乃客觀之事獲得正視所致。就此，清代考據學的興起，張先生認為發生在明清之際思想的變革，為清初重視客觀實證的經學復興，提供了方向。所以清代考據學絕非僅如余英時先生的「內在理路」說，或梁啟超所言「理學的反動」，孤立的單一原因。〔註65〕兩者皆起因於明清之際價值觀的不變，理學存理滅欲的思想模式，已不符當時客觀環境所需，從經驗論出發，提出客觀實證為途徑的學術方法，取代宋代以來內向思辨的方式。

由此言之，清代學術風氣的改變，並非始於明亡、或清初。從明中葉以後，一股考證古籍之風，已逐漸展開了。基於此，本文就清代學術風氣之轉變，區分三點予以討論，一是乾嘉以前學術風氣，二是乾嘉考據興起的原因，三是乾嘉考據興盛之因素。三者之間，環環相扣，均圍繞在「回歸原典」之下，從經書中找證據，以解決義理是非紛爭。

一、乾嘉以前之學術風氣

乾嘉學術以考據學為主流，考據學與漢代經學、隋唐佛學、宋明理學，並列為中國四大學術潮流。由上述可知，考據學的勃興，是一種學術發展的歷史現象。《四庫總目》敘及：

> 明之中葉，以博洽著者稱楊慎，而陳耀文起而與爭。然慎好偽說以售欺，耀文好蔓引以求勝。次則焦竑，亦喜考證而習與李贄游、動輒牽綴佛書，傷於蕪雜。惟以智崛起崇禎中，考據精核，迴出其上。風氣既開，國初顧炎武、閻若璩、朱彝尊等沿波而起，始一掃懸揣之空談。雖其中千慮一失，或所不免，而窮源遡委，詞必有徵，在明代考證家中，可謂卓然獨立矣。〔註66〕

指出明中葉以後，考據學興起的概況，大抵楊慎（1488～1559）開其先鋒，以博洽著稱；焦竑（1540～1620）考證精確，可惜動則穿鑿附會於佛典。直到明末方以智（1611～1671）以「寓理學於經學」之觀，遠邁前人，啟發顧炎

〔註65〕參見余英時：〈清代思想史的一個新解釋〉，《論戴震與章學誠》（北京：三聯書店，2005年1月第2版），頁325。「同樣的外在條件，同樣的政治迫害、同樣的經濟背景，在不同的思想使傳統中，可以產生不同的後果，得到不同的反應。……所以在外緣之外，我們特別要講到思想史的內在發展，我之為內在理路。」；梁啟超：〈清代學術變遷與政治的影響・中〉，《中國近三百年學術史》，頁20～22。

〔註66〕〔清〕永瑢等：《四庫全書總目・子部》，卷119，冊上，頁1027。

武、朱彝尊（1629～1709）等人破除明末玄談，以徵實治學觀替代理學。因此，若論及考據學之興起，就不能以清代自限，必須追溯於明中葉考據學風之興起。對此始端，仍有如余英時探討清代考據學的「內在理路」，及梁先生的「對理學的反動」，是有其相應之處。然而筆者認為明代考據學的發展，有別於清代之特殊風氣，即「炫博好奇」之特殊性，可視為考據學發展之主要成因。該風潮興起的動機，是希望藉此考證歷史興亡之成因，和典章制度之得失，以此挽回國家的頹勢。這種風氣的形成，推究其原因，可分為四點論述。

（一）理學之弊病叢生

陽明心學良知之說，給人空疏不務實之弊，在當代有些人已有所自覺。王廷相（1474～1544）已提出糾正，且強調見聞之知的重要性。

> 近世儒者務為好高之論，別出德性之知，以為知之至，而淺博學、審問、慎思、明辯之知為不足，而不知聖人雖生知，惟性善、近道二者而已，其因習、因悟、因過、因疑之知，與人大同，況禮樂名物，古今事變，亦必待學而後知哉！〔註67〕

王廷相指出近世學人，廢學淺薄，務求「德性之知，以為知之至」殊不知，聖人之禮樂及名物制度，古今世變等事，必須待得身心體驗，始可增長智識。知識的增長，是與時日增，不是天生具有的。進而提出對理學改造之論點，首重於徵驗於經傳，將由考訂經典入手，才能徹底解決朱、陸理學異同。是以可見，考證學發展之初端。

（二）對陽明廢學之反動

因為科舉八股取士的關係，加上陽明心學糟粕經書，強調「心即理」、「致良知」、「知行合一」主張，以「人」為訴求的核心價值。「心」並非所謂的知見智識，蓋是針對形而上的道德觀，以「道」、「氣」觀為探討範圍。致使後人因糟粕經書，無以支撐其核心體系，所以被視為「空言心性」、「遁入於禪」。明代中葉學風淺薄浮泛，士人的不求甚解，油然而生。當代讀書人，一反常態，視「以傳注為支離，以經書為糟粕，以躬行實踐為迂腐，以綱紀法度為桎梏」。〔註68〕以主觀意識為討論核心。由是，宋學之重玄想，及與漢學之重

〔註67〕〔明〕王廷相：《王廷相哲學選集》（臺北：河洛出版社，1974 年），頁 85～86。

〔註68〕〔清〕張廷玉等：《明史·楊時喬列傳》（北京：中華書局，1965 年 5 月），卷224，冊19，頁 5909。

實證，兩者皆標榜為「儒家正傳」；「讀書窮理」、「致良知」，彼此互不相讓。
據此，只能重返經典，提出恢復重名物訓詁的漢唐之學，與之對應。間接造
成了考證學之興起。如楊慎所言：

> 六經自火於秦，傳注於漢，疏釋于唐，議論於宋，日起而日變，學
> 者亦當知其先後，近世學往往舍傳注疏釋，便讀宋儒之議論，蓋不
> 知議論之學自傳注疏釋出，特更作正大高明之論爾。傳注疏釋之於
> 經，十得其六、七，宋儒用力之勤，剷偽以真，補其三、四而備之
> 也。〔註69〕

楊氏認為古籍注疏之要，宗於漢人治經之法則，援以文字訓詁，來考訂典章
制度，以及辨訂古書之真偽。明中葉以後的考訂經書之風，就由此而發端。
誠如清初的理學發展，唯有「以義理之是非，取決於經典」的面目出現，成
為考據學興起的契機。〔註70〕

（三）倡導復古運動

弘治至正德年間（1480～1520）以前七子為首，提出「崇尚古體」為訴
求重點。到了嘉靖至隆慶年間（1520～1570）則以李攀龍（1514～1570）、王
世貞為首的後七子，續其理念，宣揚「秦漢以後無文矣」之旨要。依此，除
了恢復古文運動之外，直把擬古推向高峰。復古運動與理學家欲掙脫宋學的
動機，幾乎傾巢而出；前、後七子倡導「文必秦漢、詩必盛唐」，亦成為復古
運動之助因。於考據學之興起，具有很大的連結性。寫漢、唐詩文，必讀漢、
唐之書，語言、文字之間的差異，必不能避免。於是，遂由尊古轉為嗜古；
古必罕見，罕見則易見奇異。至此，士人讀書好奇之風氣，發端於聚書且著
眼在秘笈異書。此外，在炫博好奇之風潮下，意謂明代考據學之基礎，當建
築在經學稽考上。因以，義理的「六經注我」，是以漢代之章句訓詁為中心，
繼而繫之於義理詮釋，上達聖賢之道。以何種方法來詮釋真理聖言呢？僅能
表現在徵實的實證方法論上，所以開出特有的學術傾向，以考證之學「崇實
黜虛」為核心思想。如陳繼儒（1558～1639）為晚明山人代表，其考據成果
集中在《眉公群碎語》《枕譚》、《偃曝餘談》三書。陳繼儒曾舉列古籍的書

〔註69〕〔明〕楊慎撰；〔明〕焦竑編：〈劉靜修論學〉，《升菴外集》（臺北：臺灣學生
　　　　書局，1971 年），卷 60，頁 1。
〔註70〕〔清〕黃宗羲：〈泰洲學案序〉，《明儒學案》（臺北：里仁書局，收入《黃宗
　　　　羲全集》第 7 冊，1987 年），頁 703。

寫體例，並作了一些的校議與心得，提供給世人參考。如何區別古籍中之卷與冊：

> 宋朝小說，凡列祖位號，皆提行擡寫。相沿至今，尚依原本抄刻，甚無謂。古竹簡之後，皆易楮書之。束而為卷，故曰一卷二卷。自馮瀛王刻板卷變為冊，猶曰卷者，甚無謂。司馬溫公奉勅編《通鑑》，制局書寫誤者，例旁注半非。今相仍，以非字作卜者，甚無謂。此皆讀書嗜古者當知也。〔註71〕

該文直抒古書抄寫，皆與載體的改變有其關聯性。由此可供給嗜讀古書的人一個參考借鏡。就此可知，晚明之復古運動，於古書的考辨，及與古書的鈔寫、刊刻，均有其關聯性。基於前述，驗證了炫博好奇的風起雲湧，是與經世致用之思潮相互聯結的。希冀藉著通經致用的學風，能主導重建當代凡政治、社會秩序的新學問。

（四）好古嗜書之風氣

晚明文人面對著社會環境的巨變，又受到「童心說」、情感論、性靈說等以心識為重心影響，開始反思，如何保全生命？尤其在政治敗壞之氛圍下，國家與社會皆處於動盪不安之中；由是，知識份子對現況無不畏懼，以及充滿無力感。他們開始把心力轉向於自身的周遭環境，離開世俗，隱身於山林，或者是寄情於古器書畫中，或又潛心向佛。加上前後七子之復古運動，彼此相互回應，嗜古好奇的旋風應運而起。文物收藏之前，且需具備鑑賞知識，若非學富五車或者胸懷翰墨之士，恐不足以體會箇中滋味。就此，興起古物鑑賞之風，更拓展出另一種知識領域，例如辨別文物真偽、粗細等，及其相關知識。風氣使然，文人以收藏古書名畫等視為博學通古的象徵。〔註72〕針對典籍、書畫的真偽，往往「以古為貴」導向。越是近古則愈不失真，就此影響了藏書家收藏之面向。

吳中地區的文人崇尚博學、喜好讀書，尤其著重在古書的閱讀，及滿足古籍祕冊之癖好。當時的藏書家如吳寬、陸容、文林等人，皆在此氛圍中以博學稱於世。根據林慶彰老師的看法，以為：

〔註71〕〔明〕陳繼儒：《偃曝餘談》（臺北：廣文書局，收入《陳眉公四種》，1968年6月），頁19。

〔註72〕陳冠至：〈蘇州私人藏書生活窺探〉，《明代蘇州藏書家——藏書家的藏書活動與藏書生活》（臺北：花木蘭文化出版社，2007年3月），頁149。

> 復古之先決條件，為讀古人之書。唐以前之書，流傳至明代者已不
> 多、時人又不知復古之真義為何，遂由復古轉而為好古。然所謂古
> 者必較罕見，罕見則奇，由好古而好奇，其間僅為一念之延伸而
> 已。〔註73〕

基此所言，當代之藏書觀緣起於好古之說，開展出嗜奇之癖。不論是嗜古，
或者是寄情於奇象異物，皆主導當代市場，獨樹一幟。尤以江浙地區，文風
鼎盛，舉凡藏書、文學之思潮，皆可視為當代學風之指標。

　　總之，明中葉以後，注重實學的考據名家如梅鷟（1483～1553）、楊慎、
胡應麟（1551～1602）、焦竑、陳第（1541～1617）、方以智（1611～1671）等
人的主張、治學方法，都直接影響到清初及乾嘉全盛時期的學者。楊慎主鈔
書、博覽、羅列證據；陳第主張讀經當以歸納法來下達結論，進而提出「本
證」、「旁證」來定古音；梅鷟《尚書考正》、胡應麟《四部正譌》為開啟辨偽
專書之先河，尤以八種辨偽方法見稱於世。方以智《通雅》一書，談到通古
今也，雅者正古今之物也，持以文字音義、地理、官制之崇實精神面世。

二、乾嘉考據學興起之內因

　　後世探討清代學術變遷有二變之說，如謝國楨（1901～1982）在〈近代
書院學校制度變遷考〉一文；徐啟彤在〈清代吳地書院的演進與學術思潮〉
一文中，提出「清代學術思潮，應當指漢學的興盛和經世致用的提倡，而清
初的程朱理學，則不在其列」〔註74〕之外，皮錫瑞（1850～1908）在《經
學歷史》提到「經學三變說」。依此，兩者皆以經學為根柢，圍繞在經世致用、
漢學，及程朱理學為探討中心。細究其思想理路，無非是漢學之實與理學之
虛對舉，經世致用為前提。張麗珠提出一個頗為深思的議題，為何要在考據
學之外，重新檢視乾嘉學術？因之，當今某些時候學者甚至就在「乾嘉」與
「考據」之間劃上等號，視為「同義詞」。所以乾嘉時期在儒學史上，鮮為人
知也可稱義理學之革命時代。切入的著眼點在於思想觀念的變遷，其過程乃
需長時間的醞釀、演進的。其中當以意識觀念之變革，是中國邁入現代化之
最後完成部分。若沒有該種意識變革，則中國很難快速與順理成章邁向現代

〔註73〕林慶彰：〈明代考據學風之興起〉，《明代考據學研究》（臺北：臺灣學生書
　　　　局，1983年7月），頁24。
〔註74〕徐啟彤：〈清代吳地書院的演進與學術思潮〉，《蘇州大學學報》第2期（1994
　　　　年），頁86。

化社會。是以，張先生從縱向的直線去詮釋歷史的進程，而又從歷史點與點的橫向方塊中，自設某一單元來解釋事件發生的原始本末。從內部事像觀察，兩者焦點定位不同，直接影響歷史分期，其說：

> ……歷史之分期，又是直接影響於歷史意義之判定者。譬如學術史之分期，有時就不必等同於政治上之分期。……但是論及考據學之興盛，就不能以清之本朝自為斷限了，而是必須追溯到明末考據學風之興起開始的。〔註75〕

張先生指出一時代之學術與一時代之世變，彼此均涉有莫大的關聯性，就乾嘉考據學形成之因，必須追溯到明末之時。歷來學者均認為，王學的虛談葬送了明代大好江山。因之，在論及清代考據學形成之因，則無可避免要觸及到清初理學，才能條理說清乾嘉考據興盛之成因。於此，套用余英時先生之說「內在理路」及梁啟超「理學的反動」來加以陳述，清人為何要提倡漢學？為何考經者自不可免於文字訓詁入手呢？兩者之間，彼此具有相當大之牽連。據此，提出幾點來說明，藉此能探究考據徵實之風，如何形成？

（一）重返經典──王學末流之空疏無本

清代學術的發展變遷，當以對嚴酷的社會現實，促成了學術思想的變遷與覺醒為主因。許多學者在反思明朝滅亡原因的同時，對於理學專論性、理、氣等疏空的學風，開始加以抨擊。尤其晚明王學末流的流放恣肆，束書不觀、遊談不根，直若狂禪，無益於國計民生。物極必反，王學發展至此，是有其不得不變之內在成因了。黃宗羲針對該時空疏無本之風，特別痛斥之：

> 昔之學者，學道者也；今之學者，學罵者也。衿氣節者，則罵為標榜；志經世者，則罵為功利；讀書作文者，則罵為玩物喪志；留心政治者，則罵為俗吏。接庸僧數輩，則罵考亭為不足學矣；讀艾千子定待之尾，則罵象山陽明為禪學矣。〔註76〕

據此，在王學末流眼中，凡「氣節」、「經世」、「作文」、「政事」均等同於心性之贅物。虛談、狂妄實乃壓垮明代滅亡之因素。由是，開始反思如何以經治國，彰顯儒家聖道。近人李申重申「清初理學一轉變為考據學」的關鍵在於經典的辨偽，以返回原典為主要訴求：

〔註75〕張麗珠：〈緒論〉，《清代義理學新貌》，頁2～3。
〔註76〕〔明〕黃宗羲：〈七怪〉，《南雷集・南雷文案》（臺北：臺灣商務印書館，影印《四庫叢刊正編》第77冊，1979年），卷10，頁114。

　　弄清了儒經的真偽，下一步就是正確理解儒經。清初儒者認為，要正
確理解儒經，弄清經中的文物制度，歷史事實是前提。為了弄清古代
的文物制度、歷史事實，一門被稱為考據學的學問發展起來。〔註77〕
考證的本意和初衷都是為了理解儒經，目的是從經義當中得到治國的方法。
此說，呼應了戴震（1724～1777）「訓明則古經明」之說：

> 夫所謂理義，苟可以舍經而空憑胷臆，將人人鑿空得之，奚有於經
> 學之云乎哉！惟空憑胷臆之卒無當於賢人聖人之理義，然後求之古
> 經；求之古經而遺文垂絕、今古縣隔也，然後求之故訓。故訓明則
> 古經明，古經明則賢人聖人之理義明，而我心之所同然者，乃因之
> 而明。賢人聖人之理義非它，存乎典章制度者是也。〔註78〕

可見戴震之說，無非環繞在聖人旨意為依歸。基此看法，可說「經學即理學」
之最佳注解。其玄外之意，凡「道」、「聖賢之理義」皆盡備於六經。因之，
六經中之文字以及典章制度，已非千載以下之人所能識解，而六經又是蘊藏
聖人之道的唯一寶庫。至於如何開啟六經之鑰匙呢？則必須借助訓詁考證。
將陸、王心學與孔、孟精神彼此漸行漸遠之下，拉回所謂的儒學中道。是以
回歸經典探求真義，乃勢在必行。誠如梁啟超所言，復古之風於考證之學，
實有相當大的影響。梁啟超說：

> 綜觀二百餘年之學史，其影響及於全思想界者，一言以蔽之，曰：「以
> 復古為解放」，第一步：「復宋之古，對於王學而得解放」；第二步：
> 復漢唐之古，對於程朱而得解放」；第三步；「復西漢之古，對於許
> 鄭而得解放」；第四步：「復先秦之古，對一切傳注而得解放」。夫既
> 已復先秦之古，則非至對於孔孟而得解放焉不止矣。〔註79〕

上述所言，梁氏指出復古運動分為四期，然先秦之復古，以訓詁文字解一切
傳注，孔、孟之說。由是，該說可直達切入乾嘉學者論漢學之心鑰。大抵乾
嘉學者皆認為「道在六經」，六經又是古代的語言文字所構成的，進而認為考
證始於鄭玄（127～200）：「自鄭元淹貫六藝，參互鈎稽，旁及緯書，亦多採
摭，言考證之學者自是始。」〔註80〕考校辨證之學，更上推至秦、西漢，而

〔註77〕李申：《簡明儒學史》，頁292。
〔註78〕〔清〕戴震；趙玉新點校：〈題惠定宇先生授經圖〉，《戴震文集》（北京：中
　　　華書局，2006年6月），卷11，頁168。
〔註79〕梁啟超：《清代學術概論》，頁136。
〔註80〕〔清〕永瑢等：《四庫全書總目‧經部》，卷33，冊上，頁277。

東漢鄭玄遂集其大成。兩者皆提出「重實黜虛」之治學觀念，主宰乾嘉學者之治學以及方法。

（二）經世致用——以實濟虛

清初明末遺民對王學之反感，所謂「致良知」說，乃以人之「良知」為本心，不假外求；只要反求諸己，透過靜坐方式，即可獲得「良知良能」。學習太過強調本心，不假外求，當然末流之徒也就不研治經典，否定知識的價值。陽明說：

> 故不務去天理上著功夫，徒弊經竭力，從冊子上鑽研，名物上考索，
>
> 形迹上比擬。知識愈廣而人欲愈滋，才力愈多而天理愈蔽。〔註81〕

上言所指，著眼於知識會使人產生慾望，蒙蔽了與生俱來的良知。觀之王學的反智主義對於少數天生有根器之人，或許能產生實效；於多數人而言，不但不能「致良知」，反而造成遊根無據之弊，導入狂肆、頓禪之境地。〔註82〕因此，當明朝滅亡後，明代遺民深知其弊，提出「經世致用」之改革方案。希冀能導向傳統儒學「致用」方向。清末朱一新（1846～1894）檢視清初的學風，認為：「亭林、梓亭雖皆重實學，皆主經世。……天文、輿地、律呂、禮樂、河漕、兵制、農田、水利無不究心而一歸於儒術。蓋朱子為學之方，本自如此。」〔註83〕端視該言，一反過去空談義理「性、心、道」的陳規陋習，改為徵實、客觀驗證。把學術的研究範圍，擴展到自然、社會、天文、風俗、河槽、兵工等等，以「經世致用」為目的，以「實事求是」為治學精神。由此可知，清代前中兩期，皆著眼於「經世」之旨歸，是藉經學之義理來治事。何佑森（1931～2008）曾具體的說明清初實學與乾嘉實學的不同：

> 清初的「實學」，所重的是現實歷史中的新事物，乾嘉「實學」所重
>
> 的是古代文獻中的舊事物，對新舊事物的研究，正反映了清代初、
>
> 中兩期「實學」的不同內容。〔註84〕

清初學者認為研究事物的學問才是有用的「實學」，而乾嘉學者繼承的戴震之

〔註81〕〔明〕王陽明；葉鈞點註：《傳習錄》（臺北：臺灣商務印書館，1980 年 5 月），卷上，頁 73。

〔註82〕陳清茂：〈試論清代乾嘉考據學風興起背景〉，《成德齋學術論文集》（高雄市：宏冠出版社，2010 年 4 月），頁 96。

〔註83〕朱一新：《無邪堂答問》（北京：中華書局，2002 年），卷 5，頁 209。

〔註84〕何佑森：〈明末清初的實學〉，《清代學術思潮》（臺北：臺灣大學出版社，2009 年），頁 86。

「實事求是」精神，講求的是「科學的方法」。事實上，乾嘉時期的考證學風，是緣起清初理學的發展；漢學發軔於清初，鼎盛在於乾、嘉兩朝，從致用角度過渡到治學方法。以考據為手段，替代「經世致用」，使治學方法趨向樸實之風，反對晚明之空疏，而以興復漢代注疏，與之對治，達到「明小學而通經義」。顯然，經世致用的提倡，是源於民族意識的亡國之痛，應該重於一切學術意義。如張麗珠所言：「在螯清考據學的『實』，並不是獲致經世實學的『實』，只是在學術建構上，和宋明理學各自不同的方法運用──一主抽象思辨，一主經驗實證罷了。」〔註85〕簡言之，明末理學背負了風俗治亂、清談亡國等罪名指謫下，以經學救濟理學之窮為理想。由是，清初顧炎武等人提出以經學為實學，利用客觀具體證據替代清談；他們要求蒐羅宏富、充分臚列證據的治學方法，建立起務實的一代學風。放眼過去儒學的發展，面對當時最迫切的時代「經世」課題，也只能試圖從儒學中找出適合致用理想的經世時學了；又能一掃空疏、玄虛的風氣，以符合當時的期待。基此，清儒就只能選擇代表三代實行實治、且又是講求實證的經學了，這也是經學會再度被搬上檯面，以務實學風為標榜的一種學術改革。〔註86〕

（三）學術桎梏──文字獄

梁啟超曾說：「凡研究一個時代思潮，必須把前頭的時代略為認清，才能知道那來龍去脈」。〔註87〕士人的學風從清初以來，就迭有變動。自康熙二十年（1681）以後，明末遺老凋謝略盡，後起之秀針對先輩為了反清復明，所談經世致用之學，眼看也是徒勞無功。其次，經過屢次的文字獄後，人人皆有戒心，學者的聰明才智，只有用力於注釋古典。梁氏雖以為考據學是因宋明理學的反動而興起，亦認為考據學之大盛當與政治因素有很大關聯。〔註88〕其後章太炎（1869～1936）從政治觀點、反滿的情緒出發提出「避世學隱」說，主張清學的興起，是由於朝廷的高壓箝制思想，學者只好埋首故紙，迴避現實，明哲保身。〔註89〕錢穆（1895～1990）則從學術變遷與歷史的演進結合，做一個整體的考察，其說：

〔註85〕張麗珠：〈清代考據學興盛的原因〉，《清代義理學新貌》，頁93。
〔註86〕張麗珠：〈清代考據學興盛的原因〉，《清代義理學新貌》，頁103～104。
〔註87〕梁啟超：《中國近三百年學術史》，頁2。
〔註88〕梁啟超：《中國近三百年學術史》，頁21～27。
〔註89〕章炳麟：〈學隱〉，《檢論》（臺北：世界書局，收入《章氏叢書》，1982年4月），卷4，冊上，頁564～565。

今自乾嘉上溯康雍，以及於明末諸遺老，自諸遺老上溯東林以及陽
明。更自陽明上溯朱陸以及北宋諸儒。求其學術之變遷而考合之於
世事，則承先啟後，如繩秩然，自有條貫，可不如持門戶道統之見
者所云云。〔註90〕

「求其學術之變遷而考合之於世事」直指錢氏主張，學術的發展不可脫離社
會歷史環境。從可發現其間的秩然有序，自成一貫，或可說是規律。就考據
學風的起因，不贊成簡單地以王朝的更迭來斷限，亦謂追溯明中葉楊慎諸人
而來。就考據學形成而言，錢氏從學術史與社會史連結提出三點說明：一是
經學考古之風與時文關係，「謂乾嘉經學考古之風有激於舉業，故清儒之公言
矣」。〔註91〕二是從李紱（1675～1750）一生浮沉宦海，幾度瀕臨斬首之遇而
悟出心得，「清學自義理折入於考據」。〔註92〕三是論證清廷的政治高壓對學
術發展的桎梏，指出「乾嘉經學所由一趨於訓詁考索」，乃因於政治壓迫使然。
其說：

清儒自有明遺老外，即勘談政治。何者？朝廷以雷霆萬鈞之力，嚴
壓橫摧於上，出口差分寸，即得奇禍。習於積威，遂莫敢談。不徒
莫之談，蓋亦莫之思，精神意氣，一注於古經籍。本非得已，而習
焉忘之，即亦不悟其所以然。此乾嘉經學之所由一趨於訓詁考索
也。〔註93〕

錢氏主要觀點，經史考據、聲音訓詁成為朝野學術主流，乃從「學術流變，
與時消息」角度來論證。因之，自古帝王，以武力征服之餘，當致力於文化
政策之規劃為首務，進行文人思想之箝制，使之同文同軌，方便驅使，襄助
治國大業。滿清以非漢民族得天下，深知文化低落的缺點，乃不得不採取高
壓。導致清儒甚少談論政治，出口時政，分寸之間易遭橫禍，所以精神力氣
挹注於古經籍。

三、乾嘉考據學興盛之外因

張麗珠談到清代考據學興盛之因，著眼於外在客觀環境之助緣，以江南

〔註90〕錢穆：《中國近三百年學術史》（臺北：臺灣商務印書館，1987年3月），冊
上，頁20。
〔註91〕錢穆：《中國近三百年學術史》，冊上，頁141。
〔註92〕錢穆：《中國近三百年學術史》，冊上，頁285。
〔註93〕錢穆：《中國近三百年學術史》，冊下，頁533。

地區繁榮之經濟所帶來的影響為主因，諸如藏書風氣、刻書風氣的盛行、大型類書之編纂等，皆併入一起考量。其主因：

> 學術文化，是一個時代思想意識的集中表現。它不但具有鮮明的時代色彩，也是一定時期經濟發展的客觀反映。學術發展的趨向，更是與時代之盛衰息息相關。……然其學析之愈精，與世道也就愈遠，所以容易走上純粹學術考辨之路。〔註94〕

依此引言，張氏指出乾嘉時期的承平之治，影響考據學之發展為甚，因而有如此考辨之開端；所持之著眼點在於經世之宗旨隨著時代的安定，失去了繼續成長之理由。至此，經學的復興只是行於表面旗幟，實際上卻朝著稽考窮文的面相走去。為博稽經史、考經證史、博學實證建構體系，進而對歷代舊籍進行全面總整理，幾乎壟罩整個清代。造成了「然其學析之愈精，與世道也就愈遠，所以容易走上純粹學術考辨之路」之局面。可見，考據學的發展是隨著社會經濟的繁榮而擴大，影響所及學術環境涵蓋了藏書、刻書之風尚，大量叢書、類書出現。以下分別說明之：

（一）書肆鼎盛

隨著政局的穩定，康熙節樽用度、除水患、獎勵農耕，社會秩序、經濟環境迅速復甦起來。基此情況，對於學術昌明來說，無疑具有一定的推步力量。考據學的興盛，建立於校勘舊籍的真偽上，此與書籍的流通具有極大的關聯性。因此，書肆的鼎盛，必須以堅實的藏書家作為後盾，如當代徐乾學（1631～1694）、黃丕烈（1763～182）、孫星衍（1753～1818）、張金吾（1787～1829）等眾人身上，看到惜書不惜錢、嗜書如命，反映出吳中書肆蓬勃發展的原因了。如《書林清話》談及陳鱣（1787～1829）購書之交易金額，可見當時盛況：

> 陳鱣《經籍跋文》，載影宋本《周易集解》，《汲古閣祕本書目》以此居首。價銀五兩，余以三十金購之。〔註95〕

葉德輝（1864～1927）清末民初時人，晚陳鱣約100年；就此書價購金之數，可見當時藏書家購書之旨趣，及購書之癖，務求宋元版書為要。繼此，藏書漸成風氣之後，購書意願日漸高漲，導致宋版書價格，水漲船高，按葉計價。

〔註94〕張麗珠：〈清代考據學興盛的原因〉，《清代義理學新貌》，頁100。
〔註95〕〔清〕葉德輝：〈宋元刻本歷朝之貴賤〉，《書林清話》（北京：中華書局，1999年9月），卷6，頁170。

陳登原在《古今典籍聚散考》也曾說：

> 有清之興，雖承流賊紛擾之後，典籍零亂，然其時藏弆家之抱殘守
> 缺，補苴罅漏，洵有足以令人興羨者。……欲明清學之所以盛者，
> 雖知其由多端，要不能與藏書之盛，莫無所關。〔註96〕

該文指出兩點，一是明末清初舊典遭逢劫難，藏書家抱守殘缺，鑽研補闕遺
文，輯佚之風興起；二是清代學術風氣，與藏書之盛有連帶關係。就此，《乾
嘉考據學研究》亦言：

> 乾嘉學者中，從江永、惠棟、戴震、沈彤、江聲、盧文弨、汪中、
> 洪亮吉、顧廣圻、江藩、焦循、臧庸、汪萊、李銳等，莫不往來於
> 大藏書家和大商人之間，為他們校書饗食，這對於考據學的興盛無
> 疑起到了推波助瀾的作用。〔註97〕

更具體的說明清代考據學與藏書家、商人三者之間的關聯，該時著名的考
據學者如江永（1681～1762）等人，皆與眾多藏書家相善往來，論學、互通
有無。至於藏書家與考據學如何連結呢？可從《清史稿‧陳鱣列傳》知其
一二：

> 陳鱣，字仲魚。強於記誦，喜聚書。州人吳騫拜經樓書亦富，得善
> 本互相鈔藏。嘉慶改元，舉孝廉方正。又明年，中式舉人。計偕入
> 都，從錢大昕、翁方綱、段玉裁遊。後客吳門，與黃丕烈定交。精
> 校勘之學。嘗以朱梁無道，李氏既系賜姓，復奉天祐年號，至十年
> 立廟太原，合高祖、太宗、懿宗、昭宗為七廟，唐亡而實存焉；南
> 唐為憲宗五代孫建王之玄孫，祀唐配天，不失舊物，尤宜大書年號，
> 以臨諸國：於是撰《續唐書》七十卷。又有《論語古訓》、《石經說》、
> 《經籍跋文》，《恆言廣證》諸書。卒，年六十五。〔註98〕

陳鱣喜藏書，亦常與吳騫（1733～1813）往復交鈔善本書；二是善與考據名
家如錢大昕（1728～1804）、黃丕烈（1763～1825）等人交遊，討論偽書、校
勘、補史料之憑證。透過豐富藏書，除能提供考據學上實質的幫助外，也凸
顯出藏書家典藏之珍本，益發激勵學者投身其中，彼此互蒙其利。

〔註96〕陳登原：〈清初之私人收藏〉，《古今典籍聚散考》（臺北：河洛圖書出版社，
　　　　1979年5月），頁319。

〔註97〕漆永祥：〈乾嘉考據成因（下）〉，《乾嘉考據學研究》（北京：中國社會出版
　　　　社，1998年12月），頁56。

〔註98〕趙爾巽等：《清史稿‧陳鱣列傳》，卷484，冊44，頁13350。

（二）輯刻古書之盛風

　　清初學風由空返實，藏書家為能倡導刊刻秘笈珍本，以利古籍之流傳。如曹溶（1613～1685）作〈流通古書約〉說：

> 出未經刊布者，壽之棗梨，始小本，訖鉅編，漸次恢擴，四方必有風聞接響，以表彰散佚為身任者。山潛家祕，羨衍人閒，甚或出十餘種目錄外，嗜奇之子，因之覃精力學，充拓見聞。〔註99〕

上文指出，藏書家之責不應著眼於保存，更重要在於古舊籍之流通。流通方式有二，一是刊刻祕笈，與世接軌；二是視其財力大小，由小書或者輯刻刊印，嘉惠於後代學子，廣充見聞之智。簡而言之，曹溶鼓勵藏書家能「有無相易，精工繕寫」，〔註100〕廣泛刻書、鈔書，尤以祕笈典冊為首務，致使古舊籍能普遍流通，傳播文化為是。尤其，藏書刻書是一種重要的文化現象，而考據學必須借重大量的文獻資料來審覈，故考據風氣的興衰，與藏書刻書有極密切的關係。當時某些藏書家也兼做刻書行業，他們特選罕見典籍進行刊刻，如毛晉（1599～1659）既是藏書家，又是著名的出版商。「毛氏子晉者，廣鐫書籍，三百年來，海內學子，無不知汲古閣毛氏者。」〔註101〕當時刻的《十三經》、《津逮秘書》等宋、元人別集訖而《道藏》、詞曲，皆能普及大眾，廣布流傳。

　　此外，清人在明人刻書的基礎上，且又受毛晉刊刻群書之影響下，大量廣刻叢書。由是，刊刻叢書可說為清代刻書之一大特色。如鮑廷博（1728～1814）之《知不足齋叢書》，每集八冊，一共刻了三十二集；黃丕烈之《士禮居叢書》以仿刻宋元舊槧為主；盧文弨之《抱經堂叢書》……，皆手批目驗，參校善本，以精審校勘聞名於世，堪稱一時之選。是故清代叢書刊刻，包羅萬象，融會百家，又詳加辨、正、校、補，實有整理之功於世。之後，凡刻書者必定校讎精審而後鏤版，在裒輯之外別具鎔鑄裁剪，足以旋起一股校輯古書之風。一些仕途不如意之學者，便不一定要以出仕為唯一選擇了，在大量刊刻叢書及須精審完備，逐實校訂之輔助下，促使更多學者投身於校勘古書行列。不做官，依然可以將學問發揮盡致，仍能揚名立功於世。於此，為

〔註99〕〔清〕曹溶：《流通古書約》（上海：上海古籍出版社，收入《中國歷代書目題跋叢書》收入《澹生堂藏書約（外八種）》，2005年11月），頁36。

〔註100〕〔清〕曹溶：《流通古書約》，頁35。

〔註101〕丁國鈞：〈毛氏汲古閣刻書緣起〉，《荷香館瑣言》（臺北：藝文印書館，《叢書集成三編》收入《丙子叢編》第9冊，1972年），卷上，頁20。

考證而考證，既不需談論經世致用之課題，也不需去攀緣權貴，純粹以讀書考證為業之仕人，應運而生了。他們或者纂輯遺書、或者校勘考訂舊籍，甚至為仕紳加以延聘，有的受到顯達士宦禮遇，既不必憑科舉而出仕，又可以藉此維生。〔註102〕對此可消解，為何嚴可均、俞正燮等人皆曾投入於孫星衍、姚文田幕府之中，專務於經籍考證，是具有其時代意義。

（三）政府與官宦之支持

袁枚曾舉列考據學興盛之因：「除非收盡海內書籍，再遍請天下名儒，鎖閉一堂，寬以十年之期，奉以千金之俸，使之相互遍校而後可也。」〔註103〕就此引文，謂及考據特點，一是講究蒐羅宏富，二是需要大量時間的投入，三是校輯人員之相互觀照，彼此參研，四是大量金錢的支援。於此四點，一般學者很難具備，是故乾隆以來，凡舊本之刊刻、《四庫全書》之開館、《古今圖書集成》之類編等大量圖書輯刻，或由豪紳巨賈延聘學者爬疏整理，或由官宦延至幕下，或由朝廷延攬。他們憑自身的地位及經濟的優勢，支持贊助學術事業，為考據的發展起了一個大的助因。如阮元（1764～1849）以自身的官顯、學者之身分，努力提倡學術、獎勵後進，刊布圖書，以《十三經注疏》、《皇清經解》在經學界中極富盛名。又如徐乾學在編纂《大清一統志》時，便網羅當代頗具名望之學者，胡渭（1633～1714）、閻若璩（1636～1704）等多人。於此，晚清劉禺生述及當代的學術風氣時，有很貼切地描繪：

> 按有清一代，經史、詞章、訓詁、考訂各種有用之學，名家蔚起，冠絕前朝，皆從事學問，而不事舉業。凡得科名者未必有學問，而有學問者亦可得科名，或學優而仕，或仕優而學，學問不為舉業所限制。論其原因：一、繼承家學，如二錢、三惠、王氏父子之例。二、各有師承，讀《漢學師承記》、《宋學淵源記》等書自知。自明季黃梨洲、顧炎武、李二曲、王船山四大儒出，學術風尚，煥然大變。其後如徐健庵、王貽上、朱竹君、翁覃溪、阮蕓台、曾滌生，皆能提進學者，建樹學宗。雖咸豐以至光緒中葉，人崇墨卷，士不讀書，而研究實學之風，仍遍於全國，科舉不能限制學術，此明

〔註102〕張麗珠：〈清代考據學興盛的原因〉，《清代義理學新貌》，頁116～117。
〔註103〕〔清〕袁枚：〈寄奇方伯〉，《小倉山房尺牘》（南京：江蘇古籍出版社，收入《袁枚全集》第5冊，1997年7月），卷7，頁149。

徵也。〔註104〕

依此上文，劉氏認為學風的轉變，得力於清初四大家；而學術的發展則有賴於徐乾學、朱筠（1729～1781）、阮元等人的「提進學者，建樹學宗」。以上諸人皆高居朝廷顯位。其次，道出了科舉之下，實學之風潮仍席捲全國「雖咸豐以至光緒中葉，人崇墨卷，士不讀書，而研究實學之風，仍遍於全國，科舉不能限制學術，此明徵也」。是以，可看出清代考據學興盛之況。

四、結語

總之，清代輯佚的興起是有歷史性、經濟性，以及政治性等諸多因素推動下，造成了學術風向。康熙年間，上位者接受經筵講官陳廷敬（1638～1712）「道學即在經學中」〔註105〕肯定儒家經典之精深意涵，並多次呼籲不通《五經》、《四書》則不能通曉性理。若要平治天下、移風易俗，就須尊崇聖人之經學。據此，凡民間至官方政府，甚至明末遺民乃至清朝貴族，皆把弄清六經之本義，或者是將「回到六經」之主旨當作儒學的新方向。〔註106〕如何回到《六經》的準備工作？當以辨別儒經之真偽為首務。清初儒者們對經書之辨偽，就要弄清哪些是聖人的本義，哪些是聖人真正的遺教，從而當作治國平天下之指導方針，進而提出重返經典之主張。其次，因王學之極端發展，背離了儒家思想的道統觀，致使清初有識之士提倡「經世致用」口號。

在清廷行「政教合一」意識之主導下，對學術的重視可想而知。康熙十二年（1673）在武英殿開設刻書處後，其所校刻之書稱為「武英殿本」，堪稱精校印刷之集大成。所刊刻的書籍遍及經、史、子、集，對於民間坊肆刻書行業，有如風行草偃的激勵作用。其次，官刻內府本的刊行，往往招集天下名士，加以精審詳校，除了昌明學術、推動文化之作用外，於考據學者有實際支持力量。對此政策，一方面政府藉此攏絡士人，另一方面則藉著編纂大型類書，宣示重視學術文化。希冀這些措施能牢籠讀書人，當是以收服異己

〔註104〕劉禺生撰；錢實甫點校：〈清代之教學〉，《世載堂雜憶》（北京：新華書店，收入《清代史料筆記叢刊》第 21 冊，1997 年 12 月），頁 13。

〔註105〕〔清〕喇沙里、陳廷敬奉敕編：〈日講四書解義序〉，《日講四書解義》（臺北：臺灣商務印書館，影印《文淵閣四庫全書本》第 208 冊，1983 年），冊 1，頁 1。

〔註106〕李申：《簡明儒學史》（北京：中國人民大學出版社，2006 年 6 月），頁 290～291。

為目的，兼具政治、學術雙重意義。據此，考據學之興盛，最大原由應是從
政府大規模修書開跑。其二乃因徵實學風盛行，必須廣蒐文獻資料加以整理；
其三是源於社會經濟的快速發展，官私藏書目錄先後輩出盛行，圖書流通意
識之增強，書院講學之普及，皆直接推動考據學風遍行各地。

第三章　《全文》之傳承與改造

　　《全文》不僅是嚴氏個人最後，也是最高之學術成就，甚至不諱言說是
清代古籍整理最優之成績總結。然學術界對《全文》價值的認識，仍不是非
常充分，單就案語部分就鮮少人討論。大致以簡略行文介紹體例及其評價為
多，於價值、錄文形式、校文等問題，探討的更是籠統。如〔清〕陸心源（1838
～1894）〈與繆筱珊太史書〉云：

> 嚴鐵橋僅有校釋之能，未得旁通曲證，蓋第二流也。即如所輯《全
> 上古三代六朝文》，以《百三名家集》、梅氏《文紀》為藍本，增益
> 無多；而以洪筠軒《經典集林》及從《羣書治要》中輯出各種附益
> 之，餘無所得。〔註1〕

就陸氏之語，顯然是以輯錄佚文及校釋的角度，來評論《全文》一書，實際
上並不公允。殊不知，嚴氏所輯的文章，常常注明該文所產生的背景，且在
精於校勘之前提下進行。所摘錄之片語單詞，亦多有其意義，誠如《清史稿·
儒林傳》對其評述：「人各系以小傳，足以考證史文，皆從蒐羅殘賸得之，覆
檢群書，一字一句，稍有異同，無不校訂。一手寫定，不假眾力。」〔註2〕此
非溢美之詞也。其考證內容涉及面廣大，凡如人名、篇名、卷數、文章之訛
托衍舛、錄文重整、真偽、著作年代等，都下了很細密的功夫。此外，篇文
中論及的人物、歷史背景、名物等，也一併附加校辨，絕非後人掇拾一、二
所能輕議。陸氏為何如此發下輕蔑之語，想必有其淵源；今當如何證其該書

〔註1〕〔清〕陸心源：〈與繆筱珊太史書〉，《儀顧堂集》（上海：上海古籍出版社，《續
　　　修四庫全書》第 1560 冊，1995 年），卷 4，頁 418。
〔註2〕〔清〕趙爾巽等：《清史稿·嚴可均傳》（北京：中華書局，1986 年 8 月），卷
　　　482，冊 43，頁 13256。

之價值呢？只能依據該書所承繼前人的部分及當代輯佚書，比較分析，才能
具體的證明該書實乃曠世之巨作。

第一節　承襲梅鼎祚之《歷代文紀》

陸氏〈與繆筱珊太史書〉、《清史稿》兩文之記載，以及嚴氏〈附梅鼎祚
《文紀》目錄〉說：

> 謹案：「梅氏《文紀》無賦，又四孤甲乙等論，及諸大禮奏議，往往
> 四五人或一二十人所作，體例與鄙書不同。又如《藝文類聚》有胡
> 綜〈請立諸王表〉，梅氏編入《薛綜集》，蓋誤。若此之類，後人覆
> 檢，未可據梅氏書輒補鄙書也。」〔註3〕

嚴氏錄文基礎是以梅氏為藍本而延伸出另一鈔纂總集，至於是否增益無多？
則需進一步覆核，才能定奪是否有出入。二是嚴氏對《文紀》的評斷，大抵
以編輯體例之疏失，及其作者考校誤編等二個面向來論述現象。尤特別提示
「後人覆檢，未可據梅氏書輒補鄙書也」之說，意謂嚴氏對此刻意進行增益
資料篇文，又重新稽考，兩者相較，除了收載篇文超於《文紀》之外，《全文》
有優於《文紀》的一面，也有不足的一面。於此，本文以《文紀》為討論主
題，先以編輯體例為論述架構，兼論其收錄篇數、卷數、作者人數，據此衡
量陸氏之評語是否合宜。總而言之，從文獻上的體例及梅氏的論述，兩者方
法入手，討論梅氏如何利用這些方式達到「博」之目的及其所體現出之「輯
佚」為何？

一、梅鼎祚及其《歷代文紀》

梅鼎祚，字彥和，一字禹金，晚號勝樂道人、無求居士，甯國府宣城人
（安徽宣城），生於明世宗嘉靖二十八年（1549），卒於明神宗萬曆四十三年
（1615），年六十七。《明人傳記資料索引》簡要說明其生平及著作：

> 守德子，以古學自任，詩文博雅，王世貞嘗稱之。申時行欲薦於朝，
> 辭不赴，歸隱書帶園，構天逸閣，藏書著述其中，年七十卒（有
> 誤）。有《鬼才記》、《清泥蓮花記》、《梅禹金集》、《鹿裘石室集》、
> 《歷代文紀》、《漢魏八代詩乘》、《古樂苑》、《唐樂苑》、《書記詮

〔註3〕〔清〕嚴可均：〈附梅鼎祚《文紀》目錄〉，《全上古三代秦漢三國六朝文》，
　　　　頁22～23。

洞》、《宛雅》諸書。〔註4〕

梅鼎祚出身於書香世家，父梅守德（1510～1577）為嘉靖中進士，累遷至雲南參政。父子二人均以藏書豐碩著稱，二十四歲就輯歷代詩集《宛雅》，可說為將來編輯之總集如《古樂苑》、《詩乘》、《書記洞詮》、《歷代文紀》奠立基礎。梅氏是晚明時期雅俗兼備之布衣文人，因其父梅守德交遊廣闊，結交之對象皆是當時享有盛名之名士，如陳鳴楚、王仲房等，致使梅氏自小即已詩名稱世，並與沈君典齊名。張岱（1597～1679）將楊慎、張溥（1602～1641）與其並列於〈文苑傳〉，視為博學大家。〔註5〕

梅氏著作多達四十餘種、千餘卷，由於明清異代牽涉到政治因素，導致毀損甚多，散佚嚴重，至今仍罕見其全貌。據陳晨的初估，20 世紀以來於梅氏的研究範疇僅圍繞在俗文學方面而開展，成果表現不凡，然並不全面，以及存在一些待解決議題。〔註6〕如梅氏編述、鈔纂類，亟待後人的整理及深入的探析。以下是陳氏的說法：

> 其詩文集《鹿裘石室集》幸被《四庫禁毀叢刊》、《續修四庫全書》收錄，才得以為人所知，但至今尚無整理、點校本；此外，他編纂的大量詩文集，也因卷次龐大而少有人問津。在這種情況下，全面推進梅鼎祚研究必然遇到極大的困難。〔註7〕

據此可知，梅氏著作有兩大重點，一是詩文集著作《鹿裘石室集》，二是鈔纂類如《書記洞詮》及《文紀》等，仍未能進一步的校點整理。由於《文紀》耗時八年，終於萬曆三十八年（1610）。若將《釋文紀》合計，可說終其一生用力於此。依此，作為第一部有系統地收錄唐代以前之文學總集，自是編纂

〔註 4〕 國立中央圖書館編輯：《明人傳記資料索引》（臺北：文史哲出版社，1978 年 1 月），頁 506，生卒年言及（1549～1618）。又〔明〕張岱著《石匱書·文苑傳下》（上海：上海古籍出版社，《續修四庫全書》第 320 冊，1995 年），卷 203，頁 158；徐朔方著：《晚明曲家年譜》（杭州：浙江古籍出版社，1993 年 12 月），頁 105～199，則為（1549～1615）；包括後人論述均以此為定則，如陳晨：〈梅鼎祚著作編年考述〉，《書目季刊》第 45 卷第 1 期（2011 年 6 月），頁 87；陳慧芬撰：《梅鼎祚《青泥蓮花記》研究》（高雄：國立中山大學中國文學系碩士論文，2003 年 6 月）。

〔註 5〕〔明〕張岱著《石匱書·文苑傳下》（上海：上海古籍出版社，《續修四庫全書》第 320 冊，1995 年），卷 203，頁 158～161。

〔註 6〕 陳晨：〈20 世紀以來梅鼎祚研究綜述〉，《遼寧師範大學學報》第 31 卷第 1 期（2008 年 1 月），頁 98～101。

〔註 7〕 陳晨：〈20 世紀以來梅鼎祚研究綜述〉，《遼寧師範大學學報》，頁 98～101。

《全文》之借鑑對象。有關其體例，嚴氏也僅論及無賦及「又四孤甲乙等論，及諸大禮奏議，往往四五人或一二十人所作，體例與鄙書不同」。〔註8〕句中透出貶抑之意，自是不夠深入。由是，〔清〕周維新言：「夫其立例審、比事蒙，則類史；具眾體、總羣碎，則類集。」〔註9〕方才觸及該書之梗概與體例：一是碎言眾體為輯佚之最高準則，以類相隨為該書之編纂主幹；二是依事審核，是以考據史籍為綱領心要。《四庫總目》雖帶有蕪雜濫觴之負評，論其大要，仍稱揚其資料之廣「博」，究其原因：

> 其於詔制，既以各帝分編，又往往隨事附各篇之後，端緒龐雜，於
> 編次之體亦乖。然三代以下，文章莫盛於西漢，西漢莫備於此編。
> 含英咀華，固著作之驪淵矣。〔註10〕

依上文，《歷代文紀》編輯梗概大致可知悉，一是以時代先後列次，二是以文類人。所謂「編次之體亦乖」，大抵是指錄文編排列次之問題，蕪雜無序，常見超出體例規範。然而，若論蒐輯層面之廣泛，尚屬完備。據此而言之，該書乖體之情況，似乎有些不符實際及武斷；基此，筆者嘗試以〈宋文紀原序〉「夫其立例審、比事蒙，則類史；具眾體、總羣碎，則類集」，〔註11〕探討主題，並兼及體例，且與《全文》作一個量化分析表。即可獲得確切的解答，《全文》沿襲於《文紀》有多少，且如何據此而擴展？

二、《文紀》之架構與體例

是書今存十二集，計有《皇霸文紀》、《西漢文紀》、《東漢文紀》、《西晉文紀》、《宋文紀》、《南齊文紀》、《梁文紀》、《陳文紀》、《北齊文紀》、《後周文紀》、《隋文紀》、《釋文紀》。據《全文》記載，尚有《三國文紀》、《東晉文紀》、《後陳文紀》僅見《千頃堂書目》著錄，未見傳本。《四庫總目》〔註12〕提及：

> 按：《千頃堂書目》載鼎祚所編尚有《三國文紀》、《東晉文紀》、《後

〔註8〕〔清〕嚴可均：〈附梅鼎祚《文紀》目錄〉，《全上古三代秦漢三國六朝文》，頁22～23。

〔註9〕〔明〕周維新：〈宋文紀原序〉，《宋文紀》（臺北：臺灣商務印書館，影印《文淵閣四庫全書》第1398冊，1983年），頁473。

〔註10〕〔清〕永瑢等：〈西漢文紀〉，《四庫全書總目》，卷189，冊下，頁1720。

〔註11〕〔明〕周維新：〈宋文紀原序〉，《宋文紀》，頁473。

〔註12〕《四庫全書總目》簡稱《四庫總目》，於《歷代文紀》論述僅以《四庫全書》本為主，簡稱《文紀》。

陳文紀》。三國、東晉，今未見其本，姑從闕如。後陳併不知為何
代，疑傳寫有木文，今亦未見其本，故置之不論焉。〔註13〕

《總目》言及《三國文紀》、《東晉文紀》、《後陳文紀》在當代早已不存，而
所謂的「後陳」則不知歸類於何代，疑似傳寫訛誤之故，不予論述。綜觀現
存傳本，除《皇霸文紀》起自上古，下迄於秦外，所收載範圍起於漢迄至隋
之各朝作品，故又稱為《八代文紀》。〔註14〕後附《釋文紀》〔註15〕，收錄之
篇文也是由東漢至陳、隋時期。以下為梅氏說明架構之安排：

> 近頗輯得《文紀》，昉自三代，迄于六朝，旁及二氏。凡為文者隻字
> 必收，可三百餘卷。此書實庶幾述者之業，來者之津梁。〔註16〕

該文所論，單就收錄原則及範圍之觀點發端，即已顯見梅鼎祚編纂之企圖心。
該書收載之文，從三代迄於六朝為限，總約三百餘卷。耗力至深，可說是「庶
幾述者之業」，希冀能成為後人學習之楷模。《四庫總目》認為該書最大缺失，
在於真偽雜陳、作者年代斷限不明，及考證詳略不均。然終究是「蕪雜之中，
菁英不乏，陸機所謂雖榛楛之勿翦，亦蒙茸於集翠者也。故病其濫而終取其
博焉」。〔註17〕蕪雜之中仍可見其精審超越前代一面，炫「博」為終極目標。
接著又評說：

> 合觀所錄，雖牴牾蹖漏，卷卷有之，然上起古初，下窮八代，責搜
> 博採，薈合成編，使唐以前之文章源委相承，粲然可考，斯亦不為
> 過掩矣。〔註18〕

此番論述，指出作品採錄的範圍，唐以前之八代時文；且編列次序，乃依各
朝開創之時間為先後，望能依此掌握歷代文章之相承脈絡。中間，雖遇有牴
牾疏漏之處，如複見重出者的現況不少。平心而論，考證確實，仍可稱為當
代之文苑大觀，瑕不掩瑜。尤其在義例的結構、材料的處理、編寫的方式，
更投入大量的心血，於古代文獻、文學、學術等皆作了系統性的研究整理，
也對後代產生了極大的影響。關於《文紀》研究的議題甚少，僅見於文獻要

〔註13〕〔清〕永瑢等：〈隋文紀〉，《欽定四庫全書總目》，卷189，冊下，頁1722。
〔註14〕〔明〕周維新：〈宋文紀原序〉，《宋文紀》，頁473。
〔註15〕梅氏之《歷代文紀》與《釋文紀》，統稱為《文紀》。
〔註16〕〔明〕梅鼎祚：〈與許道甫吏部〉，《鹿裘石室集》（北京：北京出版社，收入
《四庫禁毀書叢刊·集部》第58冊據明天啟三年玄白堂刻本，1997年），卷
12文，頁683～684。
〔註17〕〔清〕永瑢等：〈皇霸文紀〉，《四庫全書總目》，卷189，冊下，頁1719。
〔註18〕〔清〕永瑢等：〈隋文紀〉，《四庫全書總目》，卷189，冊下，頁1722。

籍上略提如陳晨〈梅鼎祚著作編年考述〉，或者是洪湛侯《中國文獻學新探》。顯見與現今研究《全文》者之顧慮是相同，部帙浩大、卷數繁多，以及難以快速見於研究成果。因此，筆者覺得若要突破前人之研究觀點，勢必要重新檢視《文紀》的編輯體例、卷數、作家人數等。且與《全文》對比勘查，經此才能確實比較出各自之異同與優劣。

（一）編纂緣起動機

湯寶尹曾謂及梅氏重要編纂著述的性質：

> 吾以千秋代之，盡搜今古奇文秘藏，晝夜研諷籬園之間，悉置刀筆。揉結之時，或墜坑塹。宓犧氏以降抵于六朝，輯其音律可破管弦者為《古樂苑》。有韻之言為《詩乘》，牋啟赤牘為《書記洞詮》，鴻篇大籍、隻字單詞合舉之為《文紀》。而別以所得，發為詩歌，與應酬贈送記序誌贊之文，為《鹿裘石室全集》。〔註19〕

該文簡略說明梅氏在治學上的取向為「今古奇文秘藏」，以上古伏羲至六朝為蒐羅範圍。針對其輯佚之述作，均依不同性質而收載，如《古樂苑》專門輯錄樂律佚文；《詩乘》專收有韻之佚詩；《書記洞詮》乃針對牋、啟、書牘文類而收錄；《文紀》則可說是總和上述之基礎，加以拓展網羅，凡「鴻篇大籍、隻字單詞合舉之為《文紀》」。以選編、校勘、辨偽、注釋、評論等解題方式，來衡論文獻原委本末。誠如〈答王元禎〉云：「弟嘗言古者述而不作，今者作而不述；蓋信古乃能述，不知亦可作，以為笑，然實中今時大敝。」〔註20〕信古乃其學術宗旨，自比古人之「述而不作」；順此也調侃當今束書不觀之文風，其云：「嘉隆萬曆間，古道大振。自頃宿素衰落而好老婢，聲為老嫗可解語者。自詭執正，印樹赤幟，天下靡然從之。」〔註21〕嘉靖、萬曆之間，復古之道大振，然而自此以後，問學之風逐漸衰退。而世俗平庸之人皆可解經，甚至還把自己詭辯之說宣揚天下，並且立為正說，造成庸俗之輩紛紛追隨其說。至此可知，梅氏輯錄《文紀》的緣起，與當時的文風有關：

> 鼎祚繆以今之為文，不原始而類襲今，因譔《文紀》。昉自古始以迄

〔註19〕〔明〕湯寶尹：〈梅禹金先生鹿裘石室全集序〉，《鹿裘石室集》，收入《四庫禁毀書叢刊·集部》第 57 冊，頁 482～483。

〔註20〕〔明〕梅鼎祚：〈答王元禎〉，《鹿裘石室集》，收入《四庫禁毀書叢刊·集部》第 57 冊，卷 13 文，頁 479。

〔註21〕〔明〕李維禎：〈梅禹金先生全集序〉，《鹿裘石室集》，收入《四庫禁毀書叢刊·集部》第 57 冊，頁 479。

六朝，顧僻生不文之鄉，家復無異書可讀。意若富五車記、三篋莫
如先生，且貴邑多巨族竝羣玉之策府也。〔註22〕

由此引文，窺見了梅氏於輯佚書之編纂原始動機，主因於當代文壇弊病「不
原始而類襲今」，古籍真實面貌全失。其次「為《文紀》用配馮氏《詩紀》」。
〔註23〕以《文紀》專收書文的性質，欲並與馮惟訥《詩紀》收載之詩類，相
為表裡合為曠世詩文總集。

　　晚年總結其生平著作，自敘認為耗力最深僅在於所謂「述」，舉凡徵引資
料，透過剪裁、排比、鎔鑄、輯佚等方式，將舊材料組合為新書。尤以《歷
代文紀》在義例的編排、材料的處理、編寫方式，遠比其他創作如《遊白嶽
詩》、《與玄草》、《玉合記》等為更出色。試圖透過研究與整理，為後世輯佚
書提供文獻基礎，作為在學史的一種典範。

（二）《歷代文紀》編輯體例

　　《文紀》在文獻的稽考、列目的編次、作者的考述等方面，均突顯出明
代之徵實學風及炫博好奇之讀書意識。梅氏的文學觀乃承襲明代王世貞
（1526～1590）等人提倡之復古，其言「今不能挽梁陳而躋於秦漢，則亦豈
能挽今而齊於六代哉？予誠不能退屈而私竊怏怏。」〔註24〕過去梁陳之間的
綺靡文風不能救挽，現今豈能坐視屈居於六代古風之下呢？眼見「閱古之文
或散落無遺，迺搜引探索，採綴緝綜，為立例，使之以類從，茲特稱所為書
記矣」〔註25〕，由此推測，《文紀》前身之作蓋是《書記洞詮》，雖是專就書
牘文章「採綴緝綜」，編纂動機也在此復古前提下而進行，全為挽救頹廢之學
風也。〔註26〕以下為《書記洞詮》架構與《文紀》相互對照，據此判別兩者

〔註22〕　〔明〕梅鼎祚：〈與鄒彥吉大參〉，《鹿裘室石集》，收入《四庫禁毀書叢刊·
　　　　　集部》第 58 冊，卷 12，頁 675～676。

〔註23〕　〔明〕梅鼎祚：〈答余君房太常〉，《鹿裘室石集》收入《四庫禁毀書叢刊·集
　　　　　部》第 58 冊，卷 61 文，頁 675。

〔註24〕　〔明〕劉然著：〈書記洞詮序〉，《書記洞詮》（臺南：莊嚴出版社，收入《四
　　　　　庫全書存目叢書》第 371 冊，據萬曆二十年汝南郡刻本，1997 年 6 月），頁
　　　　　268。

〔註25〕　〔明〕劉然：〈書記洞詮序〉，《書記洞詮》，收入《四庫全書存目叢書》第 371
　　　　　冊，頁 268。

〔註26〕　陳晨：〈梅鼎祚著作編年考述〉，《書目季刊》第 45 卷第 1 期（2011 年 6 月），
　　　　　頁 93～94。提到《書記洞詮》編纂時間始自萬曆二十年萬至二十四年編成。
　　　　　又《文紀》始於萬曆三十二年鈔纂終於三十八年，若與《釋文紀》合計，蓋
　　　　　終其身皆在纂輯這套總集。

關係，總結《書記洞詮》乃是《歷代文紀》之前身。

附錄：《書記洞詮》架構表格

書　類	朝　代	春秋辭命	朝　　代		書　類	朝　代
先秦	周	先秦～秦	周		漢～隋	漢
	魯		魯			後漢
	齊		齊			三國
	晉		晉			西晉
	鄭		秦			東晉
	吳		楚			諸僭越國
	越		宋			劉宋
	楚		鄭			南齊
	燕		衛			蕭梁
	代		陳			南陳
	魏		曹			後魏
	宋		吳			北齊
	趙		越			後周
	田齊		燕			隋
秦	昭襄王		邾			
	始皇帝		唐			
	卿士					

釋　類	朝　代	疏　類	朝　　代		道　類	朝　代
上古～隋	西土	南齊～隋	南齊	沈約	先秦	周
	後漢					
	東吳					齊
	晉		蕭梁	梁簡文帝		
	劉宋					秦
	南齊					蜀

	蕭梁		南陳	永陽王伯智	漢～隋	漢
	南陳					晉
	後魏					南齊
	北齊		隋	王廣		蕭梁
	後周			釋智顗		隋
	隋					

依上表，《書記洞詮》整合了唐以前書牘作家作品，展現了古代書牘文獻的大綱支架。雖然僅就先唐書牘文為收錄的原則，斷限於先秦至隋代；區分為五類，涵蓋書、春秋辭命、釋、疏文（釋家）、道家類等。兩相對照，《書記洞詮》與《文紀》在收載篇文、羅列順序上是有雷同之處。一、如《皇霸文紀》收錄 427 篇數，以上古至秦為範圍，對比《書記洞詮》在「書類」篇共收載了 77 篇，且盡被載錄在《文紀》裡。此外，依從陳列式之劃分時代來看，兩者之間確有謀合之處。三者，編纂順序以時代分層為大綱，並以作者身分列次為緯，井然有序，毫不交疊，以及重複收錄之現象。是以，我們甚至可推論《書記洞詮》乃為《文紀》編纂前身。基於此，舉凡架構、體例之編纂均可為《文紀》借鑑。以下為共同編纂特點之說明：

1、編輯主體以「以時為序，以人為綱、以類相次」為原則：《書記洞詮》「以時為序、以人為綱」編纂原則，足見其綱要列目，以及說明各朝列代之先後，及作家身分為次：

> 每代首列帝后，次以諸王卿士閨秀，各相詮次。世貫履歷，略注端末。其身歷數代者，率以所終為定，而書止扗（往）前即從前代。
>
> 〔註27〕

據此說明，列次原則以各朝代為先後；合併身分地位為順序，即各朝之帝后為首，依次為諸王、卿士、閨秀等之作品，並略述各個作家之傳記資料。一如《梁文紀》等，以身分地位排序，帝王詔敕為首，次為后、諸王、大臣、後為烈女、閨秀。此外，「以類相次」即是考覈名實，依據書文內容而收載，如〈凡例〉所言：

> 是編參伍異同，研覈名實。因碑而輔正，即碑非離經務本，事以會

〔註27〕〔明〕玄白堂：〈書記洞詮凡例〉，《書記洞詮》，收入《四庫全書存目叢書》第 371 冊，頁 274。

文，則文非虛設，庶幾首尾條貫，質克衷。〔註28〕

以文類人為編次原則，考核實質內容，並旁稽碑刻文獻加以輔助，使其首尾連貫。就此，梅鼎祚在收錄篇文時，已先行校勘使其文義上下相合，完整備至。此外，審核內文時，務求名實相符，意在按類歸納。

2、作者列序，以著作前代為次：魏晉六朝的文人，大多不僅橫跨二朝，所以文人之年代很難斷限，該〈凡例〉中則是專對身歷數代之作者而言，即是「其身歷數代者，率以所終為定。而書止往前，即從前代」。梅氏對於歷經數代之卿士人臣，大抵以卒年為入列之朝代。然，為不與其實際著作紀年相違，將其排序在卒年之前代。如江淹（444～505），歷仕劉宋、南齊、蕭梁等三朝，梅氏將其列入《南齊文紀》。其說法如下：

> 江淹，字文通，濟陽考城人。仕宋嶺南東郡丞，入齊為秘書監兼衛尉，終梁金紫光祿大夫。按淹歷宋、齊、梁，天監四年卒。在梁未久，並無文績。其集十卷，齊時淹所自定，故今屬齊。〔註29〕

上文所論，指出江淹仕蕭梁未久，最後卒於天監四年（505）。對此，《江淹集》一書十卷，寫定在南齊，故編列入《南齊文紀》。又如江總（519～594）歷仕蕭梁、南陳、隋三朝，梅氏「兼其前後諸作，割併於陳，以足卷帙」，〔註30〕故仍編入《陳文紀》。

3、數書一事，即為以類綴從：凡因一事，而有數人陳述其見，梅氏將其編纂一起，不依作者生卒年編次。為能讓事件之始末符合在歷史之某一時限，因而一反常態，凡作者部分、單一事件，皆加以收入，所以常見《文紀》有重文複收的現象，帝王的詔策類即是一顯證。誠如《書記洞詮》言：「數書一事，即為以類綴從。」〔註31〕意謂為了考究史實，具體採用互著別裁之著錄方式。如《南齊文紀・王儉》之〈郊祀明堂異日議〉，梅氏注明「王儉議，詔可」〔註32〕。針對郊祀明堂是否要改日一事，王儉（452～489）上奏陳議，

〔註28〕〔明〕玄白堂：〈書記洞詮凡例〉，《書記洞詮》，收入《四庫全書存目叢書》第371冊，頁274。
〔註29〕〔明〕梅鼎祚：《南齊文紀・江淹》，影印《文淵閣四庫全書》第1399冊，卷8，頁177。
〔註30〕〔清〕永瑢等：〈隋文紀〉，《欽定四庫全書總目》，卷189，冊下，頁1722。
〔註31〕〔明〕玄白堂：〈書記洞詮凡例〉，《書記洞詮》，收入《四庫全書存目叢書》第371冊，頁274。
〔註32〕〔明〕梅鼎祚：〈郊祀明堂異日議〉，《南齊文紀・王儉》，影印《文淵閣四庫全書》第1399冊，卷3，頁71～73。

帝詔答允可。由此引發不同意見。如〈祠部郎中蔡履議〉、〈太學博士王祐議〉、〈兼博士劉蔓議〉、〈兼太常丞蔡仲熊議〉、〈太尉從事中郎故憲成之議〉、〈尚書陸澄議〉、〈尚書令王儉議〉等，該文又同見於作者之篇目。另外，則按事件之主事者為先，答覆者附後，依先後加以列次「書相酬獻，逭以與者居先，答者附後。人我交暢，事理互昭。」〔註33〕如《南齊文紀‧王儉》之〈太子穆妃服閏月議〉，梅氏敘述其來龍去脈：

> 建元三年，有司奏：「皇太子穆妃以去年七月薨，其年閏九月，未審當月數閏，為應以閏附正月。若用月數數閏者，南郡王兄弟便應以此，四月晦小祥，至于祥月不為，有疑不？」左僕射王儉議。
> 〔註34〕

由該注可知，蓋是針對太子穆妃因喪遇閏月一事之議論，主張當以閏月為該年正月為準。由此，〈尚書令褚淵難〉、〈又答淵難〉、〈祠部郎中王玨之議〉分別陳述正反意見，凸顯「事理互昭」之編纂用意。以此看出明中期之徵實學風，即是一個典型例證，在於徹底反映事件之真實始末。

　　4、從「主在苞舉，不怯兼收一二」〔註35〕看求「博」觀之編輯：《四庫總目》評論《皇霸文紀》時，「病其濫而終取其博」。又說《書記洞詮》：「長篇短幅，採錄靡遺，卷帙幾十倍於楊，而真贗叶（葉）收，殊少甄別。」〔註36〕顯然兩者收錄的企圖心、目標是如出一轍，意在「主在苞舉，不怯兼收一二」〔註37〕。再者，收錄的時間年限、採錄的原則皆有重疊之處：

> 是編其世自姬周列國以至陳隋，其文自彙版連篇以至片牘畸語，其人自帝妃宰士以至婦寺緇黃，其事自軍國吏曹典制文賦以至規贊慶弔讔媾諧讔，開而名物，幽而鬼神，其書自八國內外、七雄短長、太史蘭臺、畢書壽志，以至嶽籙河圖、琅書梵字、時鏡占鈐之術，荒夷霸略之蹤，中或不盡雅訓，諒有依託，意既顯于求備，灄且馳

〔註33〕〔明〕梅鼎祚：〈書記洞詮序〉，《書記洞詮》，收入《四庫全書存目叢書》第371冊，頁268。

〔註34〕〔明〕梅鼎祚：〈太子穆妃服閏月議〉，《南齊文紀‧王儉》，影印《文淵閣四庫全書》第1399冊，卷3，頁78～79。

〔註35〕〔明〕玄白堂著：〈書記洞詮凡例〉，《書記洞詮》，收入《四庫全書存目叢書》第371冊，頁275。

〔註36〕〔清〕永瑢等：〈書記洞詮〉，《欽定四庫全書總目》，卷193，冊下，頁1764。

〔註37〕〔明〕玄白堂：〈書記洞詮凡例〉，《書記洞詮》，收入《四庫全書存目叢書》第371冊，頁275。

于黜浮。〔註38〕

由此〈凡例〉即清楚看出收載時限自姬周以至陳隋，《文紀》則從上古三代至陳隋；二是收錄之形式從完書以至全篇、單詞片語無不盡入；三是舉凡名物典制、鬼神依託、皇朝霸史、釋氏梵文、占卜算術等文，苞舉盡收。由是推測，梅氏著述之文學觀以復古為宗，因為「文質相勝自三代，則東漢而降，以文滅質。至六代文日靡矣。故昔有云：『以質開文則易，因文求質則難。』今欲挽而上之，豈易得者。」〔註39〕希冀恢復三代質文，與秦漢文風並駕齊驅。所以匯聚眾家文集，依類排比編纂，望能洞見時人言行，以知其世。

三、《文紀》與《全文》異同分析

《全文》能夠成書，必定有其淵源。嚴可均之前已有明朝梅鼎祚之《文紀》，嚴氏也不諱言的說，編纂之基礎以《文紀》為藍本。分析二者之差異與承襲之處，可以歸類如下幾點，並請查照以下之分析表格：

附錄：《文紀》與《全文》比較表

比較	全上古三代	皇霸		比較	全秦文	皇霸		比較	全漢文	西漢	
		文	釋			文	釋			文	釋
作者數	235	98	15	作者數	11	8〔註40〕		作者數	334	232	
卷數	16	12	1	卷數	1	1		卷數	63	24	
篇數	577	410〔註41〕	17	篇數	47	56		篇數	1445	1057	

〔註38〕〔明〕玄白堂：〈書記洞詮凡例〉，《書記洞詮》，收入《四庫全書存目叢書》第371冊，頁275。

〔註39〕〔明〕劉然：〈書記洞詮序〉，《書記洞詮》，收入《四庫全書存目叢書》第371冊，頁270。

〔註40〕梅鼎祚將秦代劃入《皇霸文紀》之秦，於此與《全秦文》有些的不同；據此仍依據《全秦文》編例，將蘇秦、蘇代、張儀、范睢、李冰、張儀等五人計入《全上古三代文》。至此《皇霸文紀》秦代作者僅有8人。以上作者的數量算計，仍以《全文》畫分列次之朝代為準則。

〔註41〕對照《皇霸文紀》錄文，有二、三不等篇數合為《全文》一篇，基此乃依據《全文》選錄標準算計。如《全上古三代文》之〈金人銘〉，《皇霸文紀》分列為二篇〈金人銘〉、〈金人器銘〉。又《全上古三代文·管仲》之〈管子〉一篇，《皇霸文紀》將其分列〈版法〉、〈版法解〉、〈九會諸侯令〉、〈弟子職八則〉等四篇。由此，舉凡篇數的計算方式，將以《全文》錄文標準為原則才

複收		241〔註42〕	17	複收		39		複收		1055	
增收	319	169〔註43〕		增收	8	17		增收	390	2	

比較	全後漢文	東漢		比較	全三國文	無書		比較	全晉文	西晉	
		文	釋			文	釋			文	釋
作者數	470	323	1	作者數	294			作者數	830	293	33
卷數	106	32	1	卷數	75			卷數	167	20	9
篇數	2291	1624	2	篇數	1770			篇數	4101	1254	263
複收		1518	2	複收				複收		1253	262
增收	771	106		增收				增收	2586		1

比較	全宋文	南朝宋		比較	全齊文	南齊		比較	全梁文	南朝梁	
		文	釋			文	釋			文	釋
作者數	278	217	17	作者數	131	107	8	作者數	204	179	13
卷數	64	18	5	卷數	26	10	3	卷數	74	14	10
篇數	1451	1022	105	篇數	640	507	36	篇數	1745	1128	327
複收		1020	105	複收		507	35	複收		1124	325
增收	326	2		增收	98		1	增收	296	4	2

比較	全陳文	陳		比較	全後魏文			比較	全北齊	北齊	
		文	釋			文	釋			文	釋
作者數	63	47	4	作者數	302	25〔註44〕	8	作者數	84	36	4
卷數	18	8	2	卷數	60		2	卷數	10	3	1
篇數	343	252	53	篇數	1351	8	67	篇數	244	109	19
複收		249	53	複收		8	67	複收		105	19
增收	41	3		增收	1276			增收	120	4	

能有效總結《全文》在輯佚上之沿襲與開展。

〔註42〕複收類：為《全文》與《歷代文紀》均同收錄，僅是某些篇名有異情況。

〔註43〕增收類：取自兩種文集對勘，顯示該書失收而彼方增收現象。

〔註44〕對照《全後魏文》與《歷代文紀》，梅氏雖沒有鈔纂後魏文，然仍可見《釋文紀》之收載。

比較	全後周文	後周文紀		比較	全隋文	隋文紀		比較	先唐文		
		文	釋			文	釋			文	釋
作者數	61	25	9	作者數	168	134	25	作者數	54	3	19
卷數	24	8	3	卷數	136	8	6	卷數	1		
篇數	296	221	28	篇數	682	438	157	篇數	72	31	8
複收		221	28	複收		396	153	複收		31	7
增收	47			增收	133	42	4	增收	34		1

　　從表格的統計中，《全文》收錄的作家 3519 人、841 卷、17055 篇（不含有目無文）；《文紀》收載作家 1883 人、201 卷、9919 篇（不含有目無文）。對此，顯見《全文》取勝的一面：其一是收錄年代相符，兩者均從上古三代迄至陳隋以前，因此在取材上有同收錄文之處；其二是收錄的卷數與作者方面，兩者差異甚大。《全文》增收 620 卷，錄載文章之作者也增加 1636 人。篇數去除同文部分不計外，也增加了 6445 篇。〔註 45〕由此，《全文》在編纂時，確實前有所承襲，方能進一步擴充與開展。是以在研究《全文》一書時，有必要與《文紀》相互參照，才能如實陳述該書之價值與特質。換言之，除了上述所見，易於列出對比外，仍有內部細節待檢視與勘查。如，同收複文是否有相異之處？取材出處是否有異？考證史事是否屬實等？均是有必要進一步探析，以下分明：

（一）取錄原則

　　《全文》收錄的文體共區分七十類（待於第五章第二節詳述），不取詩，但收錄詩序，因為「《全唐文》不載詩，已有《全唐詩》。而唐以前詩，有馮惟訥《古詩紀》，罣漏無多，故是編亦不載詩。」〔註 46〕指出明朝《古詩紀》蒐錄詩篇蓋是已完備，遺漏不多。此與《文紀》不收載詩類之原由，如出一轍。除了《總目》所言：「輯陳隋以前之文，編為《文紀》，以配馮惟訥《詩紀》。」〔註 47〕另則，又編錄了《八代詩乘》作為補遺《古詩紀》之佚收。

〔註 45〕增加的篇數不算計《全三國文》，僅因《三國文紀》、《東晉文紀》、《後陳文紀》盡失，無從計合。《東晉文紀》、《後陳文紀》篇目是根據《全文》收錄編列在其他朝代，加以計算。
〔註 46〕〔清〕嚴可均：〈凡例〉，《全上古三代秦漢三國六朝文》，頁 20。
〔註 47〕〔清〕永瑢等：《四庫全書總目·集部》，卷 189，冊下，頁 1719。

〔註48〕顯然不收詩之取錄原則，大致同出一轍。就差異性而言，《全文》不收屈騷，但收擬騷與賦體，與《文紀》不收賦及騷體文則有很大區別。如蕭梁簡文帝（503～551）之〈悔賦〉，《梁文紀》僅收〈序〉則可見一斑。所收錄之文體大抵依據《文心雕龍‧書記》：

> 譜籍、簿錄、方術、占試、律命、瀍制、符契、券疏，與夫關刺、解牒、狀列、辭彥，《文心雕龍》以為竝入〈書記〉所總。其實體異旨歧，自難參混。至於論、啟反別附奏，今特合載，例見前條。
> 〔註49〕

據此，取材文體是源自《文心雕龍‧書記》指陳之內容，舉凡譜錄、玉牒、奏啟、券疏、行狀等均合載，於奏、啟、書、議則列於各書文之首。顯而易見，賦、騷體有韻之文則不納收。然又有其變例，如《四庫總目》所言：「屈原《楚詞》惟載三篇，則刪所不當刪。」〔註50〕顯然梅氏收載屈原作品三篇當為騷體文，餘者均視為擬騷體。

（二）重疊複收之錄文

　　清代以來對《全文》的評論有很多疏略，與《文紀》彼此重疊複收的差異性，沒有深入研究。只有譏諷《全文》鈔纂《文紀》一事，足見後人不瞭解嚴氏如何站在梅氏的肩膀上，重新補文及增錄。如果要改正當今學界之看法，勢必先從《全文》補《文紀》載文開始。《全文》、《文紀》兩者同錄收文有8840篇，經過比對，卻有收載詳略不一之狀。如一是同一錄文分載於不同篇；二是同一篇文，收錄長短不一。以下分別說明：

　　1、同一錄文，分載不同篇名：兩者各自重疊收錄一文，而以不同篇名分載，若不仔細觀覽，易造成檢索混淆。該狀況以《文紀》出現次數居多，如《梁文紀‧武帝》之〈議明堂制〉：

> ①明堂準《大戴禮》：「九室八牖，三十六戶。以茅蓋屋，上圓下方。」鄭玄據《援神契》，亦云「上圓下方」，又云「八窗四達」。明堂之義，本是祭五帝神，九室之數，未見其理。若五堂而言，雖當五帝之數，向南則背叶光紀，向北則背赤熛怒，東向西向，

〔註48〕〔清〕永瑢等：《四庫全書總目‧集部》，卷193，冊下，頁1763。
〔註49〕〔清〕嚴可均：〈凡例〉‧《書記洞詮》，收入《四庫全書存目叢書》第371冊，頁275。
〔註50〕〔清〕永瑢等：《四庫全書總目‧集部》，卷189，冊下，頁1719。

又亦如此，於事殊未可安。且明堂之祭五帝，則是總義，在郊之祭五帝，則是別義。宗祀所配，復應有室，若專配一室，則是義非配五，若皆配五，則便成五位。以理而言，明堂本無有室。」

②〈月令〉「天子居明堂左个（個）、右个（個）」。聽朔之禮，既在明堂，今若無室，則於義成闕。

③若如鄭玄之義，聽朔必在明堂，於此則人神混淆，莊敬之道有廢。《春秋》云：「介居二大國之間。」此言明堂左右个者，謂所祀五帝堂之南，又有小室，亦號明堂，分為三處聽朔。既三處，則有左右之義。在營域之內，明堂之外，則有个名，故曰明堂左右个也。以此而言，聽朔之處，自在五帝堂之外，人神有別，差無相干。〔註51〕

嚴氏將其〈明堂制〉一文分為兩段①③取自《隋書・禮儀志一》；梅氏則分別為〈議明堂制〉及〈儀曹郎朱異議〉及〈又制〉三篇。若依據《隋書・禮儀志》記載相互參照，顯然《梁文紀》是較符合正史原貌。又如《全梁文・武帝》之〈答皇太子請御講敕〉共分三段合為一篇，源自《廣弘明集》。《釋文紀》將其分載三篇，為〈武帝答敕〉、〈武帝重答敕〉、〈武帝又答敕〉。若依原來出處來看，自有其前因始末，嚴氏強將三篇合而為一，顯非文本原貌，甚至可說一種再造之新文本。〔註52〕這種分段組合方式，在《全文》收載之錄文屢見不鮮，是必須要進一步探討。（請參閱第五章第三節〈輯錄之方式〉有詳細探討說明）

　　2、同一錄文，長短不一：兩部總集收錄同一篇文，其中一部則有短收之現象。然而，經過比對，應以《全文》收錄之篇文較為齊長。如《全梁文・劉峻》之〈自序〉，該文錄兩段為劉孝標（462～521）自序之文，分摘自《南史・劉峻傳》、《梁書・劉峻傳》。《全梁文》與《梁文紀》對照，當以《全文》

〔註51〕〔唐〕魏徵、令狐德棻等：《隋書・儀禮致》，卷6，冊1，頁120～121；《梁文紀・武帝》，影印《文淵閣四庫全書》第1399冊，卷1，頁267；《全梁文・武帝》，卷1，冊7，頁8。

〔註52〕〔清〕嚴可均：《全梁文・武帝》，卷1，冊7，頁53；《釋文紀》，影印《文淵閣四庫全書》第1401冊，卷21，頁191～192；〈答請御講啟敕〉、〈重答請御講啟敕〉、〈又答請御講啟敕〉，三篇在《廣弘明集》分載，〔唐〕釋道宣：《廣弘明集》（臺北：臺灣商務印書館，影印《文淵閣四庫全書》第1048冊，1983年），卷19，頁532～533。

收載多出第一段文「黌中濟濟皆升堂，亦有愚者解衣裳」〔註53〕反觀，依據兩正史《南史》及《梁書》之記載，兩段錄文皆因是不同時間之說辭，嚴氏為何將其合載為一，則不得而知（參見第五章第三節〈輯錄之方式〉）。又如《全梁文・劉峻》之〈東陽金華山栖〉七段，《梁文紀》僅載錄兩段，中間又有短少。嚴氏案語稱出自於「《釋藏》輕九，《廣弘明集》二十四，又略見《藝文類聚》三十六」〔註54〕，筆者參照上述之典籍，當以《廣弘明集》之載文較為齊備。

（三）考證異同

《四庫總目》在《西漢文紀》評論梅氏「頗有炫博之譏」，又「其作是編，則一以《史記》、《漢書》為主，而雜採他書附益之。所據為根本者，較諸子雜言頗為典實。故所收於班、馬二史之外者，亦藉以參校是非」，〔註55〕遑論是否有炫博之意，然就考核典實一語，則恰如其分指出《文紀》校收輯佚之功。如《書記洞詮》所云：

> 縑竹易湮，世曆迭運，今所存外志、叢譚、方圖、逸典，非砥柱之
> 流沫，則羽陵之蠹餘。句脫字譌，遞流轉謬。是編亦嘗多方校勘，
> 而一手致劬，同心缺助，刀札小誤，丹墨隨更，仍且闕疑。〔註56〕

談及在收錄古文時，深覺古籍不易保存，尤以今所見之別史、地方圖贊、鄉野叢談等非主流之典籍，皆存有訛誤脫衍等現象。甚至在傳鈔刻印時，旁人將之隨意更改，均是造成異文闕疑之因素。由是，一部好的輯佚著作，除蒐羅佚文之外，最大參考價值仍在於對該文進行的校勘、取材出處是否注明清楚。此外，在〈書記洞詮序〉謂及編纂概念：「觀其詞即洞見其人，言不可偽為。情掩飾所能蓋哉。以之論古之作者，則歷歷可觀，雖不復優劣其間，而並載之，以知其世。」〔註57〕援引作品兼論作者，藉此能知人論世。觀此《文

〔註53〕〔唐〕李延壽：《南史・劉峻傳》，卷49，冊4，頁1219～1220；〔清〕嚴可均：《全梁文・劉峻》，卷57，冊7，頁582；《梁文紀・劉峻》，影印《文淵閣四庫全書》第1399冊，卷12，頁531。

〔註54〕〔清〕嚴可均：《全梁文・劉峻》，卷57，冊7，頁581～582；《廣弘明集》，影印《文淵閣四庫全書》第1048冊，卷24，頁623～624。

〔註55〕〔清〕永瑢等：《四庫全書總目・集部》，卷189，冊下，頁1720。

〔註56〕〔明〕玄白堂：〈書記洞詮凡例〉，《書記洞詮》，收入《四庫全書存目叢書》第371冊，頁275～276。

〔註57〕〔明〕劉然著：〈書記洞詮序〉，《書記洞詮》，收入《四庫全書存目叢書》第371冊，頁270。

紀》之編纂內容，如出一言，也等同於《全文》。《總目》：「每人名之下，各
註爵里，每篇題之下，各註事實。」〔註58〕經此兩者相互對照，則出現彼此
詳略不一之差異性。以下分別說明：

　　1、作者著錄差異：有關作者部分，除著錄字號外，還有拜遷重要事蹟等。
相對而言，《文紀》大抵較為簡略。如《梁文紀‧簡文帝》：

　　名綱，字世纘。武帝第三子，初封晉安王，昭明太子薨，立為皇太
　　子，在位二年，為侯景所弒。廟曰太宗。〔註59〕

　　又《全梁文‧簡文帝》：

　　帝諱綱，字世纘，小字六通，武帝第三子。天監六年封晉安王，歷
　　南兗州刺史、丹陽尹、荊州刺史，加侍中。普通中，歷南徐州刺史、
　　雍州刺史。中大通初，徵為揚州刺史，三年五月，立為皇太子。太
　　清三年五月即位，明年改元大寶。在位兩年，為侯景所廢，幽於永
　　福省，遇弒。賊偽謚曰明皇帝，廟號高宗。明年侯景伏誅，追謚曰
　　簡文皇帝，廟號太宗。有《毛詩十五國風義》二十卷、《長春義記》
　　一百卷、《老子私記》十卷、《莊子講疏》二十卷、《談疏》六卷、《灶
　　經》十四卷、《集》八十五卷。〔註60〕

依此兩種著錄形式，顯然《全梁文‧簡文帝》於作者考述尚增加著作、官吏
拜遷、遇事始末等要項，於此可見嚴氏在考據作者資料時，除能參考經、史、
子、集四部典籍諸說，於《文紀》之記載也頗將之取捨。堪說符合梁啟超針
對輯佚標準要求，甚至超越《文紀》作者之考據。又如沈約（441～513），《梁
文紀‧沈約》簡略敘述其生平：

　　字休文，吳興武康人。宋度支尚書，齊南清河太守，梁初佐命，累
　　遷尚書令，領太子少傅。〔註61〕

　　又《全梁文‧沈約》記載：

　　約字休文，吳興武康人，宋征虜將軍林子孫。孝建中，為奉朝請。
　　歷安西外兵參軍，征西記室參軍，帶闕西令。元徽末，為安西晉安

〔註58〕〔清〕永瑢等撰：《四庫全書總目‧集部》，卷189，冊下，頁1722。

〔註59〕〔明〕梅鼎祚：《梁文紀‧簡文帝》，影印《文淵閣四庫全書》第1399冊，卷
　　　　2，頁275。

〔註60〕〔清〕嚴可均：《全梁文‧簡文帝》，卷8，冊7，頁85。

〔註61〕〔明〕梅鼎祚：《梁文紀‧沈約》，影印《文淵閣四庫全書》第1399冊，卷6，
　　　　頁384；〔清〕嚴可均：《全梁文‧沈約》，卷25，冊7，頁260。

王法曹參軍，轉外兵兼記室，入為尚書度支郎。齊受禪，為征虜記
室，帶襄陽令。歷太子步兵校尉，遷家令，兼著作郎。進中書郎，
本邑中正，……〔註62〕

嚴氏著墨重點在各朝出仕歷程，以及詳述個人著作，涵蓋史書、雜記、文集
等。對比《全梁文·沈約》，兩者差異甚大，如最後以左光祿大夫加特進為終，
卒於天監十二年，諡號隱侯。尤其著作有十五種，《文紀》皆未記載。諸如此
例，可說繁多不及備載，僅舉出幾條例證說明之。可見於作者考證部分，《全
文》在《文紀》的基礎上添加許多資料，優劣之間顯而易見。

　　2、篇題下之註明，優劣異同：《四庫總目》在《西漢文紀》云：「其於詔
制，既以各帝分編，又往往隨事附各篇之後。」〔註63〕指出詔制下答之文，
常隨事附於篇文後，對此而造成重複收文之況。相對地足證該文本末緣起，
於《全文》編纂方式有異曲同工之妙，在篇文下以「案語」說明引文著錄背
景。顯然是刻意行之，用以考證當時之事情始末，自是足資為後人考校。誠
如梅氏在另一輯佚著作言：

自正史、列傳以及偏記、稗官，事有繁簡，書有晦章。故書或橫，
此筴迤復，書挂別篇，為事為書，董舉其一。按書無典故可尋，事
無文辭足契，是編參伍異同、研覈名實。〔註64〕

上述所言，提及為何要隨事附於篇後之原由，因為史事記載有繁簡不一，隱
晦不同。編纂之目的是讓後人能在無典故可查、書無著錄下，彼此參照，求
其名實相符。反觀《全文》雖無直書其意，然仍可見其別意，主在考證名實。
綜觀全體，則以《文紀》較能掌握「研覈名實」之特色。茲以釋僧祐（445
～518）之〈請禁丹陽琅琊二郡搜捕啟〉一文加以對照，則有優劣異同之客觀
評論：

武帝十二年，下詔去宗廟犧牲。上定林寺沙門僧祐、龍華邑正柏超
度等上啟，勅付尚書詳之。江畟、王述、謝幾卿並議，惟述以斷為
是。尚書臣亶、僕射臣昂，全瑩已下，並同畟議，「帝使周捨難畟，
於是從述議斷，又勅太醫不得以生類合藥。公家職官，紋錦並斷，
仙人、鳥獸之形，以為褻衣裁剪有乖仁恕。至迺祈告天地宗廟，以

─────────────

〔註62〕〔清〕嚴可均：《全梁文·沈約》，卷25，冊7，頁260。
〔註63〕〔清〕永瑢等：《四庫全書總目·集部》，卷189，冊下，頁1720。
〔註64〕〔明〕玄白堂：〈書記洞詮凡例〉，《書記洞詮》，收入《四庫全書存目叢書》
　　　　第371冊，頁274。

去殺之理，被之含識、郊廟皆以麵為牲牷，其饗萬國，用菜疏，去
生類，其山川諸祀則否，乃勅有司。〔註65〕

據此，乃是釋僧祐請禁殺生以饗宗廟祭祀，當時王述、江祇等附議。又《全
梁文·釋僧祐》之〈請禁丹陽琅琊二郡搜捕啟〉，相對地其陳述就簡略多了。
其案語如下：

《廣弘明集》二十六：武帝十六年，下詔：「去宗廟犧牲，上定林寺
紗門僧祐、龍華邑正柏超度等上啟，勅付尚書詳之。」〔註66〕

嚴氏舉出該文摘錄自《廣弘明集》，並就其錄文原委略為說明。顯見兩者記載
當以《文紀》最能符合其原則。又如《南齊文紀·王儉》之〈修史議〉，《全
齊文·王儉》之〈國史條例議〉等均是。〔註67〕

四、結語

總而言之，《文紀》是一部結合史傳、考據、輯佚等方式，以釋事、釋史
為原則，展現唐代以前文學變遷之面貌。不僅影響嚴可均《全文》之編纂，
對後代私人編述輯佚之體例，亦有深刻的啟發。「以時為序，以文類人」均是
後人採納排列次第之原則。平心而論，嚴氏《全文》確實在其基礎上，後出
轉精，超出梅氏者，統其要項有二：一是擴增篇幅、作者人數及卷數等。其
中就作者考證上，添加不少史傳資料，足資後人考訂；二是篇題之下之注明
事件原委。

單就證史釋事部分來看，梅氏《文紀》確實勝出於《全文》，有其無法取
代者。嚴氏著眼於篇文之考校，藉以辨章學術源流。兩者核心觀點不同，考
辨疏證內容自是不一。彼此之間互有倚重，不可偏廢。時人常對前人之輯佚
著作，抱輕蔑眼光，認為這種治學方式僅是單純地文獻鈔纂。殊不知，這種
功夫的培養，除對四部古籍須瞭若指掌外，於歷代之學術變遷、名物考訂是
否屬實，均考驗當代學者之修習。陸氏〈與繆筱珊太史書〉及後人對《全文》
之評價，可能僅在為鈔纂重複收錄角度言之，卻忽視輯佚前提當以考證入手，
若不能貫通百家之學，如何利用小學、經學、史傳、古舊注來進行文獻整理？

〔註65〕〔明〕梅鼎祚：《釋文紀·釋僧祐》，影印《文淵閣四庫全書》第1401冊，卷
28，頁354。

〔註66〕〔清〕嚴可均：《全梁文·釋僧祐》，卷71，冊7，頁735。

〔註67〕〔明〕梅鼎祚：《南齊文紀·王儉》，影印《文淵閣四庫全書》第1399冊，卷
3，頁80；〔清〕嚴可均：《全齊文·王儉》，卷10，冊6，頁717。

在輯佚學家的眼中，凡古代舊籍殘留碎語都是吉光片羽，顯見輯錄佚文之不易，附加考訂，證經論史更不易。

第二節　繼張溥之《漢魏六朝百三家集》

《全文》能夠成書，必定有其淵源。在編纂之前，已有梅氏《文紀》及張溥《百三家集》，由是後人提出質疑，如陸氏〈與繆筱珊太史書〉，謂僅是鈔纂未能突破二書之界線。對此，若從卷數、收錄作者、範圍分析比較，張氏《百三家集》自是遠不如《全文》。此外，嚴氏在編纂該書時，確實有所承於《百三家集》方能更進一步地擴充蒐羅。是以在研究《全文》時，即須要與《百三家集》相互參照，方能具體實證張溥之書，不若嚴可均之廣博。於此，本文即就《百三家集》成書淵源、收錄範疇、體例綱要作實際的探討，兼與《全文》分析二者異同及承襲，以破前人對嚴氏不公允之說。

一、張溥及其《百三家集》

張溥，字天如，號西銘，生處於萬曆至崇禎年間，為蘇州頗負名望之官宦子弟。《明史》將其列入〈文苑傳〉，除因是明末復社的領袖，在黨社運動中頗有影響力外，主張復古運動、推崇秦漢六朝文，可說是當代具象徵性的人物：

> 張溥，字天如，太倉人。伯父輔之，南京工部尚書。溥幼嗜學，所
> 讀書必手鈔，鈔已，朗誦一過，即焚之，又鈔，如是者六七始已。
> 右手握管處，指掌成繭。冬日手皸，日沃湯數次。後名讀書之齋曰
> 「七錄」，以此也。與同里張采共學齊名，號「婁東二張」。〔註68〕

早年家境貧困，受歧視，深知唯有刻苦讀書，博取功名，才能脫此困境。《明史》談及「七錄書齋」之由來，讀書必手鈔，每本書七鈔七焚，以能成誦為目的。其勤苦自學之精神，可見一斑。《四庫總目》於張氏著作，總以「鈔撮之學」論之，於《漢魏百三家集》則稱許之，可與《文紀》並駕齊驅。

> 溥與采倡立復社，聲氣交通，蔓延天下，為明季部黨之魁。其學問
> 則多由涉獵，未足專門。其所撰述，惟《漢魏六朝一百三家集》蒐
> 羅放佚，採撫繁富，頗於藝苑有功。然在當時，止與梅鼎祚《文紀》

〔註68〕〔清〕張廷玉等：《明史‧文苑傳》（北京：中華書局，1974年4月），卷288，
冊24，頁7404～7406。

—89—

諸書齊驅並駕，較之楊慎、朱謀㙔考證，已為少遜矣。〔註69〕
於此可知，張氏與張采同為明代文壇黨魁，學術傾向於博洽多聞。其《百三家集》是以蒐集佚文為主，採摭繁富，等同於《文紀》輯佚之性質。然而，歷來於該書之研究僅參閱《漢魏六朝百三家集題辭》為研究對象，著眼在文學思想及人物評論，顯示不夠全面且欠缺。〔註70〕對此，筆者在論及《百三家集》與《全文》之對比異同時，勢必須兼談《百三家集》之緣起與架構，才能取得突破性的成果。

（一）編纂緣起

《百三家集》之編纂，乃起源於稽古：「稽古不能追續墜簡，……余少嗜秦漢文字，苦不能解。」〔註71〕據班固（32～92）《漢書‧藝文志》及馬端臨（1254～1323）《文獻通考》著錄，可知唐代以前文人輩出，歷經了藏書五厄，作品卻多散逸。張氏說明如下：

> 文集之名始于阮孝緒《七錄》，後代因之，遂列史志。馬貴與《經籍考》詳載經籍集名、人物、爵里、著作，源流備具左方，覽者開卷，大意已顯，然李唐以上，放軼多矣。……千餘年間，文士輩出，彬彬極盛，而卷帙所存，不滿三十餘家，藏書五厄，古今同慨。……〔註72〕

依上文顯示，元代馬端臨《文獻通考》所記載之文集，可以想見唐以前文學興盛之情況。然而於明代所見傳本不多，僅見之文集約三十家餘。古今文人均感慨古籍散佚嚴重，乃因五厄之摧殘。此外，又見閩刻《七十二家集》，感佩其蒐羅之功，從而擔當其未竟之功，望能與漢代鼎盛文風看齊。其目的如下：

> 斷自唐前，目成掌錄，編次為集，可得百四五十種。近見閩刻《七十二家》，更服其搜揚苦心，有功作者。兩京風雅，光並日月，一字獲留，壽且億萬。魏雖改元，承流未遠；晉尚清微、宋袗新巧、南

〔註69〕〔清〕永瑢等：《四庫全書總目‧經部》，卷3，冊上，頁249。

〔註70〕陸岩軍：〈百年來張溥研究綜述〉，《重慶郵電大學學報》，2012年第24卷第2期（2012年3月），頁106～110。

〔註71〕《四庫全書》本冊其〈敘文〉，以下引述以廣陵出版社為主。〔明〕張溥撰：〈漢魏六朝百名家集敘〉，《漢魏六朝百三家集》（揚州：江蘇廣陵版社據光緒五年彭懋謙信述堂刊本影印，2001年9月），頁2。

〔註72〕〔明〕張溥撰：〈漢魏六朝百名家集敘〉，《漢魏六朝百三家集》，頁1。

齊雅麗擅長，蕭梁英華邁俗。……〔註 73〕

首先，稱揚張燮（1575～1640）之《漢魏七十二家集》，就其蒐羅之功，足以與日月爭光，流傳千古。並論及漢魏六朝之文學特色，如兩晉清談、宋在於新巧、蕭梁英華，不落俗套等，這些的文學特質，概是承襲於兩漢古文大家所強調理念「先質後文」〔註 74〕，古樸中見深厚內涵。對此，張氏欲平反後人對六朝文浮誇之歪風，認為當是庾信（513～581）、徐陵（507～583）等人所致：「人但厭陳季之浮薄而毀顏、謝，惡周、隋之駢衍而罪徐、庾。此數家者斯文具在，豈肯為後人受過哉。」〔註 75〕顯見張氏利用輯錄佚文，響應復古運動，同時也希冀能導正時人對六朝文華美浮泛之觀感。

（二）復古學風

　　近來研究者對明代文獻資料愈加重視，認為明代文學研究不夠全面，是受到文獻整理之不足所約制。〔註 76〕張溥晚年大量整理、注釋經籍、文人奏議，是期望時人能從前人之歷史興衰，得到借鏡，並以此改善晚明頹廢之政風。

> 奏議之輯，非獨察古鏡今，亦急教諫也。殷監夏、周監殷、戒漢必以秦、戒唐必以隋，因近世也。昭代之鑒，莫切於宋，故奏議載宋尤詳。然文章爾雅之指，則漸遠矣。西漢奏事，率尚簡直，簡則明，直則當，疏言之體也。文因世降，則簡者益煩，直者彌曲。陸宣公之奏疏、陳同甫之上書、劉去華文、文山士之對策，……〔註 77〕

由此，舉出崇尚經學、尊崇古學之兩個經世重點，一是古典經籍義理，各朝歷代奏議之陳疏，均是當時解決社會問題之方針；二是西漢奏議類文，簡約博贍，指陳切於事理，當為奏疏文之楷模。想見張氏之復古思想源於此，主張以學習《六經》作為習文之楷模，又可端正風俗，力挽浮誇之士風。針對時人喪失之文風及論文所需之氣度，提出警告「今日之人心，莫乎患 85 諱道學之名，而指《六經》為迂闊。不樂聞封疆之急，而幸目前為苟安。」〔註 78〕

〔註 73〕〔明〕張溥撰：〈漢魏六朝百名家集敘〉，《漢魏六朝百三家集》，頁 2。

〔註 74〕〔明〕張溥：〈漢魏六朝百名家集敘〉，《漢魏六朝百三家集》，頁 3。

〔註 75〕〔明〕張溥：〈漢魏六朝百名家集敘〉，《漢魏六朝百三家集》，頁 3。

〔註 76〕陸岩軍：〈百年來張溥研究綜述〉，《重慶郵電大學學報》，頁 110。

〔註 77〕〔明〕張溥：〈歷代名臣奏議序〉，《七錄齋詩文合集》（上海：上海古籍出版社，《續修四庫全書》第 1387 冊，1995 年），卷 1，頁 266。

〔註 78〕〔明〕張溥：〈正風俗議〉，《七錄齋詩文合集·論略》（上海：上海古籍出版社，《續修四庫全書》第 1387 冊，1995 年），卷 1，頁 565。

透過古樸簡潔的古文，來加以導正時文卑靡情形。可見「尊經復古」一直是張溥核心思想「應社之始立也，所以志於尊經，復古者蓋其志也。」〔註79〕其根本目的在於矯正時文，砥礪人格，廣結善友，才能溯求於經義，宣揚聖典。就此觀點，林保淳提出「復古」有兩種傾向，一是遠紹於漢、唐，溯源於《六經》，以「經世致用」為宗旨下，對文學內容加以規範；二是對「復古」一種新的詮釋，即是「文以載道」之解釋。〔註80〕顯見，張溥復古思想與林先生不謀合，就其認知唯有「開文論志，正其法式，迄於成事，伐木醼酒，不敢忘也」。〔註81〕以秦、漢古質的規範為文學觀，關注在品德人格養成為上，於當時之復古運動是有所差異。又從編纂著作如《秦漢文苑》、《漢魏六朝百三家集》、《歷代文典》、《元史紀事本末》、《歷代文乘》等等，八股選本如《國表》、《表經》、《易會》等，蠡測張氏之學術宗旨。最終以「文為載道」總結，且以尊古通經貫穿其主張。

（三）以通經為宗

明代中後期以後，以李夢陽、何景明、李攀龍、王世貞為代表之前、後七子倡導「文必秦漢、詩必盛唐」之文學復古運動，不僅在朝廷逐漸形成一股勢力，於張溥及吳中地區之文人在思想層面上，影響甚大。尤以「博學通經」作為恢復古文學來闡釋孔孟之道。藉由蘇州文風鼎盛之外圍環境，亟於力圖改革科舉時文之流弊才是側重點，直言經學是古文學中必須精熟之典籍。其中，吳寬（1435～1504）、王鏊（1450～1524）開此重視經文風氣，下及王世貞（1526～1590）後七子等人。〔註82〕對此，當時諸子雖各有崇尚學術風向，然藉著大量之撰著、以及編纂經典經注，於復古理念看是一致的。張溥承王世貞等人之模擬復古風，在〈王子彥稿敘〉一文提及，欽慕王世貞等人之復古派學說：

予生時晚，不及從瑯琊王氏兩先生游，則聞之長老云：「元美先生

〔註79〕〔明〕張溥：〈五經微文序〉，《七錄齋詩文合集·存稿》，《續修四庫全書》第1387冊，卷3，頁473。

〔註80〕林保淳：〈緒論〉，《經世思想與文學經世》（臺北：文津出版社，1991年12月），頁12～13。也就是說：「『經世』較之『文以載道』的原意，更落實於社會，更要求文學能對政治、道德、教化……等，產生正面影響，非但對當世有所裨補，甚且足以流傳後世。」

〔註81〕〔明〕張溥：〈五經微文序〉，《七錄齋詩文合集·存稿》，《續修四庫全書》第1387冊，卷3，頁473。

〔註82〕簡錦松：《明代文學批評研究》（臺北：臺灣學生書局，1989年），頁93～98。

　　廣大，敬美先生方嚴。」輒私心想見之。……〔註83〕

由此可見，王世貞等人蓋是當代文人模仿學習之對象，也是張溥極為推崇代
表人物之一。爾後，屢屢受挫於科舉考試，直至改弦易轍，務從學於經傳注
疏，不僅在州學考核中拔得頭籌，更在崇禎元年（1628）被選入中央國子監。
顯證張溥當時主張通《六經》之思想，是其來有自。

　　天下義理歸於文字，文字歸於《六經》。自《六經》以降，作者言人
　　人殊。然其大旨不謬於聖人，莫不足以匡風俗、正人心、宣王教、
　　明禮樂，鏡善敗之繇，稽治亂之數，故垂之數千百年……〔註84〕

就此上文，張溥治學宗旨在於義理宗經，主張通《六經》之學才能匡正風俗、
宣揚王教，挽救頹靡世道，導正一代之淳深文風，並與天道終始不衰。顯然，
晚明文風出現了兩種不同復古思想之面向：一是模擬秦漢古文，及取法唐宋
文章體例；二是提倡經學義理研究，以「博學通經」來改造衰敗之文風。端
視第二點，又與考據古文學派產生極大之差異，雖是懸於博學通經，卻反對
固守章句之疏。

　　士多泛濫辭章，罕究實用。有譔述雖廣，號為雅贍，而無一言之幾
　　於道。若士有志通經，固守章句而文采不振，以至兩家之士交譏。
　　揆其所至，各守偏曲，未為通論也。〔註85〕

依此，周鍾述及明人復古學派講求通經雅贍，仍以載道之說為念。認為若僅
是持守章句，易陷於文采不彰，即考據學主張博證通論，不能等同於通論博
學。是以與一般的復古學派，專求章句實用之學是別有天地。

二、《百三家集》編輯動機與架構

　　張氏編纂《百三家集》之前，已有馮氏《詩紀》、梅氏《文紀》問世。《四
庫總目》常提張氏之書是在張燮《七十二家集》基礎上成書，於事實是有些
出入。反觀於作家、作品及卷數等均在《七十二家集》之上，又〈敘〉言「余
少嗜秦、漢文字，苦不能解，既暴上口，遍求義類。斷自唐前，目成掌錄，

〔註83〕〔明〕張溥：〈王子彥稿序〉，《七錄齋詩文合集》，《續修四庫全書》第 1387
　　　　冊，卷 5，頁 366。
〔註84〕〔明〕周鍾：〈七錄齋集序〉，《七錄齋詩文合集》，《續修四庫全書》第 1387
　　　　冊，卷 1，頁 251。
〔註85〕〔明〕周鍾：〈七錄齋集序〉，《七錄齋詩文合集》影印《續修四庫全書》第 1387
　　　　冊，卷 1，頁 251。

編次為集，可得百四五十種。近見閩刻《七十二家》，更服其搜揚苦心……」
〔註 86〕顯見在編纂該書時遠在閱讀《七十二家集》之前，已采錄約一百四五
十種文集了。〔註 87〕就其編纂體例，《四庫總目》說「以文隸人，以人隸代。」
〔註 88〕又取《詩紀》、《文紀》作品中收載較多之作者，上自漢賈誼（B.C. 200
～B.C. 168）下至隋薛道衡（540～609）共一百零三人。尤以詩、文彙成一編，
並有所增益。基本上一人一集，每集先列賦、次列文、後列詩。由此，《百三
家集》之成書，乃前有所承，後有所突破，才博得《四庫總目》之稱許。如
「此編則元元本本，足資檢核。溥之遺書，固應以此為最矣。」〔註 89〕一是
保持古文原貌，足供後人考覈，二是張氏歷來著作，此書影響後世最深。至
此，筆者試從卷數、作者、編例等形式兩相比較，舉證說明《百三家集》沿
襲那些？又突破創新那些觀點，試圖為其昭雪。

（一）編輯動機

《百三家集》編纂緣起於復古思想，又以恢復秦、漢古樸文風為重點。
如所言六朝時文之特質，仍取自於秦漢之文風：「江左名流，得與漢朝大手同
立天地者，未有不先質後文，吐華含實者也。」〔註 90〕在文、質之間，顯然
是偏重於質之一面。辭藻徒有聲律華麗，讓人賞心悅目，然仍切於西京之文，
以載道為宗。這是張溥復古思想與前後七子相異之處，注重在古樸學風，濟
世為用。張燮《七十二家集》則立意於恢復古籍原貌為前提：

> 先代鴻編，歲久彫耗。一家之言，傳攜者寡。近所刻漢魏文集，各
> 具一臠。然掛漏特甚，即耳目數習慣者，尚多見遺，因為採取而補
> 之。又念代興作者，豈惟數公，不宜錄此棄彼，乃推廣他氏，自宋
> 玉而下，迄薛道衡，大地精華，先輩典刑，盡于此矣。〔註 91〕

據此，漢魏古籍因歲月久遠而耗損，又因為當今傳本甚少，僅見數名文集，
可見掛漏甚多。此外，將所見遺著加以採錄，補其闕失，並擴大收錄範圍，

〔註 86〕〔明〕張溥：〈漢魏六朝百名家集敘〉，《漢魏六朝百三家集》，頁 2。

〔註 87〕此種判斷前已有王京州：〈張溥《漢魏六朝百三家集題辭》「論者」考釋〉，《文
史新探》，2015 年總第 93 期（2015 年），頁 39～40。

〔註 88〕〔清〕永瑢等：《四庫全書總目・集部》，卷 189，冊下，頁 1760。

〔註 89〕〔清〕永瑢等：《四庫全書總目・集部》，卷 189，冊下，頁 1760。

〔註 90〕〔明〕張溥：〈漢魏六朝百名家集敘〉，《漢魏六朝百三家集》，頁 3。

〔註 91〕〔明〕張燮撰：〈凡例〉，《七十二家集》（上海：上海古籍出版社，《續修四庫
全書》第 1583 冊，1995 年），頁 1。

因而增益不少作者。對此，兩書編纂動機不同，於復古思想的分歧，不言而喻。

　　2、以采錄為原則：該書之特質，僅在於收錄而不隨意更改，而媚於當代考據之學。〈敘〉言：「凡百三家卷帙重大，餘謀踵行。古人詩文，不容加點，隨俗為之，聊便流涉，無當有亡。評騭之言懼累前人，何敢復贅。」不敢評騭古文，駭於誤解前人之原意。然此，對照《七十二家集》，從編纂初始的動機不同，而產生了差異性。如〈凡例〉所言，在收載之前，須先行校勘及參合數本而裁剪、鎔鑄。

> 古詩文散見諸處，苦無善本。即諸史所載，已覺魯魚間出，況其他乎？傳訛者不勝指矣。余每參合數本而裁定之，或形聲可尋則以己意更決之。其無可參訂者，不得不仍其舊，以俟後來。持視世本，亦已正得數分矣。〔註92〕

古詩文散逸嚴重，且伴有訛字脫誤等狀況。該書在輯錄之前，已先行校勘、校訂。就其方法，有參合數本之他校法、利用聲韻、訓詁及以己意更訂等之綜合覈定法。換言之，兩書收載原則一是僅是收錄，企圖恢復秦漢文風，一是考訂古籍，著眼在古文原貌與否，彼此之差異性，可見一斑。

　　3、以《文選》選錄之文體為準則：《百三家集》專收詩文，包括歌行體。如《漢賈誼集》收錄賦、疏、論三體；《漢司馬相如集》則載錄賦、書、檄、難、符命、傳、歌等七種。張溥也說：「別集之外，諸家著書非文體者，概不編入，其他斷篇逸句，雖少亦貴期于畢收。」〔註93〕對此，《七十二家集》則在每集下又另設一類〈糾謬〉，藉以說明不列載之原由：

> 謂某人尚有某篇，集中何以不載？翻滋噂口沓，故另立糾謬一門，詳列所以駁出之故。喚是迷津，齊編覺路，保無礙眼，且博解頤。
> 〔註94〕

張燮編輯取捨之標準，著重在事情本末、每人各有所主的觀點。所以才「曲為披尋，本色自露，欲自削去之，恐耳食者」。〔註95〕主張古籍本色原貌，若自行削減，恐引起後人誤解。所以在每集篇末設立〈糾謬〉一門，用來解釋去取原因。

〔註92〕〔明〕張燮撰：〈凡例〉，《七十二家集》，《續修四庫全書》第1583冊，頁1。
〔註93〕〔明〕張溥撰：〈漢魏六朝百名家集敘〉，《漢魏六朝百三家集》，頁3。
〔註94〕〔明〕張燮撰：〈凡例〉，《七十二家集》，《續修四庫全書》第1583冊，頁2。
〔註95〕〔明〕張燮撰：〈凡例〉，《七十二家集》，《續修四庫全書》第1583冊，頁2。

（二）編輯架構

此外，兩者卷數、人數、題識皆有明顯差異，然而該書可貴之處，不僅如上述所言，更重要的是各集前均撰寫題辭，評述這 103 個作家生平與創作源流。究其原因，無非是希望：「本末微見，送疑取難，異代筐叩爾。」〔註96〕以下兩者對照之表格：

附錄：《百三家集》與《七十二家集》比較表

周	百三家集	七十二家集	漢	百三家集	七十二家集
作者數		1	作者數	20	12
卷　數		3	卷　數	22	44
魏	百三家集	七十二家集	晉	百三家集	七十二家集
作者數	12	7	作者數	22	11
卷　數	16	41	卷　數	26	51
南朝宋	百三家集	七十二家集	南齊	百三家集	七十二家集
作者數	8	5	作者數	6	2
卷　數	8	25	卷　數	7	10
蕭梁	百三家集	七十二家集	南陳	百三家集	七十二家集
作者數	19	18	作者數	5	5
卷　數	22	108	卷　數	5	23
北魏	百三家集	七十二家集	北齊	百三家集	七十二家集
作者數	2	2	作者數	2	2
卷　數	2	4	卷　數	2	5
北周	百三家集	七十二家集	隋	百三家集	七十二家集
作者數	2	2	作者數	5	5
卷　數	4	19	卷　數	5	18

對比作家人數、收載文集，撰寫的題辭，當以《百三家集》的內容較為豐富。如周代之部分，《七十二家集》僅收錄宋玉（前 298～前 222）一人作品；漢

〔註96〕〔明〕張溥撰：〈漢魏六朝百名家集敘〉，《漢魏六朝百三家集》，頁 3。

代《百三家集》則增收 8 人,《褚先生集》、《劉子政集》、《楊侍郎集》、《劉子駿集》、《崔亭伯集》、《李蘭臺集》、《馬季長集》、《荀侍中集》、《王叔師集》;就每一文集所記載〈題辭〉而言,《百三家集》除沿襲舊說外,並加以延伸擴充。如張燮〈賈長沙集引〉,前說賈誼(前 200～前 168)為灌絳所嫉之因素,後略說採錄該集之過程:

> 賈生為灌、絳所嫉,然賈生未嘗不利于灌、絳也。禮大臣之說早行,
> 則絳侯何至憂獄吏之貴乎?王封太強,未幾而所在噂口沓,又何奇
> 中也。獨新進少年豐穎太著,使人謂繭栗犢便,任重道遠,反作意
> 羈之耳。賈集文無單行,新書割裂,封事、畫隴分阡,他如封建、
> 鑄錢諸疏,薄有增益,別標名目,自屬子部,今俱不采。采之騷賦
> 及疏牘散見傳志,或他書者,為《長沙集》。孔門用賦,故知升堂,
> 撫時英銳,亦具露一斑矣。〔註97〕

由是,張燮之說可分二部分探討:一是論及賈誼的事蹟,斷於聰穎而遭忌,屢次受到漢文帝的青睞拔擢,升遷迅速而致使灌、絳等人受到威脅。二是談及該書收載原則,僅采錄史傳遺文,或見於他書之記載。反觀《百三家集》,前說賈誼生平及貢獻,後評論施政之得失,並兼談其文學之風格。兩者敘述內容不同,若參照二者編輯初端構想及動機,則當以張溥書〈題辭〉較為博觀,足為後人以茲檢覈。其他亦如《七十二家集》之〈司馬文園集〉、〈重纂東方大中集〉等篇均是,缺乏詳細生平記載及評論。顯見《四庫總目》在評論《百三家集》時並未全面,就其作者之生平、分析創見,都未能提出該書之特色。以下是《總目》的說法:

> 自馮惟訥輯《詩紀》,而漢魏六朝之詩匯於一編;自梅鼎祚輯《文紀》,
> 而漢魏六朝之文匯於一編;自張燮輯七十二家集,而漢魏六朝之遺
> 集匯於一編。溥以張氏書為根柢,而取馮氏、梅氏書中其人著作稍
> 多者,排比而附益之,以成是集。卷帙既繁,不免務得貪多,失於
> 限斷。編錄亦往往無法,考證亦往往未明。……〔註98〕

據此上文,針對以《七十二家集》為基礎,加以附益之觀點,是符合文本實際情況。只是《四庫總目》忽略他在作者考證上之企圖心,復古文學觀是有

〔註97〕〔明〕張燮:〈賈長沙集引〉,《七十二家集》,《續修四庫全書》第 1583 冊,頁 36～37;請參照〔明〕張溥著;殷孟倫輯注:〈賈長沙集〉,《漢魏六朝百三家集題辭注》(臺北:木鐸出版社,1982 年 5 月),頁 1。

〔註98〕〔清〕永瑢等:《四庫全書總目・集部》,卷 197,冊下,頁 1723。

別於當代思想。如彭懋謙（1836～1905）在〈重刊漢魏六朝百三集序〉之言，可說是中肯平實：「余獨愛其人文世系，條分縷析，俾歷代遺篇，一一得其梗概，有俾後學，厥功甚偉。」〔註99〕

三、《全文》與《百三家集》之差異

《全文》之前，張溥已編錄《百三家集》及撰寫之〈題辭〉，分析二者差異與承襲，可以參照如下之表，並歸類幾個要點說明之：

附錄：《全文》與《百三家集》比較表

比 較	百三家集	全上古三代	比 較	百三家集	全秦
作者數		235	作者數		11
卷 數		16	卷 數		1
篇 數		577	篇 數	0	47
複 重			複 重		
增 收			增 收		
比 較	百三家集	全漢	比 較	百三家集	全後漢
作者數	9	334	作者數	15	470
卷 數	41	63	卷 數		106
篇 數	168	1445	篇 數	537	2291
複 重	148		複 重	494	
增 收	20	1297	增 收	43	1797
比 較	百三家集	全晉文	比 較	百三家集	全三國文
作者數	22	830	作者數	8	294
卷 數		167	卷 數		75
篇 數	812	4101	篇 數	536	1770
複 重	787		複 重	509	
增 收	25	3314	增 收	27	1261

〔註99〕〔清〕彭懋謙：〈重刊漢魏六朝百三家集序〉，《漢魏六朝百三家集》，冊1，頁4。

比　較	百三家集	全宋文	比　較	百三家集	全齊文
作者數	8	278	作者數	6	131
卷　數		64	卷　數		26
篇　數	234	1451	篇　數	147	640
複　重	227		複　重	142	
增　收	7	1224	增　收	5	498
比　較	百三家集	全梁文	比　較	百三家集	全陳文
作者數	19	204	作者數	4	63
卷　數		74	卷　數		18
篇　數	1113	1745	篇　數	124	343
複　重	1103		複　重	120	
增　收	10	642	增　收	4	223
比　較	百三家集	全後魏文	比　較	百三家集	全北齊文
作者數	2	302	作者數	2	84
卷　數		60	卷　數		10
篇　數	41	1351	篇　數	40	244
複　重	41		複　重	39	
增　收	0	1310	增　收	1	205
比　較	百三家集	全後周文	比　較	百三家集	全隋文
作者數	2	64	作者數	6	168
卷　數	16	16	卷　數		136
篇　數	114	296	篇　數	190	682
複　重	111		複　重	190	
增　收	3	185	增　收	0	492
比　較	百三家集	先唐文			
作者數		54			
卷　數		1			
篇　數		72			
複　重					
增　收		72			

（一）收錄範圍

張溥在文以載道為己任的意識之下，作者的選編是以「名家」為準則，因此其篇幅就不似《全文》那樣「輯佚周全」為標的。諸如后妃、宦官、烈女等均為收錄之列，是以張溥之錄文自然不若《全文》之廣博。兩相對比，就其收錄的篇幅及範圍顯然差距頗大。

一是張溥之書少錄「上古」及「秦」兩個時期的作品，其他朝代所輯錄之篇文，時而見有重疊、重複之情況。如北魏《高令公集》、《溫侍讀集》，兩者共收載 41 篇，均見於《全文》之錄文。並在此基礎上，溫子昇（495～547）、高允（390～487）分別各增 4 篇，其中高允有三篇僅有篇名，未見篇文〈代都賦〉、〈名字論〉、〈諸侯箴〉。又如隋代《文集》，作者 6 人，共收錄 190 篇，均被重複收見於《全隋文》。

其二就作者與卷數而言，張溥之書僅 103 人、119 卷，4056 篇；《全文》收 17,055 篇、841 卷、作者 3519 人。顯然，張溥在收錄之年限不及《全文》，篇幅與作家人數自是遠遜於它。如彭懋謙言：

> 明張天如編《百三家集》，自漢魏及六朝作者，掇拾殆徧。其採之類書，得之金石，零章斷句，備錄於篇，尤見好古。〔註100〕

就收錄作家僅限於漢魏至六朝，取材於類書、金石，舉凡斷簡殘句皆不遺拾。另又從兩書重疊收載之文觀察，同載之文有 3911 篇之多，約佔《百三家集》96％，顯見《全文》在編纂該書時，確實有所承襲，方能進一步擴充。

（二）成書淵源

誠如上言，張溥通過編錄《百三家集》和撰寫〈題辭〉，具體反映其興復古學之實證。

> 魏雖改元，承流未遠；晉尚清微、宋衿新巧、南齊雅麗擅長，蕭梁英華邁俗。總言其槩，椎輪大路不廢，雕幾月、露風雲，無傷氣骨。江左名流，得與漢朝大手同立天地者，未有不先質後文，吐華含實者也。〔註101〕

上文指出，漢魏六朝文學主張華美辭藻及諧和聲律之美感，仍保有秦漢古樸之風格，無傷氣骨。時文若要與天地恆長並存，則寫作之次第務求「先質後

〔註100〕〔清〕彭懋謙：〈重刊漢魏六朝百三家集序〉，《漢魏六朝百三家集》，冊 1，
　　　　　頁 4。
〔註101〕〔明〕張溥：〈漢魏六朝百名家集敘〉，《漢魏六朝百三家集》，頁 2～3。

文」為要。就此，等同批判「貴古賤今」之復古觀。讀書人先須養成質樸之品格，爾後才能學文，顯現其「吐華含實」之內涵。因此，於《百三家集》其人其文，都提出自己的看法，形成家家有題辭，人人有論述。如評論〈杜征南集〉：

> 《左傳》之有杜元凱，《六經》之孔、孟也。當時論者猶以質直見
> 輕，豈真貴古而賤今乎？子雲《太玄》不遇桓譚，幾覆醬瓿。元凱
> 釋《左》，非摯虞亦莫知其孤行天地也。《杜集》絕無詩賦，意者其
> 雕蟲邪？彼雖彌綸經傳，自託獲麟，下者則薄之，誠不欲以此有名
> 也。元凱嘗言三不朽，庶幾立功立言，其事皆踐。……釋《左》一
> 書，復懸日月之間，為世傳習，其於聖經，為先後疏附也。誠勞過
> 揚玄矣。儲君降服，議禮與識，是將通世變以就古人，檀弓變禮，
> 不辭作俑，未可與素冠之詩同相笑也。〔註102〕

從而見之，張溥讚揚杜預（222～285）《左傳》猶如孔氏傳下之《六經》，重視經學之一例；又舉《左傳》因摯虞（250～300）之發端，進而風行一時。桓譚對《太玄》一書之闡述，是以反證前人之偏執，以為「質直」文風，不被六朝人重視及肯定。張氏直言《六經》是歷久不衰，值得後人學習之聖典。以是，後來之世代皆不斷為其注疏，傳承聖意。

反觀《全文》之編纂，雖有學術環境及主流思想，負氣爭勝可說是最大助因。據〈總敘〉言：

> 嘉慶十三，開全唐文館，不才越在草茅，無能為役，慨然曰：「唐之文
> 盛矣哉！」唐已前要當有總集，茲事體大，是不才之責也。」〔註103〕

嘉慶十三年（1808）朝廷開館編修《全唐文》，由於嚴氏不在朝廷為官，無法參與編纂之盛會，為此而有所感嘆。既然朝廷即將編修《全唐文》，則唐以前文章「當有總集」，且認為該是當仁不讓之責。於《全唐文》修纂同年，開始進行此一巨作，直至清道光十四年（1834），費時二十七年完成。看來，未受朝廷徵召編纂《全唐文》對其影響甚大，致使他決心校輯《全文》，與之爭勝一二。

（三）作家列屬年代

《百三家集》既是以《七十二家集》為根柢，僅是擴收作者與篇卷作品，

〔註102〕〔明〕張溥；殷孟倫輯注：〈杜征南集〉，《漢魏六朝百三家集題辭注》，頁99。

〔註103〕〔清〕嚴可均：〈總敘〉，《全上古三代秦漢三國六朝文》，頁21。

當可謂說為《百三家集》之前身。據此，筆者對照《百三家集》與《全文》之異同，於作者列屬年代，是有極大差別。如《諸葛丞相集》,《七十二家集》、《百三家集》皆列於東漢一朝。所持的理由如下：

> 或撰述成自先朝，乃身名容參後撰。如江淹入梁，盧思道入隋，咸以所屆為其駐足之鄉。大較以史書署在何代為准，惟忠武仍殿卯金，不宜更。標閭靖節，還麗典午不必潤。以維新薄從菁華，少伸義。〔註104〕

依此通例，與《全文》列次原則均同，「其累仕數代者，歸最後之代」,〔註105〕凡歷經數代之仕人則以卒年為斷，如江淹（444～505）歷仕南朝宋、齊、梁，終列入梁代文集。亦如盧思道（535～585）歸入於隋朝之屬。唯有諸葛亮（181～234），史傳記載皆列入《三國志》之《蜀志》，僅《百三家集》、《七十二家集》列入漢末，想必是矢志於漢代興復而標此特例。所以才有「惟忠武仍殿卯金，不宜更標閭，靖節還麗典午，不必潤」之說。再者，就作者考證部分，《全文》以徵實見長，符合史傳記載，《百三家集》以評述作家生平、創作風格提出自己看法，各集合一，可視為一部批評文學史。如《摯太常集》，張溥先簡略說其生平遭遇，再論其文學作品優缺點，終且述評其學問面向，以達知人論世之述。

> 摯仲洽為玄、晏高弟，知名當世，遭亂餒死，傷哉貧也。張茂先聚書三十乘，仲洽撰定官書，皆資以取正。茂先冤死，仲洽致牋齊王，事漸表白，可云不負知己。集詩甚少，賦亦遠遜茂先，議禮諸文，最稱宏辨，與杜元凱、束廣微並生一時，勢猶鼎足，二荀弗如也。東堂策對，其生平致身之文，中少壯氣，沿為卑響，靡靡之句，效者益貧，當日作者，老得毋自恨其率爾乎？茂先博極羣書，先辨鼁毛龍肉，而不知察變松柏；仲洽善觀玄象，知涼州可以避難，而流離京洛，竟同餓隸。予輒怪儒者有博物之長，無謀身之斷，此趙壹所以悲窮鳥也。《流別》曠論，窮神盡理，劉勰《雕龍》，鍾嶸《詩品》，緣此起議，評論日多矣。〔註106〕

首論摯虞本為貴族門第，在動盪不安的亂世中，貧病交迫而卒。論其個性忠

〔註104〕〔明〕張燮：〈凡例〉,《七十二家集》,《續修四庫全書》第1583冊，頁1。
〔註105〕〔清〕嚴可均：〈凡例〉,《全上古三代秦漢三國六朝文》，頁20。
〔註106〕〔明〕張溥著；殷孟倫輯注：〈摯太常集〉,《漢魏六朝百三家集題辭注》，頁114。

厚待人誠懇，與張華（232～300）往來甚深，曾為其冤死而上書齊王。兩人相較，摯虞詩賦作品質量較不及張華，詔書諸文則善於陳述評議。最後，以摯虞善於玄學徵象，何以有飽學之才，卻有餓死之際遇，提出質疑嘲諷。此對，劉勰（約465～520）《文心雕龍》，鍾嶸（約468～約518）《詩品》，論及作品《流別》以「窮神盡理」形容之，蓋是源於「儒者有博物之長，無謀身之斷」來作結。反觀《全文》載其生平事蹟，

> 虞字仲洽，京兆長安人。泰始中，舉賢良，拜中郎，擢太子舍人，除聞喜令，詔補尚書郎。元康中，遷吳王友。後歷秘書監、衛尉卿、光祿勳、太常卿。遭亂餓死。有《三輔決錄注》七卷、《文章流別志論》二卷，集十卷。〔註107〕

嚴氏大抵是據史籍傳記，述其字號、遷拜官職，以及著作。若以文學史的價值觀之，顯然《百三家集》居於《全文》之上。若以史傳紀實核之，《全文》較為詳載。（第三章第二節作者考證，詳細說明，在此就不冗贅。）

四、結語

　　總言之，《全文》在《百三家集》的基礎上，擴充蒐羅更多之篇章、作家人數。兩者對照，就其重疊複收部分來看，嚴氏並不全然鈔纂成篇，仍在考據徵實之前提下，進一步加工，如收載、修訂、增錄等。以《全晉文・王羲之》之〈雜帖〉為例，可見一斑，分別說明之：

　　1、增文：舉張溥《百三家集》錄文失載部分，如〈雜帖二〉：

> 臣羲之言：寒嚴，不審聖體御膳何如？謹付承動靜。臣羲之言。（案：此帖張溥本失載。）

> 臣羲之言：伏陛下天縱聖哲，德齊二儀。（案：此帖張溥本失載。）

〔註108〕

嚴氏以張溥之書為根柢，蒐羅增補更多佚文，裁併於內。其中單就〈雜帖二〉一文，嚴氏補錄9條，為張氏未見之漏文。

　　2、標舉異同：嚴氏直指張溥錄文，彼此相異處，屢析條列，加以說明。如另編為一條文、文字之差別等。如〈雜帖四〉：

> ①羲之死罪。累白至也，辱十四日告，慰情。念轉塞，想善和平，

〔註107〕〔清〕嚴可均：《全晉文・摯虞》，卷76，冊4，頁785。
〔註108〕〔清〕嚴可均：《全晉文・王羲之》，卷23，冊4，頁248。

> 下官至匆匆，自立白。②羲之死罪。諸人何似，耿耿。（案：張溥末
> 十字別為一帖）〔註109〕

據此①②，張溥列為兩條，分載之；嚴氏標其異同，且言及差別之因。又如校其異字、刪減、合併等情況，均在第四章第三節〈輯錄之方式〉詳細探討，在此不贅述。由此可證，《全文》的編纂及後來之輯佚著作，皆顯示其學術淵源。其次，錄文形式、考證是否詳實，則因角度不同，采錄、裁剪的面向也不同。單就復古思想造就其成書因素之一，則須參考當代他人論述，以便考究是否雷同？

第三節　彭兆蓀《全上古八代文》與《全文》之比較

　　近年學者對彭兆蓀（1769～1821）的研究，主要涉及其生平考訂、詩歌、駢文等方面。據筆者初步判斷，於《全上古三代文全秦文》、《南北朝文鈔》等彭氏蒐輯之選本與嚴氏《全文》彼此之連結關係，至今仍未有研究。彭氏輯《全上古三代秦漢三國六朝文》之事，詳見清末葉景葵（1874～1949）〈卷盦書跋〉：

> 思簡樓文氏遺書，有獨山莫氏舊藏鈔本《全上古三代秦漢三國六朝
> 文》8 卷，封面有彭甘亭印。初以為傳抄嚴本，閱其凡例，與嚴不
> 同。攜歸細讀，知非嚴輯。又檢對甘亭字蹟，知係彭氏手稿，目錄、
> 凡例與輯文之大部分，皆甘亭手書眉端，校注亦同。蓋輯成後陸續
> 增入者，……。〔註110〕

據〈跋〉所言，初見彭兆蓀曾輯錄《全上古三代秦漢三國六朝文》8 卷，以為是嚴氏《全文》傳鈔本；後閱其〈凡例〉、語意、筆跡等判別，確知是為彭氏所輯錄文。由是，嘉、道年間傳有兩種性質雷同之輯本。一是嚴氏之《全文》，二為彭氏之《全上古三代秦漢三國六朝文》。然若以卷數相比，彭氏之編纂遠遜於《全文》，至於是否有超越之處，或者只是沿襲纂鈔，則需仔細分析探求，自是灼然而知。據此，筆者就〈卷盦書跋〉提及目錄、凡例、校注三個面向論說，提出具體事證，以探《全文》之卓越及其價值。

〔註109〕〔清〕嚴可均：《全晉文・王羲之》，卷25，冊4，頁260；又參照《百三家集》，影印《文淵閣四庫全書》第1413冊，卷59，頁670。

〔註110〕葉景葵著；顧廷龍編：《卷庵書跋・全上古三代秦漢三國六朝文》（上海：古典文學出版社，1957年5月），頁175～176。

一、彭兆蓀生平及著作

彭兆蓀（1769～1821）字甘亭，又字湘涵，鎮洋人（太倉）。《清史稿》
列入〈文苑傳〉：

> 兆蓀，字湘涵。少有才名，久困無所遇。舉道光元年孝廉方正。胡
> 克家為江蘇布政使，客其所。時總督以國用不足議加賦，兆蓀為克
> 家力陳其不可，事得寢。又偕顧廣圻同校元本《通鑑》及《文選》，
> 世稱其精覈。晚依曾燠兩淮鹽運使署。著《小謨觴館集》，燠為點定
> 之。〔註111〕

彭氏少時即享有才名，中年絕意仕途，道光年間曾舉孝廉方正，仍不就任，
所以「久困無所遇」乃為一生之寫照。從 27 歲到逝世，居半皆擔任遊幕授經
的工作，《南北朝文鈔》即在陳希哲家中講授時完成。〔註112〕擔任王昶（1724
～1806）幕賓時，編纂《湖海詩傳》、《續詞綜》、《天下書院志》諸書。〔註113〕
胡克家（1756～1816），又偕同顧廣圻（1770～1839）校勘李善（630～689）
《文選注》及胡三省（1230～1302）《資治通鑑注》，至此開啟另一學術領域，
影響後半生涯甚大。〔註114〕於曾燠（1760～1831）幕賓時著有《小謨觴館詩
文初集》，並校勘《國朝駢體正宗》。另其他著作《潘瀾筆記》、《懺摩錄》；輯
《南北朝文鈔》、《全上古三代文附全秦文》〔註115〕、《謀野粹言》等。依此，
可以窺探彭氏學習次第，先詞章、考據、最後主經世之學，仍如張壽鏞（1876
～1945）所言：

> 先君子為學次第，甲申以前在詞章；丙戌以後在考據、訓詁；庚寅
> 以還，既入臺諫，則屏棄一切。益講求經世之學，而義理則終身以
> 之者也。〔註116〕

〔註111〕趙爾巽等：《清史稿・文苑》（北京：中華書局，1998 年 6 月），卷 485，冊
　　　　44，頁 13382。

〔註112〕〔清〕繆朝荃著；陳祖武編：《彭湘涵先生年譜》（北京：北京圖書館出版據
　　　　光緒元年刻版《乾嘉名儒年譜》第 12 冊，2006 年 7 月），頁 36。

〔註113〕〔清〕嚴榮著；陳祖武編：《述庵先生年譜》（北京：北京圖書館出版據嘉慶、
　　　　道光年間刻本《乾嘉名儒年譜》第 6 冊，2006 年 7 月），頁 102；《彭湘涵先
　　　　生年譜》第 12 冊，頁 39。

〔註114〕《彭湘涵先生年譜》第 12 冊，頁 49。

〔註115〕經上海圖書館清稿本，T02326-29，《全上古三代文》8 卷，《全秦文》1 卷，
　　　　兩書合為兩冊舟虛其言：「舊鈔本《全上古三代文》八卷，附《全秦文》一卷、
　　　　鎮洋彭兆蓀先生舊藏，彭氏甘亭印。」由此可知，兩書合為兩冊。

〔註116〕〔清〕張壽鏞：〈後序〉，《小謨觴館文集註》（臺北：新文豐出版公司，收入

據此及張氏所言，少時以詞章之學為尚，中年轉折於考據校勘，終身以闡發經學義理為己任。在擔任胡、曾兩家幕賓時，其學術生涯最為活躍，成就也最高。

彭氏一生忠於紫陽朱熹義理之學，兼考注羣籍。中年以後，益耽沉於釋家之學，由是手撰《懺悔錄》，表述其孤夐心境。其說：

> 晚乃益慕澄澹孤夐，深得古人意愔。中年後務觀儒書，復耽翫竺氏籍，研穴罩奧，世之為內學者，莫能窺際也。〔註117〕

中、晚年時期，務求紫陽儒學，兼談釋道，世人常以「莫能窺際」之稱譽，來評其學問之高深莫測。尤以所著的「《懺悔錄》鑽研理學，切身身心，邵廣文廷烈嘗為刊行」。〔註118〕總述其學術成就，謂其詩風及力求漢魏駢體之文格：「詩文皆沈博絕麗。」〔註119〕談及詩文意旨，皆在骨健氣雄，務求古意：「既騷以能詩鳴，又探索漢魏六朝駢偶，悉其源流，精熟選理，所作以博麗稱。」〔註120〕

二、《南北朝文鈔》編纂概述

彭氏為何輯纂《全上古三代文附全秦文》、《南北朝文鈔》等書？蓋是一生訴求之核心價值「儷偶之文，運意遣辭與古文不異。」〔註121〕據悉，《南北朝文鈔》在嘉慶四年刊成，此由羅軍《彭兆蓀生平交遊著述考》一文論及該書首刻本為嘉慶四年（1799），錄載〈嵇文煒跋〉云：

> 嘉慶己未秋，予偕張子白進士、袁湘湄徵君、徐縵雲明君、徐山民待詔舣舟吳門，訪彭甘亭上舍于陳蘭汀中翰好齋，得讀甘亭自訂《南北朝駢體文》若干首。蓋矯數百年來，徘俗之弊，而歸之于淵雅深厚。盡刪《法海》之繁蕪，而補廣續二《文選》之闕略，體例簡貴，古香霏然，相與激賞，堅促付梓行世。甘亭欿然未足也，山民因攜

《叢書集成續編》第 192 冊，1988 年），頁 582。

〔註117〕〈傳四〉，《小謨觴館文集註》，收入《叢書集成續編》第 192 冊，頁 463。

〔註118〕〈傳二〉，《小謨觴館文集註》，收入《叢書集成續編》第 192 冊，頁 462。

〔註119〕〔清〕顧廣圻：〈彭甘亭全集序〉，《小謨觴館文集註》，收入《叢書集成續編》第 192 冊，頁 460。

〔註120〕〔清〕王賓仁：〈傳一〉，《小謨觴館文集註》，影印《叢書集成續編》第 192 冊，頁 461。

〔註121〕〔清〕方東樹：〈小謨觴館文集跋〉，《小謨觴館文集註》，影印《叢書集成續編》第 192 冊，頁 581。

此卷，屬陳竹士秀才鑴于秋海棠巢。〔註122〕

首提嘉慶四年，與徐達源（1767～1846）等人在陳蘭汀之好齋室得見《南北朝文鈔》。其二，該書收輯以南北朝之駢體文為範圍，力主「矯數百年來，俳俗之弊」為宗旨，又以「淵雅深厚」為準則。參酌羅先生的論述及筆者目驗之影本，該書分編為《南北朝文鈔》、《全上古三代文附全秦文》先後兩本。彼此編纂動機不同，刊刻時間也不同，為能釐清兩書之源流，有必要分別解說，使彭氏兩書昭然於世。

（一）編纂緣起

《南北朝文鈔》選篇之原意，是企圖利用選本方式，來導正駢文之衰勢，以及樹立駢文寫作之規範，進而能彰顯駢文聲勢，恢復古音。徐達源在〈序〉說道：

> 夫詩崇正始，賦首麗則，凡厥文辭，貴求初軌，駢麗之製，何獨不然？元熙以前，體裁牾牱，未極神明。迨南北瓜分，自永初之元，迄開皇之季，中間世歷數禩，代挺雅材，摛藻敷華，珠零錦粲，蔑乎莫之尚已。有唐而降，厥風漸頹，流及天水古意浸微，幾鄰俳俗，後之作者，欲探源珠海，取法椎輪，舍南北朝，其奚適哉。吾友彭子甘亭，少學為沈博絕麗之文，其持論也，寧寒澀以違俗，勿軟滑以悖古，投跡高軌，棘棘不阿。間取有宋迄隋數朝文，博觀而慎擇之。除《文選》所已收，及庾徐不錄外，分體詮次，廑得百首。以為學駢文者制輪之寸轄，運關之尺樞，廩廩乎，其操約而旨嚴也。嘉慶己未夏，聯襼金閶，縱言及此，予因參校一過并錄甘亭〈原引〉，授之剞氏。韋莊有云：「雖遺妍可惜而備載斯難。」是編也，聊以樹規植矩，使希雅音者，若射之有鵠焉耳。苟謂攬翩剔毛，足翼選學，則是輕塵足岳，而隊露添流也。即謂鴻律蟠采，道在于茲。則又以指測河，而曰河盡也。嗚呼慎矣！吳江徐達源山民氏序。〔註123〕

據此可知其立論宗旨，一是肯定南北朝駢體之正規，「欲探源珠海，取法椎輪，舍南北朝，其奚適哉」，謂為後代模仿駢體文之典範；二是為能樹立習文之楷模，所以「聊以樹規植矩，使希雅音者，若射之有鵠焉耳」。

〔註122〕轉引自羅軍：《彭兆蓀生平交遊著述考》（廣州：暨南大學碩士論文，2010年6月），頁92～93。

〔註123〕據上海圖書館，線善 T02326-29；〔清〕徐達源：〈序〉，《南北朝文鈔》。

（二）以《文選》為範本

彭氏提倡《文選》代表六朝文章，目的是為駢文樹立規範，破除世人對駢文「卑靡」風格之看法。其說：「題曰《南北朝文鈔》，攻選體者欲挽頹波而趨正軌。」〔註124〕恢復駢體應有之地位，連帶也看出彭氏之文學觀。其說：

> 僕自羈丱，思學古文，漸稔其難，逡巡舍去。繼乃探索漢魏，沿洄六朝，下逮三唐，以迄五季。儷偶各體，略悉源流，竊欲矯厲膚庸，歸諸淵雅，藉見古人文筆，無分整散。不使寡學之士，高語起衰，輕詆駢文，謂為應俗。〔註125〕

彭氏首先舉出六朝之駢體，根源於漢魏古文；二是針對當代時人輕詆駢文，振筆疾呼「竊欲矯厲膚庸，歸諸淵雅」，視《文選》為習體之楷模。其說：「六朝文為偶語之左海，習駢麗而不胎息。于此膚音俗體，於古人固而存之之義，何居焉？」〔註126〕顯見，彭氏編纂動機及其文學觀，皆以恢復漢魏古文，提倡六朝駢體之文為其心鑰。又《頤道堂詩外集》談及彭氏創作駢體文之造詣：

> 君學吾未窺，君文吾盡讀。駢體文尤工，貌古神逾肅，當世此道明，夜行得炳燭，老輩洪太史，巨筆追曹陸，農部與祭酒，分道雲龍，……渺黃鵠此體竝入古，交衢合車輻。就中尤數君，定論在《七錄》，上擷《騷》、《選》腋下掩齊梁俗，今日之相如。〔註127〕

易言之，陳文述論及彭氏古文創作，大抵以駢體時文最為稱尚，形容其成就如今之司馬相如。極推崇《屈騷》、《文選》，當為古文正宗，及後世之楷模。進一步說，則能矯今人對駢體文之誤解，咸認南朝齊梁之俗媚。

（三）體制及架構

《南北朝文鈔》載錄範圍以六朝迄至陳隋，「迨南北瓜分自永初之元，迄開皇之季」，〔註128〕又說：「除《文選》所已收，及庾、徐不錄外，分體詮次

〔註124〕據上海圖書館，線善 T02326-29；〔清〕彭兆蓀：〈原引〉，《南北朝文鈔》。

〔註125〕〔清〕彭兆蓀：〈答姚春木書〉，《小謨觴館詩文集・文續集》（上海：上海古籍出版社，《續修四庫全書》第1492冊，2002年），卷1，頁701。

〔註126〕據上海圖書館，線善 T02326-29；〔清〕彭兆蓀著：〈原引〉，《南北朝文鈔》。

〔註127〕〔清〕陳文述：〈過彭甘亭小謨觴館〉，《頤道堂詩外集》（上海：上海古籍出版社，《續修四庫全書》第1505冊，2002年），卷3，頁422～423。

〔註128〕據上海圖書館，線善 T02326-29；〔清〕徐達源著：〈序〉，《南北朝文鈔》。

廑得百首。」〔註129〕編纂分列以文體為綱,依次以皇帝「勅」為首,再以「詔」、「令」、「教」、「表」、「章」、「疏」、「啟」、「書」、「序」、「頌」、「論」、「銘」、「誄」、「哀」、「墓誌銘」等分列先後,僅收 100 篇。取材出處以史傳、類書為主,其說:

> 暇時雜取《南北史》、《文苑英華》、《藝文類聚》、《百三家集》、《四六法海》諸書,擇其文之尤工者,斷自永初,迄於大業,彙為一集。〔註130〕

就此可知,該書之編纂基礎仍參酌《百三家集》、王志堅(1576～1633)編纂的駢體總集《四六法海》等書。多數篇章下有彭氏〈按語〉及徐達源之考訂校注,這些的評述在意識上,除體現了彭氏的文學觀外,也具體呼應姚鼐(1731～1815)文學主張「義理、考據、辭章三者,覃心冥追,以求合於為文準則。」〔註131〕

三、《全上古三代文附全秦文》之編纂及架構

該書有上海圖書館所藏清稿本,載錄文素松(1890～1941)、葉景葵(1874～1949)題跋,間有「莫友芝圖書印」、「莫彝孫印」、「莫經農字筱農」、「文素松印」、「舟虛審定」等藏印。扉頁首載葉景葵跋語:

> 思簡樓文氏遺書有獨山莫氏舊藏鈔本《全上古三代文》八卷、附《先秦文》一卷,封面有「彭氏甘亭」印。初以為傳鈔嚴本,閱其〈凡例〉,與嚴不同,攜歸細讀,知非嚴輯。又檢對甘亭字蹟,知係彭氏手稿。〈目錄〉、〈凡例〉與輯文之大部分均甘亭手書,眉端校注亦同,蓋輯成後陸續增入者,校語引阮刻《鍾鼎款識》、孫刻《續古文苑》、《新刻韓非子》等書。吳山尊本《韓子》刻於嘉慶二十三年,是稿在仁宗末年,當鍥而不舍,至宣宗改元,即逝世。甘亭曾輯《南北朝文鈔》,吳江徐山民刻之。《先秦文》以後,或尚有漢晉文之輯,其作始當在《全唐文》開館之初,動機與嚴相同。……〔註132〕

〔註129〕據上海圖書館,線善 T02326-29;〔清〕徐達源著:〈序〉,《南北朝文鈔》。
〔註130〕據上海圖書館,線善 T02326-29;〔清〕彭兆蓀著:〈原引〉,《南北朝文鈔》。
〔註131〕〔清〕張壽鏞:〈後序〉,《小謨觴館文集註》,收入《叢書集成續編》第 192 冊,頁 582。
〔註132〕據上海圖書館清稿本,T02326-29;〔清〕葉景葵:〈跋〉,《全上古三代文附全秦文》。

觀此，彭氏《全上古三代文》、附《全秦文》，分屬八卷與一卷，比重不等，因此合刊一書。此外，編錄時間當在嘉慶二十三年（1819），約《全唐文》開館之初，已晚嚴書《全文》十年。就收佚範圍、篇幅多寡，皆不能與《全文》比擬。就編纂動機而言，葉景葵認為蓋是負氣使然，欲與《全唐文》互別苗頭，「其作始當在《全唐文》開館之初，動機與嚴相同」。又說：

> 頃閱袁太常《安般簃集》，〈題江子屏小像詩〉自注云「曾賓谷開校刻全唐文館，吳山尊薦江先生入館書，謂無論鄭堂經史之學，足備顧問。即下至吹竹彈棋、評骨董、品磁器、煎胡桃油、作鮮卑語，無不色色精妙，足以娛貴人之耳目。然南城卒不見收錄，時嚴鐵橋亦不得入館，負氣去撰《全上古三代漢魏六朝文鈔》，目錄搜羅極富，欲以壓倒唐文館，其兀傲之氣不可及也」等語。證以嚴氏〈自序〉所云「越在草茅，無能為役」二語，其說可信。檢《小謨觴館集》，知甘亭與賓谷甚有交誼，不知曾入唐文館否，何以輯上古三代文耶？端午前一日又記。〔註133〕

連同葉氏兩跋語，清楚說明《全文》及彭氏《全上古三代文》兩者之關係。一是編輯動機皆是在野人士，無緣入館共纂《全唐文》，欲以同質之書爭其長短；二是《全文》首編在前，彭氏手書其後，論其架構則與《全文》如同一轍，兩者是否互有聯繫，看似渺渺，不言而喻。以下為彭氏《全上古三代文附全秦文》之體例說明：

（一）《六經》及史傳具載不錄

該書為專錄載佚書及佚文，於《六經》、史傳之傳世本皆完備具足者，皆從略省之：

> 紀言之文，雖云摠集，實祖《尚書》。茲編除正經不錄外，凡見於《史記》如〈湯誓〉、〈太誓〉諸篇，為問故孔安國真古文，東晉晚出書所無，仍為採錄，《史記》他篇所引《尚書》，不在此例。至佚書一二語，見於他書不成行段，且近人注《尚書》者亦以蒐輯，茲皆從略。〔註134〕

〔註133〕據上海圖書館清稿本，T0232629；〔清〕葉景葵：〈跋〉，《全上古三代文附全秦文》。

〔註134〕據上海圖書館清稿本，T02326-29；〔清〕彭兆蓀：〈全上古三代文秦文凡例〉，《全上古三代文附全秦文》。

簡言之，彭氏依據紀傳文類根源於《尚書》之觀念下，取錄原則是經史注傳皆不載；然凡涉及他書而經史注傳等書均不見載錄，或是僅見一二語等，則一概錄取。如〈湯誓〉宣辭、答問之文，列為書體之屬，及孔安國（？）《尚書》古文為東晉後所新發現的上古佚書等。

此外，戰國諸子面陳諫諍之詞，本屬於論說文類，因未被記載於策典，《文選》概不收載。對此，凡見有上書遺文，而明文具載始末者，一併入錄。其說：

> 春秋戰國時，諫諍游說之詞累百千言，大都出面陳，未登簡牘。是以《昭明文選》概所不收。其載〈宋玉對楚王問〉，則取自《宋玉集》中，自為問答，如漢〈客難〉、〈賓戲〉之類，今用其例，凡史傳所載，必其有上書，遺書明文者，方為錄入，餘則略之。〔註135〕

諸子百家陳述之詞本屬於子部，有些並未登入於集中。由是，《文選》未收載，僅收錄文集中之佚言陳詞，如《宋玉集》之〈宋玉對楚王問〉本屬論說。於此，彭氏《全上古三代文附全秦文》進一步簡化收錄原則：「凡史傳所載，必其有上書，遺書明文者，方為錄入，餘則略之。」史傳具載始末及註明作者出處，則全然收載。

（二）以《文選》取錄標準為宗

彭氏收文凡涉及《文選》相關論及之文體觀，均皆收錄。如〈凡例〉所言：

> 此篇上起古初，迄於秦代，廣蒐諸子傳記，自成篇，以至單詞隻句，凡與文體有涉者，悉為裒錄，惟不載尋常告語之辭。至如偽託顯然，曾經前人論定，如三皇策典、岣嶁碑之屬，則概從刪削。餘或識疑過存，以質來學。〔註136〕

此處重點仍著眼在文體觀，諸子傳記成篇者及單言片語均輯錄於書。其他如尋常之語，或者是偽託之作，《文選》一概不收，彭氏也剔除不錄。因為「尋常告語之辭」皆常見於經史傳注，偽作出於假託，均刪削不餘。

此外，不收詩及古諺語，至於如「教戒、法典、盟約、誦祝、圖緯、符

〔註135〕據上海圖書館清稿本，T02326-29；〔清〕彭兆蓀：〈全上古三代文秦文凡例〉，《全上古三代文附全秦文》。

〔註136〕據上海圖書館清稿本，T02326-29；〔清〕彭兆蓀著：〈全上古三代文秦文凡例〉，《全上古三代文附全秦文》。

占之屬，皆文章一體，自應收採」，《文選》因其零散，及篇數不多，在「以文類人」的原則架構之下，凡所見該體文類，則歸入「其他」一類，綜合論述。彭亦收載，與《文選》不謀而合。

（三）存疑偽託不錄

前人已論定或者仍存疑待查之文，彭氏則以刪削待之。若具確切的論據，則予以收錄，所持的理由如下：

> 梅氏《皇霸文紀》所錄之文，間多附會。援引古籍亦真贗雜糅。至如《穆天子傳》、《詩小序》各自成書，一概收輯，既於體例乖違。若《楚詞》為王逸所集，與專家之書不同；屈平、宋玉諸文，實後來搜集之祖。《文紀》僅載屬篇，尤嫌疏漏，茲皆一一訂正。〔註137〕

彭氏取材參酌《皇霸文紀》的錄文雖多。但對於《文紀》乖例收輯一事，頗有微詞。於此上古三代真贗互見之篇文，當與《四庫總目》看法一致。至於是否進一步的收載，完全取決於考訂成果。由是，才有如此之說：「《文紀》僅載屬篇，尤嫌疏漏，茲皆一一訂正。」

四、嚴氏《全文》與彭氏《八代文》〔註138〕之異同

彭氏《南北朝文鈔》及《全上古三代文附全秦文》體制與緣起動機各不相同，例如資料來源，《南北朝文鈔》是以《漢魏百三家集》為藍本，參照林昌彝（1803～？）之〈跋語〉，編輯梗概更為清晰可見，其說：

> 妻東彭湘涵先生所選《南北朝文鈔》，乃取南北史、《文苑英華》、《藝文類聚》、一百三十家騈體集、《四六法海》諸書。擇其文之尤者自永嘉迄於大業，彙為此集。俾攻選體者，挽頹波而趨正軌。視李申耆所栞《騈體文鈔》尤善，誠騈文之左海也。〔註139〕

由此觀之，《南北朝文鈔》僅具載百篇作品，46 名作家。資料取材於唐宋以前騈體作品，尤以《百三家集》為其甄錄的重要對象。其次，《全上古三代文附全秦文》依據《皇霸文紀》之編纂體制，由上古迄於趙陀（前 240～前 137）之〈移檄告橫浦陽山隍谿關〉。其云：「《全秦文》以漢末未入關前為限，如趙

〔註137〕據上海圖書館清稿本，T02326-29；〔清〕彭兆蓀著：〈全上古三代文秦文凡例〉，《全上古三代文附全秦文》。

〔註138〕彭氏《南北朝文鈔》與《全上古三代文附全秦文》合稱為《八代文》。

〔註139〕〔清〕林昌彝：〈彭湘涵南北朝文鈔跋語〉，《小石渠閣文集》（上海：上海古籍出版社，《續修四庫全書》第 1530 冊，2002 年），卷 2，頁 388。

陀則錄其南海龍川令時移檄。至封南越王以後，則當入《全漢文》。」〔註140〕
彭氏輯錄範圍，並不僅止於秦代，足證葉景葵先生判為「未經寫定」即遽逝，
應是不假。由是，若要以兩書與嚴氏《全文》作異同對比，則勢必分別論述，
才能有一個清晰的概念。

（一）《南北朝文鈔》與《全文》之差距

　　彭氏該書受制於駢體選文之主張，並以南北朝為限，僅收載 46 名作家，
百篇作品，顯見其規模範疇均遠遜於嚴氏之《全文》。對此，後人何以仍重視
該書之價值呢？若觀林昌彝之〈跋語〉則能見其部分因由，其說：

> 李枈全採《蕭選》，雜以單行，體裁尚多未合。余前計偕京師，其族
> 孫其明經以此本相贈。壬子，粵匪之亂，版片無藏，余游粵隨帶篋
> 中，昨與番禺陳奎垣茂才論及，因出篋中所匪示之，茂才深為賞識，
> 遂付手民，俾世之作，駢體者有逕路之可尋，不至如瞽者之以杖索
> 埴地也。〔註141〕

觀此〈跋語〉，林氏將李申耆（1769～1841）《駢體文鈔》與該書參較，批評
李氏編纂之雜亂，體裁尚未能符合實際體制。彭氏該書選文精當，可為後人
學駢體之路徑。此外，多數篇下以「按語」及徐達源校注文之方式，評論選
文之資料來源。如宋武帝（363～422）之〈與臧燾勅〉，其按語：

> 《釋名》云：「勅飾也。」漢制度曰：帝之下書有四，一策書、二制
> 書、三詔書、四誡勅。《緗速雜記》謂唐以前帝王命令，尚未稱勅，
> 謂千字文勅員外郎，勅字乃梁字，謬說也。

> 源按：南宋列傳，燾字德仁，東莞莒人，武敬皇后兄也。晉太元中，
> 始立國學，舉燾為助教，頃之去官。以母老家貧，與其弟熹俱棄人
> 事。躬耕自業，約已養親十餘載，居喪以毀瘠著稱，服闋，除臨沂
> 令。宋武帝義旆建為太學博士、參右將軍何無忌軍事，隨府轉鎮南
> 參軍。高祖鎮京口時，與燾此書後徵拜太常，彌自沖約，茅屋疏食，
> 不改其舊。〔註142〕

〔註140〕據上海圖書館清稿本，T02326-29；〔清〕彭兆蓀：〈全上古三代文秦文凡例〉，
　　　　《全上古三代文附全秦文》。
〔註141〕〔清〕林昌彝：〈彭湘涵南北朝文鈔跋語〉，《小石渠閣文集》，《續修四庫全書》
　　　　第 1530 冊，卷 2，頁 388。
〔註142〕據上海圖書館，線善 T02326-29；〔清〕徐達源：〈與臧燾勅〉，《南北朝文鈔》，
　　　　頁 6。

該篇既是勅書，首以解釋勅書之典故，再考證篇中涉及之人物，即臧燾生平事蹟。顯見，彭氏書乃以篇文涉及之人事物為考校重點。臧燾史傳均有記載其事蹟，為人彌自沖約，安貧樂道，為官清廉。然就文獻角度觀之，該書缺乏收載資料出處；就錄文具載之始末原委，詳實而嚴謹，考校是居於《全文》之上。

《全宋文・武帝》之〈與臧燾書〉，嚴氏案語僅述幾語，注明該篇出處：「《宋書・臧燾傳》：『高祖鎮京口，與燾書。』」〔註143〕三者互對，顯然《南北朝文鈔》「源按」下之註解，足補史傳之不全。又參照《全宋文・臧燾》作者部分，其說：

> 臧燾字德仁，東莞莒人，武敬皇后兄也。晉太元中，為助教，尋去官。元興中，除臨沂令，入為太學博士，參右將軍何無忌軍事。義熙初，隨府轉鎮南參軍；尋參武帝中軍軍事，入補尚書度支郎，太尉諮議參軍，除大司馬從事中郎，進侍中。元熙元年，以疾去職。宋受禪，徵拜太常。永初三年，致仕。卒年七十。少帝追贈左光祿大夫，加散騎常侍。〔註144〕

臧燾（353～422）歷經東晉、南朝宋，嚴氏據《宋書・臧燾傳》記載，簡略地介紹其生平及其官拜累遷，至於如何「茅屋疏食，不改其舊」並未談及。若以釋史、釋事的觀點看之，彭氏《南北朝文鈔》是有超越《全文》之一面，重要是可彌補史傳之不足。整體而言，彭氏傳記內容可視為《宋書》與《全宋文》綜合相乘，提出看法較為全面與完備。

（二）《全上古三代文附全秦文》與《全文》之對照

葉景葵於〈跋語〉中，剖析嚴輯《全文》與彭氏《全上古三代文附全秦文》兩者之間的差異，僅就凡例嚴謹與否、考定是否嚴整及蒐羅群籍是否全備而論之。其言：

> 惟嚴輯盛行於數十年之後，而彭輯湮沒無聞。釋其凡例，取材亦主謹嚴，而與嚴稍有歧異。如嚴不采屈原而彭以《楚辭》為王逸所集，與專家不同，故與宋玉並取之。其博稽羣籍，訂正異同，不如嚴之精密。一因考譌捃逸，嚴有專長，二因嚴之成書致力二十七年之久，

〔註143〕《全宋文・武帝》，卷1，冊6，頁17；《宋書・臧燾傳》，卷55，冊5，頁1543～1546。

〔註144〕〔清〕嚴可均：《全宋文・臧燾》，卷16，冊6，頁161。

而彭則未經寫定，遽棄人間，誠有幸有不幸矣。〔註145〕

如上所言，兩書同時編輯，嚴氏一書盛行數十年，因費時二十七年之久，且以考偽捃逸為專長，略勝彭氏一籌。對此議題，筆者在爬梳剔抉的過程中，兩書均有疏密不一的現象外，更不能忽略以按語為考察方向。以下分別說明之：

1、碑刻之屬難識略之：鐘鼎文字經久漫漶，可識者不多，由是兩書均以不錄略之。就此，彼此仍有等差取載之別，如彭氏《全上古三代文》僅收取現存拓本，或者以薛尚功《歷代鐘鼎彝器款識法帖》碑文為主：

> 鐘鼎文取其成篇，文字多可識者。其數字、數句及漫漶太多者，皆略之不載。《文紀》所收《博古圖》、《攷古圖》，點畫時代出自臆推，人人異說，尤未可據。依今以現存拓本及薛尚功為定。〔註146〕

據此，彭氏歸結於《皇霸文紀》取錄上古時代之碑文，在漫漶不可識之下，敘及梅鼎祚常以己臆來推求碑刻年代，真偽相乘不能據信。就此，乃以現今通傳拓本及薛尚功《歷代鐘鼎彝器款識法帖》為參照準則。針對該論，嚴氏顯然收載來源是較齊全與完備。如嚴氏《全上古三代文・闕名》之〈汾陽鼎銘〉，其出處為《鼎錄》〔註147〕。《總目》言：

> 本題梁虞荔撰。考《陳書》列傳，荔字山披，會稽餘姚人。釋褐為梁西中郎，行參軍，遷中書舍人。侯景亂，歸鄉里。陳初，召為太子中庶子，領大著作，東陽、揚州二州大中正，贈侍中，諡曰德。是荔當為陳人，稱梁者誤也。其書不見於本傳，《唐志》始著錄。然檢書中載有「陳宣帝有太極殿鑄鼎」之文。荔卒於陳文帝天嘉二年，下距臨海王光大二年宣帝嗣位時，首尾七年，安得預稱諡號！其為後人所攙入無疑。又卷首序文乃紀夏鼎應在黃帝條後，亦必無識者以原書無序，移掇其文。蓋流傳既久，屢經竄亂，真偽已不可辨。特以其舊帙存之耳。又按晁公武《讀書志》別出吳協《鼎錄》一條，《通考》與此書兩收之。〔註148〕

〔註145〕據上海圖書館清稿本，T02326-29；〔清〕葉景葵：〈跋〉，《全上古三代文附全秦文》。

〔註146〕據上海圖書館清稿本，T02326-29；〔清〕彭兆蓀：〈全上古三代文秦文凡例〉，《全上古三代文附全秦文》。

〔註147〕〔清〕嚴可均：《全上古三代文・闕名》，卷13，冊1，頁169。

〔註148〕〔清〕永瑢等：《欽定四庫全書總目・史部》，卷115，冊上，頁981。

透過《四庫總目》敘論，該書成於南朝陳，先於《歷代鐘鼎彝器款識法帖》之前。若以彭氏之收錄準則而論，可說輯出許多文章。顯而易見，嚴氏《全上古文三代文》多收了232篇。因之，《四庫總目》認為：「蓋居千百年下，而辨別百年上之遺器，其物或真或不真，其說亦或確或不確。自《考古圖》以下，大勢類然，亦不但此書也。」〔註149〕金石碑刻大抵是真偽雜揉，很難避免。哪怕是《歷代鐘鼎彝器款識法帖》及後來之金石碑書，亦皆是如此。

　　2、秦漢間之作者，分代編次：秦代立國僅15年，於諸臣文士歷經兩代者，嚴氏歸列以卒年先後為則。如〈移檄告橫浦陽山湟溪關〉與彭氏重疊收錄，列載於《全秦文》僅收一篇。其說如下：

> 《全秦文》以漢未入關為限，如趙佗則錄其南海龍川令時移檄。至南越王以後則當入《全漢文》。〔註150〕

由此可知，南越趙佗收載錄文分別為兩階段，一是入漢前，二是漢代封為南越王時。顯見彭氏在編輯體制除以文類人外，當以著作朝代為原則，分列歸序。基此，筆者判別於南越趙佗采錄之文，不只一篇，編次應跨越兩個朝代，只因驟然逝世，來不及編纂，所以才說：「至南越王以後則當入《全漢文》。」請參考兩書對照表格：

附錄：嚴可均《全文》與彭兆蓀《全上古三代附全秦文》對照表

朝　　代	編　　者	作者數	卷　數	篇　　數	複　重	增　　收
全上古三代文	嚴可均	235	16	577	301	276
	彭兆蓀	94	8	345		44
全秦文	嚴可均	11	1	47	36	11
	彭兆蓀	12	1	39		1

兩人並世，嚴氏致力二十七年於該書，論蒐錄完備與否，當是以《全文》備足齊全居上。由上對照表格，即知嚴氏《全秦文》之作者數少1人，關鍵於南越王趙佗列在《全漢文》。

〔註149〕〔清〕永瑢等撰：《欽定四庫全書總目・子部》，卷115，冊上，頁982。

〔註150〕〔清〕嚴可均：《全漢文・南越王趙佗》，卷63，冊1，頁840；據上海圖書館清稿本，T02326-29；〔清〕彭兆蓀著：〈全上古三代文秦文凡例〉，《全上古三代文附全秦文》。

五、結語

今就《南北朝文鈔》所載收百篇與嚴氏《全文》錄文比較，僅增收一篇釋真觀之〈與徐僕射領軍述役僧書〉，其他完全相同。所不同者有二，一是篇文後之考證案語，或注作者事蹟，或說明該篇之來源、或注名篇中涉及人物、註解字義字詞等。雖不若正式提要、解題之詳審，於考訂人物生平及駢體時文的演變，是有所裨助。可見《南北朝文鈔》收錄重點在於選文，兼及掌故，以文學流變為論述主旨。如牛宏（545～610）《南北朝文鈔・請開獻書表》，說明駢文在陳隋兩代之風格。蓀按「李諤〈革文華書〉，未足起衰。適形骫骳，故舍彼取此。」〔註151〕評論隋代駢體文委靡之特質，與張溥之「陳季之浮薄，周隋之駢衍」，如出一言。其二，亦如沈約之〈為晉安王謝南兗州章〉，彭氏引王志堅（1583～1642）說法，指出該文以秀潤特色享譽後世。「王志堅曰：『此等文本無大異，但以秀潤勝人，後人雖極力求勝而不可得。』」〔註152〕反觀《全文》也僅注明資料出處：「《初學記》十。」〔註153〕顯而易見，彭氏《南北朝文鈔》並不頃於收佚文獻為目的，按語的分歧自是由此而出。

上述比較表格，嚴氏《全上古三代文》收錄作者數、篇數多於彭氏《全上古三代文附全秦文》外，重疊收載比率也變高。筆者考察現存資料，兩人同期並世，然僅就《全上古三代文》及《全秦文》二者載錄共具有負氣之說外，其他如材料來源、敘述內容、收文標準，看似雷同，實皆風馬牛不相及。如何顯現其差異性呢？則考究彼此纂述的案語，就昭然若揭了。如彭氏《全上古三代文・女皇氏》之〈占詞〉：

> 昭昭九州，日月代極。平均土地，合和萬國。
>
> 案語：羅泌《路史》後記：「禪通紀，於是乘雷車，鞠六蜚以御天。」
> 申祠祝而枚占之，曰：「吉」羅泌子苹注曰「云云」。〔註154〕

該文當於嚴氏《全上古・歸藏啟筮》第二條：

〔註151〕據上海圖書館，線善 T02326-29；〈蓀按〉，《南北朝文鈔・請開獻書表》，頁 37。

〔註152〕據上海圖書館，線善 T02326-29；《南北朝文鈔・為晉安王謝南兗州章》，頁 38；〔明〕王志堅：《四六法海》（臺北：臺灣商務印書館，影印《文淵閣四庫全書》第 1394 冊，1983 年），卷 5，頁 459。

〔註153〕〔清〕嚴可均：《全梁文・沈約》，卷 27，冊 7，頁 278。

〔註154〕據上海圖書館清稿本，T02326-29；〔清〕彭兆蓀著：《全上古三代文附全秦文》，卷 1。

昔女媧笙，張雲幕而枚占神明。占之曰：「吉。昭昭九州，日月代極。平均土地，和合萬國。」

（《北堂書鈔》一百三十二，《初學記》二十五，《御覽》七十八）

〔註155〕

由此兩案語對照，資料來源不同，收錄內文也不盡相同。前者以羅泌（1131～1189）《路史》為取材出處；後者取決於唐宋類書《北堂書鈔》、《初學記》、《御覽》。由是，嚴氏以三書整併裁鑄而成，而彭文則以己意整合條列，各有側重。若就經典原貌看查，當以嚴氏《全文》較為周全，條列順序也較為洽合。難怪葉景葵先生認為：「其博稽羣籍，訂正異同，不如嚴之精密。一因考讎挩逸，嚴有專長。」嚴氏勝出於博稽羣籍，考偽辨證等專長。

〔註155〕〔清〕嚴可均：《全上古三代文・古逸》，卷15，冊1，頁198～199。

第四章　《全文》之編纂及理念

　　唐代的文人別集或總集，經過了戰亂，大多已亡佚。宋人輯匯了散佚的斷簡殘篇，結集成新集，例如《文苑英華》千卷文學總集、《太平廣記》千卷小說總集等等，都涵蓋了輯佚的特質。尤其是個人的文集，歷來文獻上多無記載，又不標明輯者姓名，再加上散佚情況嚴重，一時很難統計說明。而明初編輯的《永樂大典》也只是把當時現存的書籍，按字分編，以韻為隸屬歸類。其實當時有不少古書已不可見，所以輯佚的來源，應多方的挖掘，不可局限於少數幾本書上打轉。特別是蒐集唐代以前的古書，更須依據比較久遠的古書不可。因此，張舜徽先生說，輯佚工作者必須用力在這幾個方向：

> 一是取之唐宋類書，以輯群書；二是取之子史及漢人箋注，以輯周
> 秦古書三是取之唐人義疏，以輯漢魏經師遺說；四是取之諸史及總
> 集（如《文苑英華》之類），以輯歷代遺文；五是取之《經典釋文》
> 及《一切經音義》（以慧琳《音義》為大宗），以輯小學訓詁書。這
> 些都是輯佚的資料來源。〔註1〕

這些都是古書輯佚的來源，而古注中以裴松之《三國志注》、酈道元《水經注》、劉孝標《世說新語注》、李善《文選注》、慧琳《一切經音義》最為重要。這些書都保存許多的佚文，值得我們仔細整理與清檢。輯佚另則任務是把佚文找全，對於佚文本身更需要進行校勘，明白古書的體例，尤其是佚文的出處應注明。早期的輯佚書不注出處，古人引書有時節引、有時引大義，且不加括弧引號，造成本文注語混雜，不知起訖及查閱。所以輯校佚文的方法，首

〔註 1〕 張舜徽：〈前人整理文獻的具體工作〉，《中國文獻學》（武昌：華中師範大學
　　　　出版社，收入《張舜徽集》第 1 輯，2004 年 3 月），頁 152。

先應該熟悉古人引書的通例，盡可能按照原書排序編纂，才能正確輯出佚文。例如《二十四史》中的《舊五代史》在南宋寧宗時（1274），金章宗下詔削去學官修習〔宋〕薛居正（912～981）編纂的《五代史》（或稱《舊五代史》），只用〔宋〕歐陽修編的《五代史》。自此以後，《舊五代史》逐漸淹沒，只見《文淵閣書目》著錄，內容大多被記載於《永樂大典》裡。《四庫全書》編纂時，從《永樂大典》輯出佚文，其采錄的方法是以《玉海》來辨識卷第；又從《永樂大典》「因韻以求字，因字以求事」的編纂原則下，將割裂的內文盡可能恢復原貌。其中用力最勤的是〔清〕邵晉涵（1743～1796），可惜的是引述的內文本身，不注每條佚文的出處。直到劉承火業（881～1963）得到邵晉涵原本，重新注明出處，商務印書館出版的《百納本二十四史》以劉刻薛居正之《五代史》印行，才呈現出特殊價值。

曹書杰在《中國古籍輯佚學論稿》曾說明，一部較好的輯佚書，須對作者、輯錄書籍源流、書籍價值等作一番考訂與評論。以下是書曹杰先生的看法：

> 一部較好的輯佚書，必須通過撰寫的自序、前言、後記、凡例、引用書目等這些輯本的有機組成部分，來總結其輯佚工作，使讀者通過這些資料，對佚書、作者及輯本的特點、價值等有一個概括的了解。〔註2〕

一部輯佚書的完成與優劣，都應具備一篇學術性很強的自序、凡例、說明、後記或後跋等；以此介紹該書的時代背景、緣起始末、輯佚的基本方式、學術價值等。梁啟超提出鑒別輯佚書的優劣有四個標準，希望後世學子在利用輯佚書時，以此依據，才能準確地進行研究工作。以下是梁啟超先生的說法：

> （一）佚文出自何書，必須注明；數書同引時，則舉其最先者，能確遵此例者優，否者劣。

> （二）既輯一書，則必求備，所輯佚文多者優，少者劣。例如《尚書大傳》，陳輯優於盧、孔輯。

> （三）既須求備，又須求真。若貪多而誤認他書為本書佚文則劣。例如秦輯《世本》劣於茆、張輯。

〔註2〕曹書杰：〈輯佚方法緒論〉，《中國古籍輯佚學論稿》（長春：東北師範大學出版社，1998 年 9 月），頁 307～310。

（四）原書篇第有可整理者，極力整理，求還其書本來面目，雜亂
　　　排列者劣。……此外更當視原書的價值何如？若尋常一俚書
　　　或一偽書，搜輯雖備，亦無益費精神也。〔註3〕

這四個標準，具有承先啟後之關係，尤其是（一）與（三）特別受到重視。
若是佚文出處不註明清楚，如何能確認該文之所在與確認原作者呢？〔明〕
張溥《百三家集》事實上皆由裒輯而來，也可稱為輯佚。但該書不注明出處，
各家又僅只題為「某人集」，任意襲名，非著述之體例。清朝官修之《全唐文》、
《全金詩》等，雖以總集為稱，實以輯佚為編纂之宗由，見一篇收一篇，聚
著在完備與否？從而忽略了標準之取捨。《全文》的刊刻不僅是嚴可均個人之
最高學術成果，更是清代整理古籍最好的成績之一。梁啟超在《中國近三百
年學術史》一書中，謂及《全文》在輯佚學上的肯定：

集部之名，起于六朝，故考古者無所用其。然蒐集遺文，其工作之
繁重亦正相等。……其最有價值者，有嚴鐵橋之《全上古三代兩漢
三國兩晉六朝文》，七百四十六卷。凡經、史、子、傳記、專集、注
釋書、類書、舊選本、釋道藏、金石文、六朝以前之文，凡三千四
百九十七家，自完篇以至零章斷句，搜輯略備。每家各為小傳，冠
於其文之前，可謂藝林淵海也已。……嘉道以後，輯佚家甚多，其
專以此為業而所輯以多為貴者，莫如黃右原、馬竹吾兩家。……右
兩家所輯雖富，但其細已甚，往往有兩三條數十字為一種者。且其
中有一部分為前人所輯，轉錄而已，不甚足貴。馬氏書每種之首冠
以一簡短之提要，說明本書來歷及存佚沿革，頗可觀。〔註4〕

除大略介紹了《全文》的體例與內容之外，乾嘉以後的輯佚家之編纂體例，
各書首皆冠上提要、小傳、說明書籍來歷與存佚，肯定了對《全文》的價
值。以輯佚書判定的標準來說，一是注明出處、二是求備又求真，最大的貢
獻是每家各為小傳，記載著錄作品。《全文》的卷帙繁多，歷來論及該書之體
例與內容者，除了〔清〕嚴可均本人所撰〈全上古三代秦漢三國六朝文總敘〉
簡要說明其卷數、作家、編纂緣起之外，以近人陳啟雲撰〈讀嚴可均《全上
古三代秦漢三國六朝文》〉〔註5〕，林曉筠先生所撰〈嚴可均之輯佚學初探〉

〔註3〕梁啟超著：《中國近三百年學術史‧輯佚》，頁302～303。
〔註4〕〈輯佚〉，《中國近三百年學術史》，頁301～302。
〔註5〕陳啟雲：〈讀嚴可均《全上古三代秦漢三國六朝文》〉，《新亞生活》第1卷第3
　　　期（1958年6月2日），頁22。

〔註6〕最為詳盡。以下是嚴氏之〈總敘〉：

> 嘉慶十三年，開全唐文館，不才越在草堂，無能為役，慨然曰：「唐
> 之文盛矣哉！唐以前要當有總集。斯事體大，是不才之責也。」其
> 秋始艸剏之。廣蒐三分與夫收藏家秘笈金石文字，遠而九譯，旁及
> 釋道鬼神。起上古迄隋，鴻裁鉅製，片語單詞，罔弗綜錄，聯類畸
> 零。作者三千四百九十七人，分代編次為十五集，合七百四十六卷。
> 肆力九年，艸剏粗定，又十八年，拾遺補闕，抽換之，整齊之，畫
> 一之。已于事而竣，挈五厄之散亡，揚萬古之天聲，唐以前文咸萃
> 於此，可繕可寫。烏程嚴可均。〔註7〕

〈敘文〉當中，說明了編纂的緣起、網羅範圍、作家、卷帙數。因為在嘉慶
十三年（1808），清政府開全唐文館，當時著名學者大都參與其事，嚴氏因在
野身分未受邀請，情緒大受影響，因此立志獨闢一徑，私自纂輯唐以前之總
集。近人林曉筠進而言之，其《全文》體例，以及分析內容：

> 此書以明代梅鼎祚所輯《歷代文紀》和張溥《漢魏六朝一百三家集》
> 為基礎，兼採古今史書、史注、類書、雜記、碑版、金石等，輯從
> 上古三代到隋代之文，依朝代分為十四集，朝代不明者則收入第十
> 五集《先唐文》，計七百四十一卷。書前有黃岡王毓藻及烏程嚴可均
> 的序，序之後有凡例，書後有巴陵方功惠的跋。另附韻編全文姓氏
> 五卷，共計七百四十六卷。〔註8〕

上述引文指出了《全文》一書之梗概，包括了卷數、作家人數，搜書之範圍、
刊刻概況等。再者，有關體例方面，嚴氏雖有〈凡例〉加以詳細說明，可惜
章法交雜，略無秩序；其中以〈嚴可均之輯佚學初探〉一文，介紹〈凡例〉
要項，使讀者能有效地、條理出系統，加以認識《全文》之編纂概念。筆者
根據該文之整理，依次歸納，分作者、篇名著錄、案語三部分來敘述，使《全
文·凡例》能條理清晰。同時，參酌各方之說法，並試著闡發己意，重新釐
定《全文》之梗概，希望能作為研治文獻學者的參考。

〔註6〕 林曉筠：〈嚴可均之輯佚學初探——以《全上古三代秦漢三國六朝文》為中
　　　心〉，《有鳳初鳴年刊》第 2 期（2005 年 7 月），頁 187～198。

〔註7〕 〔清〕嚴可均；陳廷嘉、王桐策等校點：〈總敘〉，《全上古三代秦漢三國六朝
　　　文》，頁 18。

〔註8〕 林曉筠：〈嚴可均之輯佚學初探——以《全上古三代秦漢三國六朝文》為中
　　　心〉，《有鳳初鳴年刊》第 2 期（2005 年 7 月），頁 189。

第一節 作者著錄

　　林曉筠之〈嚴可均之輯佚學初探〉一文，將《全文》作者部分，聚焦在
分代編次、作者考索兩個面向討論。事實上，此文缺乏舉例說明，未能全然
詮釋其外在結構中所呈現之文化意涵。〔註9〕依周彥文的看法，若從體例中未
能見有意義的詮釋，則文獻所隱藏在編輯手法中的深層意義，亦將無法有效
的表達其內涵。顯然，林氏之論文皆未能達此陳述，或者符合余英時先生所
言之「內在理路」觀。其中，作者小傳的筆法，是有待進一步闡述。因此筆
者依客觀條件，加以歸納分析，不僅能確實分析出著錄通則，也反映出《全
文》在史傳上的附加價值。

一、分類編次

　　《全上古三代秦漢三國六朝文・凡例》中說明作者排序，以各個朝代先
後，加以分代編次。其順序如下：

> 曰上古三代，曰秦，曰漢，曰後漢，曰三國，曰晉，曰宋，曰齊，
> 曰梁，曰陳，曰後魏，曰北齊，曰周，曰隋。每代姓名次第，曰帝，
> 曰后，曰宗室諸王，曰國初群雄，曰宦官，曰烈女，曰闕名，曰外
> 國，曰釋氏，曰仙道，曰鬼神。〔註10〕

《全文》之作者排序，先分朝代，依次為《全上古三代文》、《全秦文》、《全
前漢文》、《全後漢文》、《全三國文》、《全晉文》、《全宋文》、《全齊文》、《全
梁文》、《全陳文》、《全北齊文》、《全後周文》、《全後魏文》、《先唐文》。再依
身分排列，帝、后、宗室諸侯、國初群雄、宦官、烈女、闕名、外國、釋氏、
仙道、鬼神，共十項分類。林氏認為分代排序是依據正史之體例通則，尤
以《新五代史》之影響甚深，先分朝代，次依身分。〔註11〕驗證歐陽修所

〔註9〕 周彥文：〈外在結構論〉，《中國文獻學理論》（臺北：臺灣學生書局，2011 年
　　　 12 月），頁 129。「所謂體例，是指文獻在編寫時所採用的各種編輯方式，在
　　　 現代文獻中，往往將之條列出來，稱之為凡例。」；「在文獻學的理論體系中，
　　　 討論體例並不是要介紹文獻體例的編輯型式，而是要探索文獻如何藉由體例
　　　 來呈現意義。」參見余英時：〈清代思想史的一個解釋〉，《論戴震與章學誠》，
　　　 頁 325。「每一個特定的思想傳統本身有一套問題，需要不斷地解決；……而
　　　 且舊問題又衍生新問題，如此流傳不已。中間是有線索條理可尋的。……你
　　　 要專從思想史的內在發展，……。」
〔註10〕〔清〕嚴可均：〈凡例〉，《全上古三代秦漢六朝文》，頁 20。
〔註11〕林曉筠：〈嚴可均之輯佚學初探——以《全上古三代秦漢三國六朝文》為中
　　　 心〉，《有鳳初鳴年刊》，2005 年第 2 期（2005 年 7 月），頁 190。

撰《新五代史》之編目與編纂體例，對應彼此說法，是有些出入。《新五代史》七十四卷，計〈本紀〉十二卷，〈傳〉四十五卷，〈考〉三卷，〈世家〉十卷，〈年譜〉一卷，〈四夷附錄〉三卷，總七十四卷。根據《新校本新五代史并附編二種二》一書，〈本紀〉乃記載帝王之始末外，徐浩在〈新五代史述要〉說：

> 〈列傳〉四十五卷，悉為彙傳，此為《新五代史》所獨創。而為他史所無者。……按「家人傳」之目，為《歐史》所創，將王子后妃合敘為一傳，傳首有序。
>
> 「梁、唐、晉、漢、周臣傳」……觀此序，其意甚明，凡專仕一代者概入之，惟雖仕一代，其中亦賢奸並著。
>
> 「死節傳」……死節之士為難能可貴，例當美之，對王彥章尤褒之不遺餘力。
>
> 「死事傳」一卷，卷止十人。……按別忠義為「死節」、「死事」二目，此《歐史》之創例，他史無傳焉。
>
> 「一行傳」一卷，卷止五人，表彰潔身自好之士，嫉世遠去而不可見。
>
> 「唐六臣傳」一卷
>
> 「義兒傳」一卷，五代之季，養子漸亂宗法，歐陽見之而作此傳，亦為史家創例。……
>
> 「伶官傳」一卷，五代伶官禍亟，歐鑒此作傳，以唐莊宗本為英主，徒好伶人，至身死國滅。
>
> 「宦官傳」一卷
>
> 「雜傳」其歷仕數朝人物概入雜傳，因五代倏更，諸人朝秦暮楚，臣節不堅，難於限斷，故創始例。〔註12〕

據此，〈列傳〉中將后妃、宗室合為一傳；其次，又依生平事蹟、身分加以歸納，將之分屬於不同列傳。「死節」、「死事」、「義兒傳」等事類，為歐陽修所獨創，事實上與《全文》之分次排列與類屬並無多大關聯性。林氏之觀點是取自何處？也沒有多加說明。筆者根據其說法，又參考《全文·凡例》說明，

〔註12〕徐浩撰，楊家駱編：〈新五代史述要〉，《新校本新五代史》（臺北：鼎文書局，1994 年 6 月），頁 2～11。

顯見林氏之說是依據《全唐文》:「是編大例,尊《全唐文》。」〔註13〕從而衍伸。參照《全唐文・凡例》之說明,其分列原則是:

> 《全唐文》序次,首諸帝、次后妃、次宗室諸王、次公主,五代亦依
> 此序次。其十國主附五代後,次臣工,次釋道、次閨秀。悉遵聖祖
> 仁皇帝衡定《全唐詩》體例,至宦官、四裔各文,無可類從。〔註14〕

於此,《全文》增加了烈女、闕名、仙道、鬼神類目。易言之,《全唐文》又是依循康熙朝所編《全唐詩》體例而制定。其餘如宦官、外國四裔等類,則無可類從,自行編制。由是,《全文》之宦官類、外國類目是仿照《全唐文》的定義而編纂。再者,因為朝代更替,尤其南北朝政治混亂,很多朝臣曾出仕數朝,在列朝分代上,必須一併思考該問題,所以《全文》才進一步說明:

> 開刱之君,如魏武造魏、長沙恒王造吳、晉宣文景造晉、齊神武造
> 齊、周文造周,依各史列當代諸帝之首。其諸臣,以始仕之年,分
> 別先後,而子弟孫曾,聯屬其下。其仕前代,又仕後代者,歸後代。
> 如漢臣臣魏,列魏初。魏臣臣晉,列晉初。其累仕數代者,歸最後
> 之代。如陽休之、崔猷、袁聿修歷事後魏、北齊、周、隋,王元規、
> 江總事梁、陳、隋,列隋初。其前代遺老卒于後代者,如譙玄列漢
> 末、陶潛列晉末。舊史無定例,或兩載,今宜畫一。其後代佐命,
> 卒于前代者,歸前代。如周瑜、荀彧、魯肅、關羽、呂蒙,列漢末,
> 劉穆之列晉末,皆以卒年為斷。〔註15〕

上文指出三點,其一,開創之君列諸帝之首;其二,諸臣分列,以始仕之年排序,其子弟、曾孫等,聯屬其下;其三,身跨兩朝以上者,歸在後代,累仕數代者,以登錄在最末之朝為準;前代遺老,卒於後代者,序列在前代。又《全唐文》之分列體例:

> 唐人世次,前後最難分晰。今謹遵《全唐詩》例,以登第之年為主,
> 其未登第,及雖登第而無可考者,以入仕之年為主。處士則以所卒
> 之年為主,若無考,則參稽其同時人往來酬酢,見於詩文集中者,
> 據以定其時代。至五季諸人,身歷數朝,難據登第入仕之年以定世

〔註13〕〔清〕嚴可均:〈凡例〉,《全上古三代秦漢三國六朝文》,頁20。
〔註14〕〔清〕董誥等,周紹良主編:〈凡例〉,《全唐文新編》(長春:吉林文史出版社,2000年12月),頁25。
〔註15〕〔清〕嚴可均:〈凡例〉,《全上古三代秦漢三國六朝文》,頁20。

次，今略依薛史序例，以終事之朝為主。十國諸人，或者唐末，或
遺仕宋初，以其文作於偽朝，因文敘人，概次五季之末，其文之作
於入宋以後者，不錄。〔註16〕

據上述兩文，於作者分屬列序部分，尤見其邏輯性。從五代與十國之紛擾，
朝代快速更替來看，以最後的入仕之年論次，條理分明，值得仿效。可見《全
文》作者之分代列次，歷來學者有很多的論述，且伴有多方之誤解；甚至嚴
氏本人，也有許多疏忽之處。因此筆者擬於這一節做綜合性探討，嘗試分析
其隱微處，作為日後學者之參考。

（一）帝王

《全文·凡例》說明帝王之列序方式，以登基之年為先後，有其合理性；
其次，舉凡身處世代交替，或者是南北朝之分裂局面，嚴氏獨以「依各史列
當代諸帝之首」作為「開創之君」之編次原則。誠三國時之曹操開創魏朝，
長沙恒王建立吳國等等，都列於該朝正史帝王之首。如：

1、《全秦文》之首為始皇帝，其生平《全文》云：

帝姓嬴，亦姓趙，名政，伯翳之後，莊襄王子。年十三即秦王位，
二十六年初并天下，號曰始皇帝。在位三十七年。〔註17〕

按照《史記》記載，秦始皇本是莊襄公之子，本該入為諸王宗室之列，其後
殲滅六國，號稱始皇帝，司馬遷歸為〈本紀第六〉於帝王之列〔註18〕。因將
之歸在《全秦文》之首，符合了「開創之君」守則。

2、《全漢文》之首為高帝劉邦。《全文》記載：

帝姓劉氏，諱邦，字季，沛豐邑中陽里人。初為泗上亭長，秦二世
元年起兵，沛公。明年，楚懷王以為碭郡長，封武安侯。以子嬰元
年入關，項羽立為漢王，都南鄭。以漢五年破項羽，即皇帝位，都
長安，在位十二年。諡曰高皇帝，廟號太祖，亦曰高祖。有傳十三
篇。〔註19〕

劉邦既是一地之平民，《史記》形容他好色與酒：

仁而愛人，喜施。意豁如也。常有大度，不事家人生產作業。及其

〔註16〕〔清〕董誥等，周紹良主編：〈凡例〉，《全唐文新編》，頁27。
〔註17〕〔清〕嚴可均：《全秦文·始皇帝》，卷1，冊1，頁225。
〔註18〕瀧川龜太郎：〈本紀帝六〉，《史記會注考證》（臺北：洪氏出版社，1986 年 9
月），卷6，頁111。
〔註19〕〔清〕嚴可均：《全漢文·高帝》，卷1，冊1，頁245。

壯，試為吏，為泗水亭長。廷中吏，無所不狎侮。好酒及色，常從
王媼、武負貰酒。〔註20〕

心胸寬大有度量，性情豁達，可惜不事生產，品德操守不足為人道。因為開
創漢朝之君，嚴氏將其歸在「開創之君」之屬，列位於《全漢文》之首。

3、南北各朝之首為「開創之君」，唐代末年五代十國政局紛亂，不到幾
年間就改朝換代。《全唐文‧凡例》說明類似狀況：

五季歷年僅五十四載，朱梁代立，唐社雖屋，而岐王李茂貞、晉王
李克用、吳王楊渥尚稱天祐。至後唐莊宗同光二年李茂貞卒，天祐
之紀年始絕。然南唐之興，猶立唐宗廟，自附於建王之後。至周世
宗顯德五年，始改奉周正朔，其時建隆僅兩年。〔註21〕

唐末之五代十國僅歷五十四年，朝代更迭梁、唐、晉、漢、周五朝，甚至僅
立朝五年。南唐興起於唐末，仍奉唐朝，又顯德五年改奉周朝正朔。反觀，
五代十國之諸臣議題，《全唐文》獨未對此有所安排，甚至未能交代清楚。《全
文》以「開創之君」列為各朝之首，實為帝王分代列序上之創舉。例如《全
齊文‧高帝》

帝從蕭，諱道成，字紹伯，小名斗將，南蘭陵武進人。元嘉末，為
左軍中兵參軍，襲父承之爵晉興縣男。孝武即位，歷大司馬參軍，太
宰員外，直閤中書舍人，撫軍參軍，建康令，……升明三年三月，
進相國、總百揆，封齊公，加九錫。四月，進爵為王；受禪，改元
建元。在位四年。諡曰高皇帝，廟號太祖。〔註22〕

蕭道成，本為宋代朝臣，歷官左軍中兵參軍、大司馬參軍、太宰員外、太傅、
領揚州牧等，最後篡位，改國號為齊，改元為建元，立四年卒。從南齊一朝
之興滅歷史來看，蕭道成該是開國之君，所以列為南齊帝王之首。《全唐文》
雖把五代十國列序在唐末，唯獨對帝之屬，未能作一個明確之歸屬，甚至後
來新編之《全唐文》也未能釐清。以是《全文》分代列序以「開創之君」居
首，可說是獨創。

4、《全上古代》之首為三皇五帝，林曉筠論及《全文》的缺失，有「時
代作者」之問題：「如歸在炎帝名下之〈神龍之教〉等篇，實戰國時期農家之

〔註20〕瀧川龜太郎：〈本紀帝八〉，《史記會注考證》，卷8，頁160～161。
〔註21〕〔清〕董誥等著，周紹良主編：〈凡例〉，《全唐文新編》，頁28。
〔註22〕〔清〕嚴可均：《全齊文‧高帝》，卷1，冊3。

言。」〔註23〕，另外，在趙逵夫〈論嚴可均《全上古三代文》之失與《全先秦文》的編輯體例〉一文中，也提到：

> 如歸在炎帝名下的《神龍之禁》、《神農之教》、《神農書》、《神農占》，實皆戰國時農家言……傳說中的「神農時」只是代表一個時代，究竟有無「神農」這個人還是問題。〔註24〕

又：

> 該書黃帝名下所錄很多文字，亦是戰國中期兵家言和黃老言……夏商以後各部分，此類錯誤也有一些。〔註25〕

林氏與趙氏之想法一致，上古三皇五帝時代之作品，很多皆被後人證實為六國時期，甚至是漢代假托偽造之作；嚴氏卻把它歸列在《全上古》一書，顯然是犯了作品與時代不符之缺失。殊不知，《全文》之編纂緣起，是奠基在梅鼎祚《文紀》基礎上，補佚增添。收錄的範圍是從上古，下逮至六朝、陳隋以前文。第一集《皇霸文紀》，上起古初，下迄秦；有關三皇五帝之分代歸屬之議題，在《四庫全書總目·隋文紀》已做了說明：

> 《皇霸文紀》十三卷，梅鼎祚編。鼎祚輯陳隋以前之文，編為《文紀》，以配馮惟訥《詩紀》，此編上起古初，下迄於秦，故曰《皇霸文紀》，乃其書之第一集也。洪荒以降，書契莫詳，事尚無徵，況其文字。傳於後者，非漢代緯書之依託，即戰國諸子之寓言，一棃袞存，遂不免一真百偽。至《集古錄》、《博古圖》、《考古圖》所列諸銘名姓時代，半屬臆求，點畫偏旁，多緣附會。劉、楊異釋，薛、鄭殊音，而確定為某商某周，編之簡牘，實為失於闕疑。甚至〈簸磬銘〉六十三字，惟錄篆文，尤乖體例。他如《穆天子傳》、《詩序》之類，本各自為書，亦登文集，則錄所不當錄。屈原《楚詞》惟載三篇，則刪所不當刪。何致之偽峋嶁碑、楊慎之偽石鼓文，益出近代，漫無考證。大橫庚庚之兆，且以漢文誤入之。皆輯錄之疏，不可據為典要。然網羅繁富，周、秦以前之作莫備於斯。蕪雜之中，

〔註23〕 林曉筠：〈嚴可均之輯佚學初探——以《全上古三代秦漢三國六朝文》為中心〉，《有鳳初鳴》2005年第2期（2005年7月），頁192。

〔註24〕 趙逵夫：〈論嚴可均《全上古三代文》之失與《全先秦文》的編輯體例〉，《西北大學學報》第41卷第5期（2004年9月），頁1～2。

〔註25〕 趙逵夫：〈論嚴可均《全上古三代文》之失與《全先秦文》的編輯體例〉，《西北大學學報》第41卷第5期（2004年9月），頁2。

菁英不乏，陸機所謂雖榛楛之勿翦，亦蒙茸於集翠者也。故病其濫
而終取其博焉。〔註26〕

《四庫總目》認為上古洪荒之下，沒有文字或者事物可徵信；現今僅見到之
文獻資料不是漢代所依托，就是戰國時期之神話寓言。從資料之年限，以及
林氏等人研究，觀點是不謀而合了。《皇霸文紀》存在之諸多問題，例如「一
真百偽」，甚至所錄不當，輯錄疏漏、作品之錯置等等；《四庫全書》為何將
其采輯收錄呢？無非是基於兩點，一是「周、秦以前之作，莫備於斯。蕪雜
中，菁英不乏」；二是「故病其濫而終取其博焉」，符應《四庫全書》最大之
宗旨，主在求其「博」。相對地，《全文》之終極目標仍以「全」為本位。從
資料性之角度來看，雖帶有濫收之意謂，然仍有其價值。

（二）后妃

《全文》收錄之作者，以后妃列次於帝王之下，其中《全上古三代文》
僅收錄一人，為秦宣太后。其生平記載：

> 后姓羋，號羋八子。楚人，秦相穰侯魏冉之異父妹。為惠文王妃，
> 生昭襄王。王即位，尊為太后。臨朝四十一年，為范雎所廢。其明
> 年薨，諡曰宣。嚴案：「《全文‧總例》母后在諸臣前，故不入列女
> 類。」〔註27〕

秦宣太后為秦惠文王之嬪妃，生昭襄王，被尊為太后。在朝四十一年，後被
范雎所廢。按《全文‧凡例》通則，凡后妃皆列於帝王之下，何以將之置於
秦昭襄王之後呢？或將其列入列女類裡呢？《史記》並未有為后妃立傳之目，
只將呂后列在「本紀」類；《漢書》具載后妃事蹟，歸類在「外戚傳」，並增
額「元后傳」一篇。兩者之間，均以歷史定位為衡量標準。班固認為當時成
帝貪圖享樂，朝政由外戚掌管，導致外戚作亂，自取敗亡。對此正規筆法，
均將置位在帝王以下，或者是統入於「列傳」目類之「外戚傳」鐘。因此嚴
氏以尊重史跡為由，不加改動。

（三）諸王宗室

雖然在《全文》或者《全唐文》裡，沒有特別說明「諸王宗室」之定義；
由於漢朝以後，不復行周代封建制度，雖然公侯貴族仍因襲割地世守，但已

〔註26〕〔清〕永瑢等：《四庫全書總目‧集部》（北京：中華書局出版，1965年），卷
　　　　189，冊下，頁1719。
〔註27〕〔清〕嚴可均：《全上古三代王‧秦宣太后》，卷11，冊1，頁146。

不能獨當一面，自成一國。若從《史記·太史公自序》之〈諸侯年表第二〉、〈侯者年表第八〉、〈王子侯年表第九〉三種定義列序，並與〈世家〉目類相互參照，則諸王宗室之列序定則，顯而可見：

> 幽、厲之後，周室衰微，諸侯專政，春秋有所不紀，而譜牒經略，五霸更盛衰。欲睹周世相先後之意，作〈十二諸侯年表〉第二。

又：

> 漢興已來，至於太初百年，諸侯廢立分削，譜紀不明。有司靡踵，彊弱之原云以世。作〈漢興已來諸侯年表〉第五。

> 維高祖元功，輔臣股肱，剖符而爵，澤流苗裔，忘其昭穆，或殺身殞國。作〈高祖功臣侯者年表〉第六。

> 惠、景之閒，維申功臣，宗屬爵邑。作〈惠景閒侯者年表〉第七。

> 北討彊胡，南誅勁越，征伐夷蠻，武功爰列，作〈建元已來侯者年表〉第八。

> 諸侯既彊，七國為從。子弟眾多，無爵封邑。推恩行義，其埶銷弱，德歸京師，作〈王子侯者年表〉第九。〔註28〕

據《史記·年表》指出，諸王宗室可分為諸侯、功臣侯、諸侯從子等三類。其中諸侯類可分為先秦之諸侯。漢代的建國功臣，以及漢初宗室、武帝以後宗室、推恩宗室等。《全文》之排列架構雖沒有如此細究，但從行文資料裡，我們則易歸納出「諸王宗室」之體系，對此嚴氏以後代子孫「聯屬其下」來進一步說明。

1、周朝之諸侯，歸屬為《全上古三代文》，從〈周文王〉的「開創之君」發端。由於周代諸侯列為《全上古文三代》之第一層級，有〈魯〉、〈晉〉、〈吳〉、〈齊〉等；在各諸侯之下又列序「王」、「侯」類第二層級，例如「王子朝」：

> 子朝，景王庶長子，與王子猛爭國。子猛卒而敬王即位，是為東王；尹氏立子朝，是為西王，立五年而敗，奔楚。〔註29〕

又「敬王」：

> 王諱（丐）（匄），景王子，在位四十三年，或云四十二年，諡曰

〔註28〕〔日〕瀧川龜太郎：〈太史公自序〉，《史記會注考證》，卷130，頁1373。
〔註29〕〔清〕嚴可均：《全上古三代文·王子朝》，卷2，冊1，頁32。

敬王。〔註30〕

周室最後之君王為景王，周景王之下有王子朝、敬王等宗子，符合了帝王之下，聯系諸侯宗室。可見周室之下各有繫聯，例如〈魯周公〉：

> 公名旦，文王子，食采于太王所居之周邑，因號周公。武王克商，封魯侯，不就國。成王嗣位，以太傅家宰攝行天子事。遇譖東征，三年迎歸，薨，諡曰文公。元子魯公，先就國，傳三十四世。次子留相王室，世世號周公。餘子受封有凡、蔣、邢、茅、胙、祭六國。〔註31〕

魯周公是周文王之子，武王克殷之後，封為魯侯。因輔佐成王有功，再加上食采均在周邑境內，所以稱為周公。其後，子孫受封在凡、蔣、邢等地。因屬周室子孫，歸在宗室類，《全文》將其收入《全上古三代文》內，列於周王之下。符合了《史記·世家》與《史記·年表》之編纂原則。〈十表〉即是依照年代之先後編次，〈世家〉則依六國時的諸侯為主體，依循立國之先後加以排序。劉邦建國以後，舉凡貴族宗室、功臣皆視為同一階級，由此可說是井然有條。〔註32〕

2、所謂之功臣侯，即是漢室諸侯王，以及異姓諸侯王。司馬遷認為各宗室割地分封，但「諸侯的廢立分削，譜紀不明」。《史記》列次通則，是不管同姓或者異姓，以年為經。例如《全漢文》除收錄宗室之外，還有功臣侯、王子侯等。韓信列在各宗室諸侯王之下，類屬於異姓功臣侯裡。嚴氏記載其生平：

> 信，淮陰人，仕項為郎中。亡歸漢，為連敖，遷治粟都尉，拜大將軍。漢四年立為齊王，五年更立為楚王，六年為高帝所執，封淮陰侯。十一月謀反，夷三族，有《兵法》三篇。〔註33〕

據悉，韓信在孔鮒氏族繫聯以下，本為項羽之麾下，後歸附漢朝，受封為淮陰侯，因謀反而被誅殺。所在目次層級上，概屬於功臣侯，安排居蕭何之上；依《全文·凡例》之說法，卒年在蕭何之前。

3、王子侯之目次，安排在諸侯王之後：所謂王子侯：「子弟眾多，無爵封邑，推恩行義，其勢銷弱，德歸京師。」即是諸侯體系下之子孫，基本上

〔註30〕〔清〕嚴可均：《全上古三代文·景王》，卷2，冊1，頁32。
〔註31〕〔清〕嚴可均：《全上古三代文·魯周公》，卷3，冊1，頁37。
〔註32〕周虎林：《司馬遷與其史學》（臺北：文史哲出版社，1987年7月），頁97。
〔註33〕〔清〕嚴可均：《全漢文·韓信》，卷14，冊1，頁392。

沒有官位、也沒有功名，僅有封地，這是漢初草創時期，安撫各地宗室子弟所施行之推恩政策。大封宗室子弟凡無爵位之推恩措施，例如：《全漢文・劉舍》，列居於項王之下：

> 舍，項王枝屬，賜姓劉。文帝十年，嗣父襄爵為桃侯。景帝時為太
> 僕，遷御史大夫，中三年，代周亞夫為丞相。後元年卒，諡曰懿侯，
> 一云哀侯。〔註34〕

劉舍本是項羽之世族，漢高祖為了執行懷柔政策，賜姓劉，又繼承父親之爵位。隸屬於諸侯從子之列，並因才能與德行，最後召入為丞相。尤其在南北朝時，改朝換代迅速，仍持守懷柔政策，大賜封地給各皇帝之從子。例如《全齊文・蕭緬》：

> 緬字景業，高帝從子。封安陸侯，為吳郡太守。永明中，歷雍州刺
> 史。卒，贈王。〔註35〕

蕭緬是齊高帝之從子，南齊建立以後，受封為安陸侯，官至吳郡太守與雍州刺史。所以收錄作品列在南齊之諸侯王以下。

（四）諸臣

戰國之後，諸侯競開「養士」風潮，後來更重用客卿「九合諸侯，一匡天下」〔註36〕；士既為天下所重，各國無不重金禮聘各方人才，於此呈現「士無定主」的現象，導致宗法制度崩解，周代之階級概念，無法受到制約。士人行事作為是有利則往，利絕則去。地方官吏之遷除，不只侷限於戰功，還必須以行政能力來鑑定，即所謂的積功。〔註37〕在這種以功績為導向之價值觀下，每一位諸侯取才標準，在某種程度上，一反常態，著重在才能與品格；例如漢代選用官吏的方式有「徵辟」與「察舉」二種，另外即是實行考試。

對此，於朝臣目次之排列，嚴氏有別於《全唐文》體例。〈凡例〉言：「其諸臣，以始仕之年，分別先後，而子弟孫曾，聯屬其下。其仕前代，又仕後代者，歸後代。」〔註38〕諸臣部分，以入仕之年為先後，若卒於後朝則歸列於該朝，包括宦官在內。反之，《全唐文》則以入仕之年為骨幹，若其身分為

〔註34〕〔清〕嚴可均：《全漢文・劉舍》，卷13，冊1，頁377。
〔註35〕〔清〕嚴可均：《全齊文・蕭緬》，卷8，冊6，頁695。
〔註36〕〔日〕瀧川龜太郎：〈管晏列傳第二〉，《史記會注考證》，卷62，頁850。
〔註37〕胡世慶編著：〈政治篇〉，《中國文化通史》（臺北：三民書局，2009年9月，增二版），頁302。
〔註38〕〔清〕嚴可均：〈凡例〉，《全上古三代秦漢三國六朝文》，冊1，頁20。

文人處士，則以卒年為限。兩者差別著眼於入仕或不入仕。《全文》則自闢途徑，舉凡後代子孫則聯屬在下面，不論生卒年。即是以先祖列朝為首，後代子孫則聯繫其下，不論其卒年先後。畢竟《全唐文》僅收錄一代範圍，《全文》為通代之總集，中間並歷經南北朝分裂，混亂之程度甚於五代十國。因此筆者從〈凡例〉敘述中，條理歸納出《全文》朝臣歸屬可分為四類，一是諸臣入仕之年之排序方式；二是生於前朝卒於後代之排序概念；三是子孫後代的列次；四是前代遺老等。茲說明如下：

　　1、以始仕先後之年為次：漢以來選用官吏制度，除採用「徵辟」、「察舉」由地方薦舉方式之外，還利用科考來拔擢人才。歷經魏晉南北朝，施行九品中正措施，致使《全文》在編輯目次時，勢必做些調整，不能全然襲用《全唐文》之編輯條例。除以登第之年為先後目次不變外，再以仕宦之年為參酌要點。因之，若以登第之年為準則，在當時是不易考查作者確切之生平。《全文》針對地方吏官的事蹟，依循《全唐文》編輯慣例外，亦考量該時代之繫聯性。文人士族大抵貫穿兩代或者三朝，所以目次之位次，以「始仕之年」為通例，似乎較能符應朝代更替頻繁之背景。例如《全上古三代文》的孔悝：

　　　　悝，莊叔之後，文子圉之子。事出公輒為卿，後逐輒，立莊公。尋
　　　　為莊公所逐，奔宋。〔註39〕

孔悝為衛莊叔之後代，文子圉的兒子，公輒始任悝為卿，後又廢之，並幫助衛莊公篡位。其後，反被莊公驅逐，續而投奔宋國。孔悝本出仕為衛國公卿，之後終於宋國，始仕之年在衛，所以將其列入在寧俞之下。例如西漢周勃：

　　　　勃，沛人。高帝起沛，以為中涓，賜爵五大夫，楚懷王拜為襄賁令。
　　　　及入關，賜爵威武侯，尋拜將軍，封絳侯，遷太尉，進相國，歷惠
　　　　帝至高后時為太尉。文帝即位，以為右丞相，後謝歸。及陳平卒，
　　　　復為丞相，免就國，卒。諡武侯。〔註40〕

周勃歷經秦末沛縣之中涓、楚懷王之襄賁令，西漢初年賜為威武侯，卒於文帝之時。《全文》將其列入陳平之後，符合了「其諸臣，以始仕之年」之通則。另外《全北齊文·范陽王紹義》：

　　　　紹義，文宣第三子。初封廣陽王，後封范陽，歷侍中、清都尹。後

〔註39〕〔清〕嚴可均：《全上古三代·孔悝》，卷3，冊1，頁48。
〔註40〕〔清〕嚴可均：《全漢文·周勃》，卷14，冊1，頁395。

> 主奔鄴，以為尚書令、定州刺史。兵敗奔突厥，即皇帝位，稱武平
> 元年。周人購而執之，流死蜀中。〔註41〕

范陽王紹義，北齊文宣帝第三子，曾任侍中、清都尹等。北齊後主逃奔至鄴城，任其尚書令等官。最後為後周所敗，逃到突厥，自稱武平王，終致流放（卒於蜀中。《全文》將〈在蜀遺封妃書〉一篇，列入在《全北齊文》裡，與外國突厥類之列次相違。蓋是依據始仕之年為排序原則。

　　2、仕前後代以後來朝代為次：建安十五年，曹操連續發布三個求才令，宗旨是「唯才是舉」。明確地說，只要是「高才異質」、「有治國用兵之術」，便加以延攬，遑論是否為「不仁不孝」之徒。〔註42〕自此，招聘人才端賴國家所需而認定，個人本位意識逐漸凸顯，導致魏晉、南北朝時代，儒家之三綱五紀逐漸衰微，世人所認定之君君、臣臣等五倫關係，不再作為衡量一個人之標準。因此，一人歷仕兩朝或三朝，比比皆是。以之，嚴氏何以設此條例，灼然可知。例如《全後周文‧庾信》：

> 信字子山，南陽新野人，梁中書令肩吾子。為湘東國常侍，轉安南
> 府參軍。累遷尚書度支郎中、通直正員郎。出為郢州別駕，還為東
> 宮學士。領建康令，臺城陷，奔于江陵。元帝承制，除御史中丞。
> 及即位，轉右衛將軍，封武康縣侯，加散騎常侍。聘魏，留不遣。
> 江陵陷，仕魏，為使持節，撫軍將軍、右金紫光祿大夫、大都督，
> 進車騎大將軍、儀同三司。周受禪，封臨清縣除司水下大夫。出為
> 弘農郡守，遷驃騎大將軍、開府儀同三司、司憲中大夫。進爵義城
> 縣侯。拜洛州刺史，征為司宗中大夫。大象初以疾去職。隋開皇初
> 卒。有集二十一卷。〔註43〕

庾信生於梁朝，歷任湘東國常侍、安南府參軍等；之後梁朝敗退，遷徙北魏，擔任使節、右金子光祿大夫等；北周建立，又出仕弘農郡守、驃騎大將軍、開府儀同三司、司憲中大夫等，直到隋朝開皇初年而卒。從其生平事蹟可知，庾信共出仕三朝，梁、北魏、北周，最後卒於隋文帝。嚴氏依照其通例，將其列入《全後周文》，以最後出仕之年為斷。

　　3、後代子孫聯屬其下：《全文》輯錄諸臣作品時，針對該臣之後代子孫

〔註41〕〔清〕嚴可均：《全北齊‧范陽王紹義》，卷2，冊9，頁25。
〔註42〕〔晉〕陳壽撰；陳乃乾校點：《三國志‧武帝紀》（北京：中華書局，2011年10月），卷1，冊1，頁32～55。
〔註43〕〔清〕嚴可均：《全後周文‧庾信》，卷8，冊9，頁181。

文也連併考量。依其時代以及輩分關係，層層列序。這種子孫聯繫於下的體例，不僅從中檢視其家學淵源外，並可繫之整個家族體系，貫串生平事蹟，不易錯亂。例如嚴氏收錄孔鮒之文，聯屬其下子孫有孔臧、孔安國。其列次如下：

> 鮒一名甲，字子魚，魯人。一字甲，或稱孔甲，或謂之子鮒，孔子八世孫。涉起兵，以陳餘薦，為博士太師。涉敗，俱死陳下。〔註44〕

孔鮒為孔子後代，當歸為諸侯之屬，因出仕在秦末陳涉起事時，所以列次在諸臣類下。後代子孫有〔漢〕孔臧：

> 臧，鮒從曾孫，文帝九年嗣父聚爵蓼侯，元朔二年拜太常，五年坐事免。〔註45〕

孔臧為孔鮒從曾孫，文帝九年繼承父爵，可惜在元朔五年因受牽連而被罷免。其弟孔安國聯屬其下：

> 安國字子國，臧從弟，武帝時為諫議大夫，遷侍中博士，出為臨淮太守。〔註46〕

孔安國是孔臧之從弟，在武帝時官至臨淮太守；接著是孔安國之孫孔衍，「衍，安國孫，成帝時為博士」。〔註47〕又孔安國之從曾孫孔光：

> 光字子夏，安國從曾孫。元帝時為議郎，舉方正，除諫大夫，左遷虹長，自免歸。成帝即位，徵拜博士，以高第為尚書，轉僕射，遷尚書令、諸吏光祿大夫，領尚書事。永始中為光祿勳，遷御史大夫。綏和初，左遷廷尉，進左將軍，代翟方進為丞相，封博山侯，建平中免。元壽初，徵拜光祿大夫給事中，進御史大夫，代王嘉為丞相，定三公官，更為大司徒。平帝即位，徙太傅，又徙太師，歸老。元始五年卒，年七十，諡曰簡烈侯。〔註48〕

孔光是孔安國從曾孫，歷經成帝、元帝、平帝三朝，最後以太師歸老而卒。對此，從孔鮒開始之子孫繫聯，有孔臧、孔光（前65～5）、孔安國、孔衍（268～320），不僅是條理分明，並且世系清楚，井然有序。於後代子孫之繫聯部分，《全唐文》或者《全唐詩》皆未能有如此層次分明，實是創始於《全文》。

〔註44〕〔清〕嚴可均：《全漢文·孔鮒》，卷13，冊1，頁379。
〔註45〕〔清〕嚴可均：《全漢文·孔臧》，卷13，冊1，頁379。
〔註46〕〔清〕嚴可均：《全漢文·孔安國》，卷13，冊1，頁383。
〔註47〕〔清〕嚴可均：《全漢文·孔衍》，卷13，冊1，頁386。
〔註48〕〔清〕嚴可均：《全漢文·孔光》，卷13，冊1，頁387。

4、前代遺老，或佐命後代，將其列次於前代：自古以來，歷代史書並未有這種列序方式，例如前代遺老，卒於後朝者，則將之列於前代，如陶潛列在晉末。或者是出仕在後代，如關羽（160～219）、周瑜（175～210）等人，當時後漢仍未全然改朝，所以將之列於漢末，有別於一般史書之記載。又如揚雄（前 53～18），則列在《全漢文》，此人出仕於西漢與王莽之新朝；若以後仕之年為列次之原則，應歸為王莽新朝。以下是〔漢〕揚雄的小傳：

> 雄，字子雲，蜀郡成都人。陽朔中，大司馬王音召為門下吏，薦待詔，除給事黃門郎，歷成、哀、平三世不徙官。王莽篡位，轉大中大夫。天鳳五年卒，七十一。〔註49〕

揚雄歷經成帝、哀帝、平帝三朝，官至給事黃門郎；王莽篡位後，又出任大中大夫，天鳳五年卒，年七十一歲。《漢書》將之歸為西漢，《全文》依循該制列屬於西漢末年，符合前代遺老列位之體例，所以將之收編入《全漢文》之末。

（五）宦官

《史記·倭臣傳》：「『力田不如逢年，善仕不如遇合。』故無虛言。非獨女以色媚，而士宦亦有之。」〔註50〕這段話之原意是說努力種田不如碰上好年景，做官不如遇上投緣之君主；不僅是女人靠姿色得寵，官宦等亦同。朝廷上除了寵臣外，宦官本身屬於倭臣屬類。《漢書·敘傳》對倭臣的評論是「彼何斯人，竊此富貴！營損高明，作戒後世」。〔註51〕這些是損害賢明朝臣、竊取富貴的人。《後漢書·宦者列傳》：「贊曰：『任失無小，過用則違。況乃巷職，遠參天機。舞文巧態，作惠作威。凶家害國，夫豈異歸』」。〔註52〕宦官之作威作福，足以害國殃民，等同於權臣之害。宦宮一職本為服役之奴僕，地位卑賤；在皇帝內部權力的鬥爭中，由於處境特殊，文化素質並不是很高，但是其影響力遠比后妃之干政、外戚之擅權、權臣之虎視，更為廣泛與深遠。雖然有些宦官在社會文化有些許的貢獻，例如蔡倫之造紙人人皆知。總體而

〔註49〕〔清〕嚴可均：《全漢文·揚雄》，卷51，冊1，頁718。

〔註50〕〔日〕瀧川龜太郎〈倭幸列傳第六十五〉，《史記會注考證》，卷125。

〔註51〕〔漢〕班固：《漢書·敘傳》（北京：中華書局，1962年6月），卷100，冊12，頁4267。

〔註52〕〔劉宋〕范曄：《後漢書·宦者列傳第六十八》（北京：中華書局，2000年5月），卷78，冊9，頁2539。

言，其阻礙、破壞之作用，還是遠較佞臣為大。〔註 53〕目前《全文》收錄之佚文裡包含宦官類，有《全秦文》1 人、《全漢文》1 人、《全後漢文》6 人、《全後魏文》1 人、《全隋文》1 人，列位在朝臣士人之下。幾乎每位宦官皆身居當朝的要官，甚至封爵，可見其政治之影響力。有些宦官不載於各個史傳，符合《全文》編輯原則只收輯佚史之論贊，見存於紀傳類則不予收錄。以下是〈凡例〉說明：

> 《史記》、兩《漢書》、《宋》、《齊》、《後魏》，及《漢紀》、《後漢紀》、《華陽國治》之論贊，全本見存不錄，錄史序史評。錄佚史之論贊，而佚史之紀傳不錄，方志不錄，子書見存者不錄，錄佚文及佚子書。〔註 54〕

若從身份地位的角度觀察，宦官類的排序，確實存著史家的筆法。例如《史記》歸類在佞臣；《後漢書》開始記載「宦官列傳」。趙高生平事蹟具載於《史記·李斯列傳》，《全文·先秦》宦官類收錄唯一人，篇名為〈詐為始皇書賜公子扶蘇〉，摘自《史記·李斯列傳》。嚴氏未注明小傳資料取自哪裡？應是從《史記》收編納入。不見於史傳與不具載於論贊，所以用此標準來衡量、將之收編在宦官類。再者，《全文》收錄宦官屬類共 10 人，只有 1 人王義為忠貞節義之士，可見歷代宦官禍國殃民之程度，是不亞於一般寵臣的。《全隋文·宦官》記載：

> 義，道州人。大業四年，以矮民充貢自宮，得出入內寢。帝幸江都，
> 天下多叛，上書極言，自刎死。〔註 55〕

王義為隋煬帝時，居於下層奴隸之位階，所以自願入宮。當隋煬帝巡行江都時，天下大亂，王義極力上書諫言，後自刎而死。

（六）列女

根據《後漢書·列女傳》編列原則，乃是依照《詩》、《書》所記載，須具有才能賢德兼備之女輩。之外，並包括秀外慧中如蔡琰等人。以下是《後漢書·列女傳》對女德的說法：

> 《詩》、《書》之言女德尚矣。若夫賢妃助國君之政，哲婦隆家人之
> 道，高士弘清淳之風，貞女亮明白之節，則其徵美未殊也，而世典

〔註 53〕杜婉言：《中國宦官史》（臺北：文津出版社，2096 年 6 月），頁 265～284。
〔註 54〕〔清〕嚴可均：〈凡例〉，《全上古三代秦漢三國六朝文》，頁 20。
〔註 55〕〔清〕嚴可均：《全隋文·王義》，卷 28，冊 9，頁 615。

咸漏焉。故自中興以後，綜其成事，述為列女篇。……〔註56〕

據此，古人對於列女事蹟之收錄標準，蓋括節操、文采、以及曾輔佐國家政事之后妃。除了這些曾被載記於后妃傳中之外，餘皆依其品德節操收錄在「列女之屬」。《全唐文》把公主 1 人與閨秀 6 人分為兩類收錄，具體事蹟並無細加說明。綜觀《全文》列女目類，也包含公主條目。若從史傳之收錄原來觀察，《全文》作者之排序列次，是比《全唐文》較之細緻，同時更切合正史撰寫的標準。例如《全隋文‧列女》收錄有蘭陵公主、譙國夫人洗氏二人，其事蹟如下：

> 公主字阿五，文帝第五女。初嫁儀同王奉孝，卒，適柳述。煬帝即
> 位，述徙嶺表，誓不改嫁，憂憤而卒〔註57〕

公主為隋文帝第五女，先嫁給王奉孝，後又改嫁柳述。柳述因罪遷徙，公主以死自誓不離絕，最後憂憤而亡，此為守節之烈女。又譙國夫人洗氏：

> 夫人高凉人。梁大同初，適高凉太守馮寶。陳永定中，冊為中郎將
> 石龍太夫人。隋開皇中，冊為宋康郡夫人，進譙國夫人，開府，置
> 長史以下官屬。仁壽初卒，諡曰誠敬夫人。〔註58〕

譙國夫人洗氏為高梁人，世代為南越首領，部落十餘萬家，夫人少時則表現出賢德與行軍作戰之長才。陳朝永定時，冊封為石龍太夫人，隋朝文帝時則進封為譙國夫人，死後諡號為誠敬夫人，表揚其忠貞愛國精神。兩人在《北史‧列女傳》中都有詳細記載，一位為堅貞守節之婦，後一位則具備忠貞助君輔政之才。在歷史上沒有任何史評或論贊〔註59〕，所以按照嚴可均撰寫小傳之標準，收錄在隋代烈女類。

（七）闕名

《全文‧凡例》有一條說明撰寫作者爵里時，有些不見諸於史傳，不知其背景，甚至不知處於哪個帝王之下？所以將之編列在每代之末。至於不知作者只知屬於朝代之時，雖然沒有明說編輯原則與體例，在目次上皆統一列在「闕名」一條目上。其中分為兩類，一是篇文作者不可考則以「闕名」類

〔註56〕〔宋〕范曄：《後漢書‧列女列傳》（北京：中華書局，2000 年 5 月），卷 114，冊 10，頁 2781。

〔註57〕〔清〕嚴可均：《全隋文‧蘭陵公主》，卷 28，冊 9，頁 616。

〔註58〕〔清〕嚴可均：《全隋文‧譙國夫人洗氏》，卷 28，冊 9，頁 616～618。

〔註59〕〔唐〕李延壽：《北史‧烈女列傳》（北京：中華書局，1974 年 10 月），卷 91，冊 8，頁 3002～3008。

歸之，二是釋氏類之「闕名」。

（八）外國

所謂「外國」之屬，即是定義為當代少數民族。自《舊五代史》就開始設立「外國列傳」目次，以中原紀年為綱，敘述周邊的十二個少數民族。〔註60〕據《北史》中記載高麗、百濟、倭、蠻、氐、西域等，都是當時邊疆地區之民族。嚴氏在《全文》收錄的外國類篇文中，始自《全漢文》。其民族可分為南越、東越、匈奴等；《全後漢文》則有南匈奴；《全宋文》有吐谷渾、北涼、百濟、倭國、訶羅陁國、呵羅單國、獅子國、闍婆婆達國、天竺迦毗黎國；《全齊文》有百濟、扶南；《全梁文》有盤盤國、丹丹國、甘陁利國、郎牙脩國、婆利國、中天竺國；《全後魏文》有蠕蠕、吐谷渾、車師國、波斯國、于闐國；《全北齊文》有高麗國；《全隋文》收有倭國、高昌、突厥。《宋史·外國列傳》則進一步說明：「昔唐承隋後，隋承周、齊，上溯元魏，故西北之疆有漢、晉正朔所不逮者，然亦不過使介之相通、貢聘之時至而已。」〔註61〕顯見，自劉宋時與少數民族的接觸才逐漸頻繁。此外，當時這些少數民族，不全然隸屬中原版圖與政治體系，只是每年定期朝貢、交遊往來而已。依據歷代史書記載得知，所交往的範圍，涵蓋區域有東北亞、中亞、南亞地區。《全唐詩》未收錄當代少數民族寫的詩，《全唐文》則有少數幾篇，而將之列入在末端。顯然，清代初期缺乏對少數民族之關注，可能是受到當時的政治思想所牽制吧！

（九）釋氏

《全唐文》對於釋、道兩類佚文並無分類，將之列在「闕名」以下。收錄的原則是「釋道兩藏，亦概蒐緝。其經帙有分章系序者，為取總序。至章、咒、偈、頌，及體類文而自成一書者，不備載」。〔註62〕釋道沒有分類，若經帙有分章序者，則僅收錄總序，舉凡咒、偈、頌等有結集成書者，則一律不予載錄。釋道不分，自古皆然，例如《晉書》有「藝術列傳」，《魏書》有「釋老志」。其對釋氏的源流和流傳中國之情形有很詳細說明：

〔註60〕許嘉路主編：《舊五代史全譯·出版說明》（上海：漢語大詞典出版社，2004年1月），頁3。

〔註61〕〔元〕脫脫等：《宋史·外國列傳》（北京：中華書局，1974年10月），卷485，冊16，頁13981。

〔註62〕〔清〕董誥等著，周紹良主編：〈凡例〉，《全唐文新編》，頁15。

案漢武元狩中，遣霍去病討匈奴，至皋蘭，過居延，斬首大獲。昆邪王殺休屠王，將其眾五萬來降。獲其金人，帝以為大神，列於甘泉宮。金人率長丈餘，不祭祀，但燒香禮拜而已。此則佛道流通之漸。

及開西域，遣張騫使大夏還，傳其旁有身毒國，一名天竺，始聞有浮屠之教。……〔註63〕

據歷代書目著載裡，包括劉歆《七略》、班固〈藝文志〉都沒有著錄佛教典籍。漢武帝時派霍去病討伐匈奴，得金人像，陳列在甘泉宮，不須祭祀，僅止於燒香禮拜。等到通行西域後，在漢哀帝元壽元年時，才有大臣接受佛經之傳授。內容除了說明佛教的傳授之外，還有僧人的交流與佛經的刊刻流傳等。直到《隋書·經籍志》把佛道二類書目分開載錄，將之隸屬於集部，佛與道的觀念才漸漸清楚。值得關注之點，乃是嚴氏所收之釋氏佚文，是以文字的演變區分年限，此因無法考證其確切之時代。以下是嚴可均的說明：

謹案：佛教始于周，《釋藏》所載佛說諸經中有敕、令、書、表，皆周代外國文也。翻譯不無潤色，姑編入三代文。如《根本說》及《西域記》所載，西土先志中往往有書記，未詳時代，編入《先唐文》。〔註64〕

佛教興起時，相當於中國之周朝，從《釋藏》所收錄的佛教經典裡，包含敕、令、書、表等文體，將其列在《全上古三代文》。至於《根本說》、《西域記》等所載之錄文，在無法得知作者以及年代之下，也僅能歸入到《先唐文》，使之符合編輯體例。之外，從列目上觀察，「釋氏」歸列在「外國」類之下，主要是傳達釋氏類是隸屬外國之想法。對此，尤見佛經的所輯錄的材料，基本上都來自於外國之志書。「如《根本說》及《西域記》所載，西土先志中往往有書記」。

（十）仙道

戰國與秦漢之際，神仙不死之思想，隨著方士傳播，廣為流傳。這些方士雖不乏是博學多聞、論述有據之文人雅士，他們藉著仙人不死事蹟，向帝王權貴遊說。加上與民間之祠廟信仰結合，對於仙道神蹟之故事，口耳相傳甚為豐富。以是，將這些民間傳說以文字記錄下來，內容不僅記載神仙，舉

〔註63〕〔北齊〕魏收撰：《魏書·釋老志》（北京：中華書局，1997年9月），卷114，冊8，頁3025～3048。

〔註64〕〔清〕嚴可均：《全上古三代文·釋氏》，卷16，冊1，頁209。

凡神奇怪異事蹟，也一併收錄整理。從孔子「不語怪力亂神」的觀念影響之下，這些傳說往往被史傳家編入在小說類、或者是雜家類。甚少被當代學者注意，散佚情況嚴重。自從《隋書‧經籍志》把這類故籍歸編在道家類後，佛道二教觀念才漸漸釐清。以下是《隋書‧經籍志》著錄道家類書籍，有明確說明：

> 道經者，云有元始天尊生於太元之先，稟自然之氣，沖虛凝遠，莫知其極。所以說天地淪壞，劫數終盡，略與天尊之體，常存不滅。⋯⋯推其大旨，蓋亦仁愛清靜，積而修習，漸致長生，自然神化，或白日登仙，與道合體。⋯⋯而又有諸消災度厄之法，依陰陽五行數術，推人年命書之，⋯⋯〔註65〕

《隋書‧經籍志》所著錄的道經，內容有道家自然沖虛的思想外，還包括神仙事蹟、長生不老、煉丹等事，甚至涵蓋消災解厄以及符籙咒等之類。《四庫總目》則進一步分析：

> 後世神怪之迹多附於道家，道家亦自矜其異，如《神仙傳》、《道教靈驗記》是也。要其本始，則主於清淨自持，而濟以堅忍之力，以柔制剛，以退為進。故《申子》、《韓子》流為刑名之學，而《陰符經》可通於兵。其後長生之說與神仙家合為一，而服餌、導引入之。房中一家，近於神仙者，亦入之。鴻寶有書，燒煉入之。張魯立教，符籙入之。北魏寇謙之等，又以齋醮、章咒入之。世所傳述，大抵多後附之文，非其本旨。彼教自不能別，今亦無事於區分。然觀其遺書，源流遷變之故，尚一一可稽也。〔註66〕

後來相關於神怪類之書，大部分皆附屬於道家類。道家思想發端於清靜無為，以柔克剛為核心理念。爾後結合陰陽、長生、神仙家之說，加上寇謙之的章咒，並融入道教的符籙學，穿鑿附會，導致道教與道家難以區別。歷來書目皆將釋道兩家，列於志末，包括《七錄》、《魏書》、《隋書》；《全文》的編次也因襲其例，可說符合志書的體例。

（十一）鬼神

魯迅說：「中國本信巫，秦漢以來，神仙之說盛行，漢末又大暢巫風，而

〔註65〕〔唐〕魏徵等：《隋書‧經籍志》（北京：中華書局，1973 年 8 月），卷 35，冊 4，頁 1091～1094。

〔註66〕〔清〕紀昀等：《四庫全書總目‧子部‧道家類》，卷 146，冊下，頁 1933。

鬼道愈熾；會小乘佛教亦入中土，漸見流傳。凡此，皆張皇鬼神，稱道靈異，故自晉迄隋，特多鬼神志怪之書。」〔註 67〕這是志怪小說興盛背景，源起於佛道徒所為，用意在誇大其神異，進行宗教宣傳；或是出自文人之手，認為幽冥雖殊途，鬼神存在與否，超乎想像。很多作品來自於民間傳說、民間故事。基於中國儒家避談怪力亂神，而稗官野史、或者是小道者流則不受此限制。於此，該種類書籍常見於子部雜家類、小說家等類，內容概屬於瑣聞異事等。《四庫總目》敘述鬼神類的內容十分精闢：

> 張衡〈西京賦〉曰：「小說九百，本自虞初。」《漢書‧藝文志》載：
> 「《虞初周說》九百四十三篇，注稱：『武帝時方士。』」則小說興
> 於武帝時矣。故《伊尹說》以下九家，班固多注「依託也」。(《漢
> 書‧藝文志》注凡不著姓名者，皆班固自注。）然屈原〈天問，雜
> 陳神怪，多莫知所出，意即小說家言。而《漢志》所載《青史子》
> 五十七篇，賈誼《新書‧保傅篇》中先引之，則其來已久，特盛於
> 虞初耳。償其流別，凡有三派：其一敘述雜事，其一記錄異聞，其
> 一綴輯瑣語也。唐宋而後，作者彌繁。中間誣謾失真，妖妄熒聽者，
> 固為不少，然寓勸戒、廣見聞、資考證者，亦錯出其中。班固稱：
> 「小說家流，蓋出於稗官。」如淳注謂：「王者欲知閭巷風俗，故立
> 稗官，始稱說之。」然則博採旁蒐，是亦古制。固不必以蓮雜廢矣。
> 今甄錄其近雅馴者，以廣見聞。惟猥鄙荒誕，徒亂耳目者，則黜不
> 載焉。〔註68〕

戰國時代，即發現有故實小說等內容之舊籍，例如屈原〈天問〉始見於《漢書》的記載，為唐虞時依託傳說之著作，或者是漢武帝時的方術等類。其內容包含勸戒、雜事、異聞、瑣語，當然也涵蓋妖魔荒誕之事；蒐羅駁雜並涉及閭巷故實，生動有趣，兼可增廣見聞。嚴氏將鬼神另闢一類列在最末次目，可說前無所出，後無來者，獨樹一格。

二、編次之因革

　　本節的重點不在於《全唐詩》或者是《全唐文》的比較，而是從編次順序的形式，敘述《全文》的特異性。其採用之形式，有承襲《史記》、《漢書》

〔註67〕魯迅：《中國小說史略‧六朝之鬼神志怪書上》（天津：天津人民出版社，收入《魯迅自編文集》，1999 年 2 月），冊 2，頁 37。

〔註68〕〔清〕永瑢等：《四庫全書總目‧子部‧小說家類》，冊下，頁 1834。

等史傳的編排次序；也具有《四庫總目》的編列思想；並採用了《全唐詩》、《全唐文》同質性之編排形式。尤其將歷代懸而不決的公案，如楚漢之際是否將項羽歸入「本紀」或者是「諸王宗室」等問題，以「國初群雄」類目特立旗幟，既符合尊王體系，也符合史書直筆的精神。

（一）承襲《史記》、《漢書》之編次

周先民在《司馬遷的史傳文學世界》中曾說：

> 太史公將〈孔子世家〉列為《史記》三十篇中的第十七篇，其中亦
> 有深意寓焉。我們說過，前此十六篇〈世家〉皆為周室屏藩之臣，
> 後此十三篇皆與漢室密切相關。〔註69〕

所謂〈世家〉是有血統關係之外，還有是與漢朝宗室有密切關係者。所以《史記》把秦漢之際重要人物歸入〈世家〉之類，例如〈孔子世家〉、〈外戚世家〉等。《全文》秉此該種意識形態，把歷代諸王宗室類、功臣封侯等統整列入一類。此外，針對叛臣、流賊等所撰寫的作品，另結集為一卷，編列入最末目次，在「闕名」之後。例如王莽（前45～23），《漢書》將編之在列傳最末次，不依循正規通則，始仕或登第之年來編次。可見，此乃承襲《漢書》之編寫方式，等同於歷代正史書寫筆法，如漢末之黃巾賊、叛臣等列入在最後目次。亦如《舊唐書》、《新唐書》的叛臣〈安祿山列傳〉。

（二）承襲《四庫全書總目》先釋後道之排序

歷來的正史，《魏書》有〈釋老志〉，《元史》開始有〈釋老列傳〉，《隋書·經籍志》著佛道二書，先道後釋。除了釋家是外來宗教，大抵是受到古無釋家的觀念所影響，將其合併附屬在道家類。直到《四庫總目》的考證與說明，把釋家類文設置於道家前。以下是《四庫總目》的說法：

> 梁阮孝緒作《七錄》，以二氏之文，別錄於末。《隋書》遵用其例，
> 亦附於志末。有部數、卷數，而無書名。《舊唐書》以古無釋家，遂
> 併佛書於道家，頗乖名實。然惟錄諸家之書為二氏作者，而不錄二
> 氏之經典，則其義可從。今錄二氏於子部末，用阮孝緒例；不錄經
> 典，用劉呴（詢）例也。諸志皆道先於釋，然《魏書》已稱〈釋老
> 志〉，《七錄》舊目，載於釋道宣《廣宏明集》者，亦以釋先於道。

〔註69〕周先民：《司馬遷的史傳文學世界》（臺北：文津出版社，1985年10月），頁150。

故今所敘錄，以釋家居前也。〔註70〕

阮孝緒《七錄》開始把佛家之書，著錄在道家之後；《舊唐書》認為古無釋家，且僅著錄著者名字，並歸入在道家類目。《四庫總目》仿效《七錄》，並依照《廣宏明集》的編列，把釋家類列次在道家類典籍上。自此《全唐詩》與《全唐文》皆承襲這種編目，標目為「釋道」。《全文》更進一步分別設立釋氏類與道家類，仿效《四庫總目》的理念。

（三）《全文》獨創分類

《史記》把項羽歸在〈本紀〉，《漢書》把項羽列在「紀傳」類，彼此關注的角度不同。一是《史記》精神「重視歷史之實與變」，項羽有分封天下，宰制天下的事實存在；《漢書》具「尊顯漢室」的傾向，主在敘述劉姓一代興盛亡衰主幹。目標不同，自是對待史實的筆法也不盡相同。顯然，針對項羽之歸類問題，似乎凸顯具意謂之內涵。所以《全文》在「諸王宗室」的列目下，另設立了「國初群雄」，符合當朝「尊王」之思想理路。可見，編纂者是有意排序的。例如《全漢文》中收載楚懷王孫，後稱義帝，最終為項羽所控，雖無帝王之實，確曾雄霸一方；其後，為秦楚之際的諸侯王、功臣將相等人，如項王、劉舍、陳餘、宋義、宋昌、孔鮒。這些諸侯名將，不是投降漢軍，即被項羽所殺害，將之歸在「國初群雄」內，不僅符合史傳之精神，也不容易對此有所爭議。之外，又另闢設「釋氏」、「仙道」與「鬼神」三類，對照《全唐詩》、《全唐文》二書，將「釋道」、「仙鬼」二類合併不分，顯示《全文》分類創舉，獨樹一幟，較之前者更為細緻與清晰。

三、結語

從歷代史志資料裡，「外國」名目，僅見於《舊五代史·外國列傳》記載，設定為所謂之少數民族。《全唐詩》沒有收錄這類詩文，《全唐文》的收錄僅是少量，且沒有另行分類編目。《全文》承襲《全唐文》編排方法，從而統計其數量與族別，超乎數倍以上。可見，嚴氏以一人之力，獨攬《全文》之編纂，實是居功厥偉。

以下是清代《全唐詩》、《全唐文》、《全文》三種詩文總集的目次比較，說明彼此之間的承襲關係與各別差異性。其中，最大的差別主在幾個類目上，如《全唐詩·名媛》須具備有節操、文采的女性，《全文》所收載的「烈

〔註70〕〔清〕永瑢等：《四庫全書總目·子部·釋家類》，卷145，冊下，頁1922。

女」篇文，專以節操賢德之女性為準則；其次，《全唐詩》收有「處士」所寫作品，即隱逸詩人。《全唐文》、《全文》二部書均未另設類目，全列入「諸臣」之屬。

附錄：《全唐詩》、《全唐文》、《全文》分類編次對照表

全唐詩	全唐文	全上古三代秦漢六朝文
帝王	帝王	帝王
后妃	后妃	后妃
宗室諸王	宗室諸王	宗室諸王
公主	公主	公主
宮嬪	五代諸王	諸臣
吳越諸國（十國）	五代后妃	宦官
后妃（五代）	五代宗室	列女
諸臣處士	臣工	闕名
名媛	釋道	王莽（西漢）
釋道	闕名	黃巾（後漢）
仙鬼	宦官	外國
諸王宗室（五代）	四裔	釋氏
諸臣（五代十國）		仙道
		鬼神

第二節　作者考索

《全文》在每個篇首，皆為每位作家撰寫生平小傳，其內容「是編三千四百餘家，皆為之小傳，里系察舉，遷除封拜，贈諡著述，略具始末」。〔註71〕從姓氏、時代、爵里、官遷封拜，著述與諡號等，無不盡求備至。倘作者不詳，則旁稽他書，以及相關資料，望能詢得蛛絲馬跡；其次，若僅知所處朝代，而受到文獻不足所限，則列在各代「闕名」類。企圖每位作者生平都能略具梗概，文與人相依，使能知人論世。以下是考證作者傳記資料的

〔註71〕〔清〕嚴可均：〈凡例〉，《全上古三代秦漢三國六朝文》，冊1，頁20。

原則：

> 或其人不見于史傳，則參考群書，略著爵里。如又不得，則云爵
> 里未詳。或並不知當何帝之時，則列每代之末。至胡道安二十許
> 人，引見並不知朝代，但知為唐以前耳，別為《先唐文》，列全書
> 之末。〔註72〕

《全文》備受世人重視的原因，其一，是對作家生平之考訂。盡求資料的完備外，超乎一般尋常之文學總集，如《全唐詩》、《全唐文》等草草數筆，略見始末；凡見諸於史傳，以為過於冗雜，省略帶過。亦如《全唐詩》未收錄「闕名詩」，據〈凡例〉所言：「詩前小傳，但序其人歷官始末，至於生平大節，自有史傳不必冗錄。」〔註73〕對此，意謂傳記資料的蕪雜以及撰寫的困難度，超乎想像。《全文》不畏生平事蹟難以稽考，似乎要超越前人之成果，根據史傳資料加以鎔鑄裁剪，小傳內容不僅涵蓋生平著作，更增補諡號，以示青出於藍。對此，筆者仔細審視，以及細部分析，針對作者著錄之條例，加以客觀歸納，希望能求得《全文》編著的用心。

一、皇帝不題姓名，以示尊王之意

有關各朝皇帝所撰之作品，均列於該朝之前首，不稱其姓名，表示尊崇之意。例如：《全上古三代文‧周文王》：

> 王諱昌，姓姬，后稷之後，商紂以為西伯，以虞芮質成之年受命稱
> 王。或云武王克商，追尊為王。在位五十年，年九十七，諡曰文
> 王。〔註74〕

周文王姓姬名昌，先祖為后稷，商朝時受封為西伯。稱王之說有二，其一，是在虞芮質成之年受命稱王；又一說為武王滅商朝後，被追尊為王，諡號文王。又如漢朝開國皇帝為劉邦，尊稱為「高帝」。

> 高帝劉氏，諱邦，字季，沛豐邑中陽里人。初為泗上亭長，秦二世
> 元年起兵，稱沛公。明年，楚懷王以為碭郡長，封武安侯。以子嬰
> 元年西入關，項羽立為漢王，都南鄭。以漢五年破項羽，即皇帝位，
> 都長安，在位十二年。諡曰高皇帝，廟號太祖，亦曰高祖。有傳三

〔註72〕〔清〕嚴可均：〈凡例〉，《全上古三代秦漢三國六朝文‧凡例》，冊1，頁20。

〔註73〕〔清〕彭定求等編：《全唐詩‧凡例》（鄭州：中州古籍出版社，1996 年 10月），頁1。

〔註74〕〔清〕嚴可均：《全上古三代文‧周文王》，卷2，冊1，頁20。

十篇。〔註75〕

漢高帝沛豐邑中陽里人，秦二世時起兵，稱沛公。項羽封為漢王，都南鄭；五年後反攻項羽，即皇位，廟號太祖。這種皇帝首位之編次，可參見莊清輝在《四庫全書總目·經部研究》指出：

> 考《漢書·藝文志》將高帝、文帝所撰，雜置諸臣之中，殊為非體。而唐徐堅《初學記》、明焦竑《國史經籍志》、清朱彝尊《經義考》，將帝王之作，升列歷代之前，雖有臣子尊君之大義，卻有失時代之次序，《四庫》館臣蓋因襲《隋書·經籍志》以帝王各冠其本代。〔註76〕

後代學者大致皆沿襲《隋志》著錄方式，不直稱其姓名、或字號，表示尊王之意。仿效歷代史傳「本紀」記載之形式。

二、一般作者，稱名不稱字

歷來文集在作者著錄部分，蓋因複雜難辨，或稱名、或稱字、或稱號，標準不一，致難以辨識其真實身分。《全文》則統一改以姓名著錄，沿襲梅鼎祚《文紀》、張溥《百三家集》等文學總集，「稱名不稱字」之例，有助於指明作者身分，免去姓名紛亂之誤。例如《全宋文·徐羨之》：

> 羨之字宗文，小字干木，東海郯人。晉太元中，為王雅少傅主簿，
> 後為劉牢之鎮北功曹。元興初，為桓修撫軍中兵參軍。……〔註77〕

徐羨之，直稱名，再稱字、號，並略述歷官始末。對於那些不見於史傳的作者，尤其是「外國」類目，如〈吐谷渾慕璝〉「慕璝，阿豺弟」〔註78〕，族名為「吐谷渾」，名為「慕璝」。接著〈慕延〉為慕璝之弟，只稱名不稱族名。另則〈仇池氐楊難當〉其生平事蹟是：

> 難當，武都王楊盛子。義熙初，為質于姚興。永初末，授冠軍將軍。
> 元嘉六年代兄玄位，拜秦州刺史，武都王，尋進號征西將軍。十三
> 年，自立為大秦王，改元建義。十九年，遣裴方明等擊破之，奔魏
> 死。〔註79〕

〔註75〕〔清〕嚴可均：《全漢文·高帝》，卷1，冊1，頁245。
〔註76〕莊清輝著：《四庫全書總目·經部研究》（北京：花木蘭文化工作坊，2005 年10 月），頁54。
〔註77〕〔清〕嚴可均：《全宋文·徐羨之》，卷16，冊6，頁165。
〔註78〕〔清〕嚴可均：《全宋文·吐谷渾慕璝》，卷61，冊6，頁578。
〔註79〕〔清〕嚴可均：《全宋文·仇池氐楊難當》，卷61，冊6，頁579。

楊難當族名是「仇池氏」，楊盛之子，東晉義熙年時，在姚興處當人質。歷官冠軍將軍、秦州刺史、征西將軍等。後自立稱王，被裴方明擊敗，奔投於北魏。稱名不稱字號的著錄方式，是一般通例。再加上族名於前，可使人確認其身分地位，加深讀者辨識，符合作者依身分列次的通則。

三、一般作者，有名無傳

一般作者，生平不見於史傳，又無法徵引其他資料時，嚴氏則以兩種方式加以注明。以《全北齊文》卷八為例，依序收錄有劉逖、鴻、朱瑒、方顯道、張奉禮、申嗣邕、朱敬脩、朱敬范、尹義尚、封士讓、王行思、劉晝（晝）、章仇子陀、馬天祥、馮兗等人，按照《全文》著錄形式，大致分為三項，一是不知何帝時列於每代之末，二是注明爵里未詳，三是僅注稱名而無傳。以下分別說明：

（一）不知何帝，列於每代之末

其中嚴氏著錄：鴻，「失其姓」〔註80〕；張奉禮，「奉禮，河清中為光州別駕」〔註81〕；申嗣邕，「嗣邕為齊州騎兵參軍」〔註82〕；朱敬脩、朱敬範，「敬脩，樂陵濕沃人；敬範、敬脩從父兄」〔註83〕；封士讓，「士讓為丞相府佐」〔註84〕；王行思，「行思為南安王思好行臺郎，思好敗，俱赴水死」〔註85〕；馮兗，「兗，冀人，依鄴下大覺寺釋惠光，終于光門」。〔註86〕

（二）爵里未詳

爵里未詳只有一人，尹義尚，「爵里未詳」〔註87〕。

（三）有名無傳、無注

至於有名無傳僅見兩人，一是方道顯，收錄〈造釋迦像碑〉，二是馬天祥，〈造像碑〉等文。其中另有劉逖、朱瑒、劉晝（晝）、章仇子陀均附載小傳，補充官爵鄉里，以及仕宦始末、確切年代。

〔註80〕〔清〕嚴可均：《全北齊文‧鴻》，卷8，冊9，頁90。
〔註81〕〔清〕嚴可均：《全北齊文‧張奉禮》，卷8，冊9，頁93。
〔註82〕〔清〕嚴可均：《全北齊文‧申嗣邕》，卷8，冊9，頁93。
〔註83〕〔清〕嚴可均：《全北齊文‧朱敬范》，卷8，冊9，頁94。
〔註84〕〔清〕嚴可均：《全北齊文‧封士讓》，卷8，冊9，頁97。
〔註85〕〔清〕嚴可均：《全北齊文‧王行思》，卷8，冊9，頁97。
〔註86〕〔清〕嚴可均：《全北齊文‧馮兗》，卷8，冊9，頁99。
〔註87〕〔清〕嚴可均：《全北齊文‧尹義尚》，卷8，冊9，頁96。

嚴氏相當重視作家小傳的記載，若從著錄的體例通則觀之，其記載形式就可區分為三種，稱名有傳、有名無傳無注、爵里未詳等形式。可惜的是，彼此參差混合，不符合「不知何帝列於各朝之末」的原則。

四、不明朝代，以《先唐文》收錄一卷

不詳作者姓名，僅知處何代，則以「闕名」類來編目。至於既不明朝代，餘皆付諸闕如，則以《先唐文》一卷，列於最末一冊。所收錄的作家23人；列女類1人；至於闕名又不知朝代，則收有15篇文；釋氏收錄作者22人，釋氏「闕名」2篇。針對不明朝代之作家，嚴氏補充說明其編輯原則：

> 余輯唐以前文，得三千四百許家，分代編次，唯胡安道等及《釋藏》
> 所載勝軍王等，未詳年代，但知唐以前。昔河間獻王得先秦舊書，
> 先秦謂秦未火之先。故仿先秦之目，編《先唐文》一卷。〔註88〕

收錄唐以前佚文，共得三千四百多家（實際應為 3519 人），分代先後編序。除了胡道安及《釋藏》所記載的勝軍王等人，只知為唐以前人，其他也是付之闕如。所以效仿先秦時代舊籍，即是先秦古籍之編目體例，總攝為《先唐文》一卷。資料的來源取自於前人類書、文學總集或古注舊籍等。如取自類書則有胡安道：

> 安道，爵里未詳。
> 案：《御覽》列於朱超石之前，當是晉人。〔註89〕

或朱彥時：

> 彥時，爵里未詳。
> 案：《初學記》編於晉劉諡之後，劉思真前，疑是晉人。〔註90〕

作者之傳記徵引自宋《太平御覽》、唐《初學記》等類書，官爵鄉里何處未知，然仍可確認為先唐時人。其次，或者僅知姓氏，摘錄篇文中內容，加以判斷為先唐時人。例如〈吳氏〉：「失其名。」〔註91〕輯錄兩篇〈虎賦〉、〈七衿〉，分別徵引自《太平御覽》、《北堂書鈔》二書。

〔註88〕〔清〕嚴可均：《先唐文·目錄》，冊9，頁27。
〔註89〕〔清〕嚴可均：《先唐文·胡安道》，冊9，頁687。
〔註90〕〔清〕嚴可均：《先唐文·朱彥時》，冊9，頁688。
〔註91〕〔清〕嚴可均：《先唐文·吳氏》，冊9，頁689。

五、作者為多人，分別列之

　　同編作品若是數人合撰，則分別舉每位作家姓名，並各自徵錄其傳記資料，希冀能夠使之周全而無遺漏。例如《全三國文》收載〈密書與諸葛恪〉一篇，作者有朱恩、張約兩人，「約、恩並官散騎常侍」〔註92〕；《全三國文》〈請于沔陽立諸葛亮廟〉，作者為習隆與向充兩人，嚴氏均記載雙方之官職，只是未確切說明其字號或者生平事蹟：

> 隆為步兵校尉。充，朗兄子，歷中書侍郎、射聲校尉、尚書、梓潼
> 太守。〔註93〕

此外，若是查無小傳資料，僅能從旁籍之史傳，尋得一些的蛛絲馬跡，則全然蒐集，毫不棄置。如《全北齊書‧董峻》卷六，收錄〈非宋景業《天保曆》議〉一文，作者為董峻與鄭元偉兩人，在篇文後面加注兩人瑣事軼聞：

> 《隋書‧律曆志中》：後齊文宣受禪，命散騎侍郎宋景業造《天保
> 曆》，至後主武平七年，董峻、鄭元偉立議非之。〔註94〕

董峻、鄭元偉的生平事蹟不被記載，其相關資料採自《隋書‧律曆志》。亦如《全梁文‧王彬》收錄〈答釋法雲書《難范縝神滅論》〉一文，文末有王彬與王緘頓首等字，王彬事蹟採自於〈何遠傳〉：

> 彬、緘，里系未詳。天監初，彬為吳興太守（見），尋與緘俱為侍
> 中。〔註95〕

王彬與王緘身世里系，資料付之闕如，只知為梁朝吳興太守與侍中，資料出處來自於旁人傳記《梁書‧何遠傳》，列屬於〈良吏傳〉。何遠為鎮南將軍時，初識王彬當巡視縣城，之後，王彬環視何遠居舍簡陋，卻處之泰然，未顯任何不悅之狀。反倒事後調侃何遠：「卿禮有過陸納，將不為古人所笑乎。」〔註96〕此段佳話傳至朝廷，王彬即刻被拔擢為宣城太守，仕宦顯達，擢升快速，自古未曾有。雖然史傳舊籍沒有任何記載其事蹟，嚴氏何以將其摘錄，蓋是「以文類人」準則，加以裁錄。

〔註92〕〔清〕嚴可均：《全三國文‧張約》，卷73，冊3，頁690。
〔註93〕〔清〕嚴可均：《全三國文‧習隆》，卷62，冊3，頁593。
〔註94〕〔清〕嚴可均：《全北齊書‧鄭元偉》，卷7，冊9，頁81。
〔註95〕〔清〕嚴可均：《全梁文‧王彬》，卷48，冊7，頁474。
〔註96〕〔唐〕姚思廉：《梁書‧何遠傳》（北京：中華書局，1973年5月），卷53，頁779。

六、結語

　　《全文》在作者小傳後附考釋，蓋是嚴氏用力至深之所繫。透過稽考過程，能顯現該書考訂方法，又能深入了解作者背景而知人論世。其論證結果，尤在補充資料部分，備受世人的肯定，亦可彌補史傳之缺遺。《隋書經籍志考證》稱其「撰人小傳，多有不見於史，而皆有援據，無一字無來歷」。〔註97〕例如《全宋文·孔熙先》，歷來史傳不見記載，資料取材於《文苑英華》、《南史》、《宋書》、《健康實錄》等數十種，查無個人字號，僅收載官宦生涯。

　　　　熙先，默之子，元嘉中為員外散騎侍郎，行左衛將軍，與彭城王義

　　　　康謀為亂，伏誅。〔註98〕

孔熙先為孔默之的後代，魯國人。歷官員外散騎侍郎、左衛將軍，後因與彭城王義康叛亂而被誅。據悉，《全文》對一般作者小傳，並不注明資料的出處；若編輯者附上案語或考釋，則視為進一步的補充說明。是以常見四種狀況，一是資料徵引自他人傳記；二存疑，無法查證確切身分；三是留待後人進一步查證；四是確認作者身分。試舉例說明如下：

（一）徵引他人傳記、類書

　　在考索作者生平資料時，常見是徵引他人傳記或類書等，著重於史傳不記載下，進而旁搜他籍，輯錄成篇。如《全晉文·成公綏》：

　　　　綏字子安，東郡白馬人。仕魏為博士，歷秘書郎，轉丞，遷中書郎，

　　　　拜騎都尉。入晉官爵未詳。有集十卷。

　　　　案：綏為騎都尉在司馬昭時，見〈賈充傳〉。〔註99〕

成公綏《晉書》有傳，先仕魏後仕晉，歷任秘書郎、秘書丞、中書郎、騎都尉。嚴氏充分說明，任騎都尉在司馬昭掌權時，該資料是徵引自《晉書·賈充傳》。或者是從他人文集中，摘錄結集。《全隋文·蕭愨》：

　　　　愨，字仁祖，梁武帝弟始興王憺之孫，上黃侯曄之子。梁末奔齊，

　　　　武平中，為太子洗馬。歷周入隋，為記室參軍。有集九卷。

　　　　案：邢劭有〈蕭仁祖集序〉。〔註100〕

〔註97〕〔清〕姚振宗：〈後序〉，《隋書經籍志考證》（上海：上海古籍出版社，《續修四庫全書》第 916 冊，1995 年），頁 151。

〔註98〕〔清〕嚴可均：《全宋文·孔熙先》，卷 43，冊 6，頁 415。

〔註99〕〔清〕嚴可均：《全晉文·成公綏》，卷 59，冊 4，頁 608。

〔註100〕〔清〕嚴可均：《全隋文·蕭愨》，卷 13，冊 9，頁 462。

惷為梁武帝弟，始興王之孫，歷經梁、齊、周、隋四朝。曾在隋時任記室參軍，有文集九卷。嚴可均在案語提及，該作者生平資料取自北齊邢劭（496～？）之〈蕭仁祖集序〉中所記載事蹟。

（二）存疑者附之

有些作家生平，受限於資料的不足，僅能將現有可把握的文獻公諸於世。甚至，將稽考的成果、懷疑出處加以說明，並以「存疑」來作結。如《全晉文·裴希聲》：「希聲，爵里未詳。」後又著錄：「疑與景聲為昆弟行，姑附邈後。」〔註 101〕另《全晉文·羊秀》收有〈衛公碑〉一文，面對薄弱的證據，不足以反詰疑惑，是以詳列存疑待考幾個理由：

> 秀，爵里未詳。
>
> 案：羊琇字稚舒，祐從弟。仕魏入晉，為中護軍，左遷太僕。疑此
> 秀即琇之爛文，衛公疑衛顗。〔註 102〕

羊秀，可能是仕魏入晉的羊琇，字稚舒，羊祐之弟。歷官中護軍、太僕。根據所收〈衛公碑〉懷疑內文中的「衛公」一名，蓋是當時的衛顗。之外，凡遇同名不同人的情況，受限於文獻不足，僅能注明「未審即其人否，暫留存之。」如《全漢文·王生》僅收〈與蓋寬饒書〉一篇，取自於旁人傳記，《漢書·蓋寬饒傳》：

> 生，宣帝時為太子庶子。
>
> 案：〈龔遂傳〉亦有王生，由渤海議曹，入為水衡丞，與此同時，未
> 審即其人否也。〔註 103〕

王生為西漢宣帝時人，《漢書》之〈蓋寬饒傳〉、〈龔遂傳〉皆附載王生事蹟。嚴氏受限於薄弱的證據，對於兩者所記「王生」，是否為同一人，無法判別，只好以「未審即其人」一語帶過。

嚴氏把作者的別稱、事件的異同均條列分明，以現今所能掌握的資料裡加以稽考，最後僅以未詳而附錄之，留待之，姑予保留，希冀之後能進一步探究。例如《全後漢文·李咸》：

> 咸字元卓（〈陳球傳〉作「元貞」，與〈靈紀〉注及蔡邕撰碑不合），
> 汝南西平人，前將軍李廣之後。順帝時舉孝廉，除郎中、光祿，又

〔註 101〕〔清〕嚴可均：《全晉文·裴希聲》，卷 33，冊 4，頁 343。
〔註 102〕〔清〕嚴可均：《全晉文·羊秀》，卷 41，冊 4，頁 424。
〔註 103〕〔清〕嚴可均：《全漢文·王生》，卷 33，冊 1，頁 569。

舉茂才，遷魏相，授高密令，遷徐州刺史，拜漁陽太守，遷度遼將
軍，徵為河南尹。母憂去官。桓帝時徵拜尚書，歷僕射、將作大匠、
大司農、大鴻臚、太僕。建寧四年代聞人襲為太尉。熹平二年以疾
致仕，四年卒，年七十六。

（〈廣傳〉注引謝承書：「李咸以建寧三年自大鴻臚為太尉。」袁宏
《紀》則熹平三年，以河南尹李咸代段頏為太尉。袁《紀》當誤。
然范史載咸為太尉，在建寧四年三月。而蔡盾《典儀》，是以七月立
宋皇后，襲授璽綬。又似襲尚未免。諸書互異，所未詳也。）〔註104〕

李咸為後漢時人，西漢李廣（？～前119）後代，嚴氏取自於《後漢書・陳球
傳》、《後漢書注》引謝承之書、《後漢書・靈帝紀注》、碑刻傳記等古舊注。
對此，嚴氏將所載記的相異之處，加以陳述條列：一是字號有異，有元卓、
有元貞之別；與〈靈紀〉、蔡邕撰之碑文不合；另外依從升任太尉之位，或是
從大鴻臚之位而升，或者是因襲替代段頏、聞人襲之太尉一職。所採證資料
出處，某些來自於范曄（398～445）《後漢書》、蔡盾《典儀》，彼此互異，又
兼存矛盾，所以嚴氏在無法審辨之下，言「諸書互異，所未詳也」。

（三）「俟考」、「未知」、「當考」

嚴可均在徵引資料時，不管是同、或者是不同時期，凡遇作者為同名同
姓之時，辨識身分受到阻礙，則以「俟考」、「未知」、「當考」等語，留待後
人進一步考證。例如《全三國文・程曉》：

曉字季明，東郡東阿人，衛尉昱之孫。黃初中，封列侯，嘉平中，
為黃門侍郎，後為汝南太守。有《集》二卷。

案：《藝文類聚》四有晉程曉詩，或晉受禪後，其人尚在，或別是一
人。〔註105〕

據悉，程曉字季明，為三國時人。在曹魏時受封為列侯，後為黃門侍郎，著
作有《集》二卷。之後，嚴氏又在《藝文類聚》裡發現也收載晉代程曉之詩。
至此，僅能附註在案語中補充說明：「或晉受禪後，其人尚在，或別是一人。」
換言之，僅只能推論其人曾生活在晉時期，是否同為三國時人，則無從辨證。
從而僅以「俟考」留待後人進一步證之。又有《全晉文・王邃》「邃，曠弟」，

〔註104〕〔清〕嚴可均：《全後漢文・李咸》，卷61，冊2，頁590。
〔註105〕〔清〕嚴可均：《全三國文・程曉》，卷39，冊3，頁392。

案語注文:「《閣帖》題云海陵恭侯。當考。」〔註106〕嚴可均主在告知,相關資料不足,僅能在案語提示,待日後須進一步查證。如《全宋文·劉少府》:「劉失其名,官少府。」〔註107〕梅鼎祚《釋文紀》收有一篇〈劉少府答何衡陽書〉注解「少府,官也,失名」〔註108〕;其他文獻資料包括《補注杜詩》、《九家集注杜詩》、《白孔六帖》、《文苑英華》等等數十種均有記載為「少府官」。嚴可均在傳後附加案語如下:

> 案:元嘉中,有劉興祖,由少府拜青州刺史,〈廢帝紀〉有少府劉勝
> 之,《南史》作劉蒙之,未知孰是。〔註109〕

依據嚴可均的稽考,元嘉時期有劉興祖,官至青州刺史,《宋書·廢帝紀》、《南史》裡,分別記載劉勝之、劉蒙之。因之,在作家姓名不能確認之下,獨留「未知孰是」一語,留待後人繼續考證。

(四)考證作者身分

古籍中常出現作者同名同姓,甚至時代也非常相近,確認作者的身分則顯得重要了。特別是東漢至晉時,人多單名,所以很容易出現名字相重的現象。文廷式(1856～1904)在《純常子枝語》一文也曾提及《全文》誤錄之原由,未能識出六朝人單稱名之習慣。將孔璠之晉人而誤入《全宋文》,蓋因孔璠之可單稱「劉璠」。亦如劉簡之可單稱「劉簡」,何瑾之可單稱「何瑾」。〔註110〕由是,遇到同名異人的情況,若不加以辨析,便容易產生作品歸屬混淆的問題,這也是《全文》備受批評的缺憾。但並不表示嚴氏對這同名異人的現象有忽視之嫌,例如《全漢文·孔衍》:

> 衍,安國孫,成帝時為博士。(案:西晉亦有孔衍,字舒元,別是一
> 人。)〔註111〕

孔衍是漢朝學者孔安國之孫,為成帝時的博士;西晉亦有同名之人,字舒元,嚴氏判為同名異人。又《全漢文·張敞》收錄一篇〈答朱登遺蟹醬書〉,嚴氏

〔註106〕〔清〕嚴可均:《全晉文·王邃》,卷21,冊4,頁233。

〔註107〕〔清〕嚴可均:《全宋文·劉少府》,卷22,冊6,頁218。

〔註108〕〔明〕梅鼎祚編纂:〈劉少府答何衡陽書〉,《釋文紀·何承天》(臺北:臺灣
商務印書館,影印《文淵閣四庫全書》第1401冊,1986年),卷13,頁618。

〔註109〕〔清〕嚴可均:《全宋文·劉少府》,卷22,冊6,頁218。

〔註110〕〔清〕文廷式:《純常子枝語》(上海:上海古籍出版社,《續修四庫全書》第
1165冊,2002年),卷4,頁66。

〔註111〕〔清〕嚴可均:《全漢文·孔衍》,卷13,冊1,頁386。

從篇文內所描述的事件，以及後人書目中的著錄，兩相對照，辨識作者為前漢時人。其言：

> 《御覽》四百七十八引《張敞集》：「朱登為東海相，遺敞蟹醬，敞答曰云云。」又見九百四十二引，又見《困學紀聞》十二。

> 案：東漢亦有張敞，而《隋志》集部僅於前漢載梁有左馮翊《張敞集》一卷，《錄》一卷，明此書非東漢之張敞也。〔註112〕

宋代的《太平御覽》引錄《張敞集》，內文記載朱登送張敞蟹醬之事；此事又見於《困學紀聞》一書。東漢時也有同名之張敞，嚴氏從《隋書‧經籍志》裡所載左馮翊之書目，著有張敞《文集》一卷，因此確認〈答朱登遺蟹醬書〉一篇，非東漢張敞之作品。

此外，嚴氏取資旁人之傳記當為佐證，確認作者身分。如虞松一人，曹魏《魏志》以及《北堂書鈔》注引《晉起居注》皆記載此人事蹟，兩者所繫之年代，差距五十多年，就此可識，兩人為同名而不同世代之人。以此類推，也確認了〈檄告公孫淵〉一文是曹魏時之虞松所做：

> 松字叔茂，陳留人，九江太守邊讓外孫。景初中從司馬懿征遼東，還辟為掾。正始中遷中書郎（《魏志‧鍾會傳》注引《世語》及《魏氏春秋》，并作「中書令」），至太守。

> 案：《北堂書鈔》五十三引《晉起居注》元康六年以後，不常親郊社，制度廢弛。太常虞松考正舊儀，無不悉備。今考魏景初至晉元康，隔五十餘年，蓋別有一虞松。〔註113〕

從《魏志‧鍾會傳》注引《世說新語》、《魏氏春秋》兩書，其中記載了虞松作中書令至太守一事。嚴氏又查考群籍，發現《晉起居注》也記載同名之虞松，著有許多考訂著作，舊注《儀禮》等。兩者相較，相隔五十餘年。從時代差距觀之〈檄告公孫淵〉一文，確認曹魏之虞松所為。對此，除確認作者身分之外，同時也注明資料出處，避免後人受到同名之累而產生誤解。如《全晉文‧王澄》：「澄字道深，渾第三子。」又案：「別有瑯邪人王澄，為荊州刺史、平北將軍四子也，見《世說‧言語篇》注引《王氏譜》。」〔註114〕嚴可均徵引《世說新語‧言語篇》的注文，也有《王氏譜》一書記載同名王澄之事

〔註112〕〔清〕嚴可均：《全漢文‧張敞》，卷30，冊1，頁538。
〔註113〕〔清〕嚴可均：《全三國文‧虞松》，卷43，冊3，頁438。
〔註114〕〔清〕嚴可均：《全宋文‧王澄》，卷28，冊6，頁293。

蹟，為瑯邪人，曾擔任荊州刺史。考之，除可確認作者身分之外，且可以彌補史傳上的不足。

第三節　綜理資料之方法

　　章學誠反對校讎古人文集時，刪去年代、題跋、論贊，主張編選文集時，應該說明作者身家背景；進而了解作品是在什麼情況發端起始，尤其是陳述的重點何在？否則容易導致事件原委失其真。以下是他的觀點：

> 人之所以謂知者，非知其姓與名也，亦非知其聲容與笑貌也。讀其書，知其言，知其所以為言而已矣。〔註115〕

又說：

> 年譜之體，仿于宋人考次前人撰著，因而譜其生平時事，與其人之出處進退，而知其所以言，是亦論世知人之學也。〔註116〕

章學誠從歷史批評的角度指出，若僅從作品本身的字面去理解內涵，往往浮誇，付諸於失實；若欲了解古人所謂的立言宗旨，必須重視古人年譜生平，連結於當時的歷史背景，才能文質相符，吐納英華，知人論世。《四庫總目》贊同知人論世觀，認為每位作家小傳的書寫，可以藉此了解當時的社會思想，以及作者的價值觀。

> 每書先列作者之爵里，以論世知人。次考本書之得失，權眾說之異同。以及文字增刪，篇帙分合，皆詳為訂辨，巨細不遺。而人品學術之醇疵，國紀朝章之法戒，亦未嘗不各昭彰癉，用著勸懲。〔註117〕

顯見，清代文學觀仍沿襲《文心雕龍・體性》所言：「志以定言，吐納英華，莫非情性。」〔註118〕綜合上述所言，嚴氏每在作者小傳上，大抵均注明資料取材出處；有些則一反常態。對此，仍可見其法則通例，繁簡不一，井然有序。主在提供後人方便的檢索方式，因襲《文紀》與《百三家集》二部的編纂體例。舉凡作者生平見諸於正史傳記，通常不予注明資料來源。之外，每

〔註115〕〔清〕章學誠；倉修良編：〈知難〉，《文史通義新編》（上海：上海古籍出版社，2993年7月），內篇（四），頁157。

〔註116〕〔清〕章學誠；〈韓柳先生年譜書後〉，《文史通義》，外篇（二），頁433。

〔註117〕〔清〕永瑢等撰〈凡例〉，《四庫全書總目》（北京：中華書局，1965年6月），卷首，冊上，頁17～18。

〔註118〕〔梁〕劉勰撰；〔清〕黃叔林注；〔清〕紀昀評：《文心雕龍注・體性》（臺北：世界書局，2011年2月），卷6，頁108。

一作者，不管收錄的篇文多寡，僅題一次作者之名。尤其加上官拜封號，藉以確認作者的身分地位，當可佐助考證史傳。所立的小傳，不僅是添加幾行或者載寫幾筆，既不是裁鑄廣泛的資料，而是在精於校勘的前提下，進行編述考。由此，所補輯資料的來源有五，一是採自正史傳記，通常不另加注明；二是唐宋類書；三是古籍舊注；四是他人傳記附加記載；五是廣蒐群書，統整綴合。

一、正史傳記

今人常誤解《全文》的缺失，以作者不注明出處居多。據筆者細部的觀察，注明與不注明是有義例可依循。一般作者常見諸於史傳，嚴氏仍會簡略的述其平生，通常是不注明出處。如《全上古三代文‧魏無忌》：

> 無忌，魏絳十二世孫，魏安釐王之弟，封信陵君。以矯奪晉鄙軍懼罪，留趙十年還，魏為上將軍，秦用反間廢之。病久而卒。有《魏公子兵法》二十一篇，《圖》十卷。〔註119〕

魏無忌為魏絳第十二世孫，歷史上人稱信陵君。因獲罪被留於趙國有十年之久。後回魏國任命為上將軍，最後秦國利用反間之計，反被魏國所廢。久而病死，留有《魏公子兵法》二十一篇。《漢書》首記載，其他如《白孔六帖》、《揚子法言》、《資治通鑑》等亦可見其事蹟。可見，嚴氏在為作者撰寫小傳時，除了多方搜尋資料外，並且融合各家說法，筆法裁剪鎔鑄，以史家的筆法，簡略說明生平始末。對此，陸心源（1838～1894）說：「嚴鐵橋僅有校釋之能，未得旁通曲證，蓋第二流也。」〔註120〕與此相違。亦如《全上古三代文‧孫武》：

> 武，齊人，避亂奔吳，吳王闔廬以為客將軍。有《兵法》一卷，《八陣圖》一卷，《牝八陣圖》一卷，《兵法雜占》四卷，《戰鬥六甲兵法》一卷，《算經》二卷。
>
> （案，《漢志》：《孫子兵法》八十二篇，《圖》九卷。《史記‧孫子傳》云十三篇，《正義》引《七錄》云《孫子兵法》三卷。案，十三篇為上策，又有中、下卷，如《正義》說，則唐時故書尚存，故諸

〔註119〕〔清〕嚴可均：《全上古三代文‧魏無忌》，卷4，冊1，頁60。
〔註120〕〔清〕陸心源：〈與繆筱珊太史書〉，《顧儀堂集》（上海：上海古籍出版社，《續修四庫全書》第1560冊，1995年），卷4，頁418。

家徵引多有出十三篇外者，皆中、下卷文也。《唐志》別有《孫子》
三十二、《壘經》一卷，《隋志》無。）〔註121〕

春秋時之孫武（前545～前470），初見於《史記‧孫武列傳》的記載。其後，累見於《太平御覽》、《武經總要》等書，皆載其事蹟言行。《全文》並未注明資料出處，然在案語敘及利用史志目錄得其著作，如《漢志》、《隋志》等書目，還有從《史記正義》所徵引的《七錄》中得出《孫子兵法》有十三篇之多，又輯得佚文二卷。《唐志》也著錄《孫子》三十二卷與《眾經》一書。顯然，嚴氏輯佚門徑，除了利用傳統的傳記史料外，舉凡各史之藝文志、公私目錄都是採錄的對象。

二、唐宋類書

歷代類書的編纂，皆視《皇覽》為類書之祖。其書取自於五經群書，以匯編的方式，進一步加工分類，主在提供當代的皇帝方便閱讀。收錄的範圍與內容，均是從前人所留下的典籍中，選錄最有價值、最具代表性的一部書，或一整篇、一整段的句文，直接摘錄鈔纂。《四庫總目》認為類書的內容無所不包，範圍廣大：

> 類事之書，兼收四部，而非經、非史、非子、非集。四部之內，乃無類可歸。《皇覽》始於魏文，晉荀勗《中經部》分隸何門，今無所考。《隋志》載入子部，當有所受之。歷代相承，莫之或易。明胡應麟作《筆叢》，始議改入集部。然無所取義，徒事紛更，則不如仍舊貫矣。此體一興，而操觚者易於檢尋，註書者利於剽竊，轉輾稗販，實學頗荒。然古籍散亡，十不存一，遺文舊事，往往託以得存。《藝文類聚》、《初學記》、《太平御覽》諸編，殘璣斷璧，至捃拾不窮，要不可謂之無補也。其專考一事如《同姓名錄》之類者，別無可附，舊皆入之類書，今亦仍其例。〔註122〕

據此可知，類書內容涵蓋經、史、子、集四部，以內容分類編纂，利於方便檢索。其次，凡此遺文舊事均因此而得以見存。尤其是唐代《藝文類聚》、《初學記》等四大類書，以及宋代的《太平御覽》等，資採頗眾，捃拾不窮，具備輯佚之價值。例如《全後漢文‧宋元》，「元，永平中為符節令。」正史不

〔註121〕〔清〕嚴可均：《全上古三代文‧孫武》，卷5，冊1，頁68。
〔註122〕〔清〕永瑢等撰：《四庫全書總目‧子部‧類書類》，卷135，冊下，頁1141。

載，嚴氏在〈上言願發秦昭王呂不韋冢〉注明取自《太平御覽》：

> 《御覽》五百六十引《皇覽‧冢墓記》：「漢明帝，朝公卿大夫諸儒
> 八十餘人，論五經誤失，符節令宋元上言。」〔註123〕

該文來自於《太平御覽》徵引《皇覽‧冢墓記》一段，記載一則有關漢明帝時的公卿大夫曾論議五經缺誤之處，其中登錄宋元姓名。《皇覽》現今不見流傳，僅見諸於後人所采錄匯集之相關資料，將之分類編纂成的一部工具書。例如《全後漢文‧秦嘉》一條：

> （秦）〔嘉〕字士會，陝西人。桓帝時仕郡，舉上計掾入洛，除黃門
> 郎。病卒于津鄉亭。
>
> 案：《書鈔》一百三十六引〈秦士會與婦書〉。秦嘉字士會，止此一
> 見。〔註124〕

秦嘉，字士會。只見於《北堂書鈔》之〈秦士會與婦書〉記載。曾出仕為黃門郎，最後病卒於津鄉亭。對此可見，類書於輯佚之功，舉凡稽考、佚失古籍舊文均具有綴合、參酌之效能。

三、古籍舊注

　　羅炳良說：「古代輯佚與考證方法大致相同，即由單純的綴拾墮簡殘篇手段發展成一門有系統和方法的專門學問。」又說：「清人的輯佚遠遠不限于史書，而史書之中又大大超出正史範圍。」〔註125〕兩漢以來，經書的研究主要著眼於章句注解。根據《隋書‧經籍志》的著錄，凡注解班固《漢書》似乎比《史記》還多；這些以聲訓與義理的注解方式，大抵是與漢儒解經理路相同，著重在訓詁名物部分。另外，根據《史通‧補注篇》的分類標準，魏晉南北朝史家還有幾種作注的類型，一是「史傳小書人物雜記」；二是「好事之子思廣異聞，而才短力微，不能自達。庶憑驥尾，千里絕群。遂乃撮眾史之異詞，補前書之所闕」；三是「躬為史臣，手自刊補，雖志存該博而才缺倫序」。〔註126〕第一種注體，是補充人物贊詞所不能詳敘的事實，注是作為贊的補充；

〔註123〕〔清〕嚴可均：《全後漢文‧宋元》，卷29，冊2，頁295。

〔註124〕〔清〕嚴可均：《全後漢文‧秦嘉》，卷66，冊2，頁631。

〔註125〕羅炳良：《清代乾嘉歷史考證學研究》（北京：北京圖書館出版社，2007年2月），頁315。

〔註126〕〔唐〕劉知幾著；趙呂甫校注：〈補注篇〉，《史通》（重慶：重慶出版社，1990年8月），頁322～324。

第二類補充史料的不足，例如《水經注》、陸澄《漢書注》等；第三類是作者自己加注，例如楊衒之《洛陽伽藍記》等。劉知幾（661～721）重點指出，注解體制緣起於儒家經典的傳注，傳與注名稱雖異，含義卻是一致的，都是訓解經籍。周一良認為：「採取注的形式來保存更多史料，其作用與裴松之、劉孝標之注前人著作，意義相同。」〔註127〕歷代流傳下來的注解經籍，經過明清學者的考訂整理，以及補遺漏拾，將古籍舊注的學術價值，加以重現。嚴氏在補錄作者小傳，力求完備的宗旨上，採摭舊籍注解是不能避免的途徑。例如《全晉文·裴邈》引《魏志·裴潛傳注》：

> 邈字景聲，顗從父弟。太傅東海王越以為從事中郎，假節監中外營諸軍事。（見《魏志·裴潛傳注》）〔註128〕

裴邈事蹟僅見於《魏志·裴潛傳注》，足以證明小傳考索部分，有彌補史料之價值。另《全晉文·盧浮》一條，引《魏志·盧毓傳注》〈晉諸公贊〉，補充晉諸公贊詞。

> 浮字子雲，欽子，仕魏為太子舍人。以病疽截手廢。入晉徵為國子博士，遷祭酒，永平中為秘書監。（據《魏志·盧毓傳注》引〈晉諸公贊〉）〔註129〕

盧浮事蹟見於《魏志·盧毓傳注》引〈晉諸公贊〉。古注是對古書的詮釋，所謂注疏即是引用原有的辭句與典故，針對原書的內容給予補充，意謂輔助當代學子通讀古書。注疏時，往往徵引其他書籍予以解說義理，如酈道元（約470～527）《水經注》引書有437種，對原書做了大量補充。清人在輯佚時，也留意到古注的重要性，利用了注疏，採錄到許多不見於世的作家作品。

四、其他典籍或他人傳記資料

梁啟超論述清人有關禮學研究成果之價值，凡千年來繁瑣的禮俗、名物、宮室、服制、飲食；制度如井田、封建、學校、賦役等類；禮儀如冠、婚、喪、祭之類。若將之視為史學領域，所呈現則是中國的制度法、風俗史⋯⋯。一般人皆以為是鄉里瑣談，不值得青睞，實乃錯失了第一手資料。清儒備

〔註127〕周一良：〈魏晉南北朝史學發展特點〉，《魏晉南北朝十二講》（北京：中華書局，2010年，7月），頁188～190。
〔註128〕〔清〕嚴可均：《全晉文·裴邈》，卷33，冊4，頁343。
〔註129〕〔清〕嚴可均：《全晉文·盧浮》，卷33，冊4，頁343。

受肯定的學術價值，即是將所需的資料蒐集起來，給予後人方便利用。資料的積累性，彼此間之相互關係，以及如何別擇取資的方法，若以史家角度，或者統合各種面向，將之整理，仍可再次利用。〔註130〕嚴氏在撰寫小傳時，除了博覽群書、廣泛蒐輯之外，試圖將見存文獻、或者採錄凌散性的資料，經過整理、分析、考證，仍可窺見作家生平之梗概。例如《全後周文‧宇文繹》：

> 繹未詳，疑當作譯。大象初內史上大夫，封歸昌公。（見《廣弘明集》
> 十）〔註131〕

宇文繹生平未詳，事蹟不見正史列傳，僅見於《廣弘明集》。曾任內史上大夫，封歸昌公。又《全後周文‧李昶》：

> 昶小名那。保定初為納言。（《北史》有傳）〔註132〕

《後周書》沒有記載，嚴可均直接從《北史》摘錄出來。之外，利用碑刻文獻搜錄到作家生平事蹟。例如《全後周文‧王妙暉》，僅在篇文下註解出處：

> 碑拓本下有曹妃等姓名六十八人，不錄。案：是月癸未朔八日「庚
> 寅」，碑作「辛丑」，誤。〔註133〕

王妙輝歷來不見於任何史傳，利用碑刻拓本取其錄文。碑文表面列有六十八人姓氏，為符合「以文類人」編纂原則，僅著錄王妙輝一人。

　　此外，凡後人著作見存於子部、史部類古籍等，仍可尋得作家之別名、別號。《全後漢書‧楊厚》：

> 厚，字仲桓，春卿孫。永初中，除中郎，免歸。永建中，拜議郎，
> 三遷至侍中。及梁冀擅權，謝病歸。歷質帝、桓帝，徵不至。元嘉
> 末卒，年八十二，私諡曰文父。（《華陽國志》十中作：「楊序，年八
> 十三。詔諡文父。」）〔註134〕

楊厚，正史有傳，嚴氏又從《華陽國志》一書記載楊序之稱名，疑為同人。敘及當時梁冀擅權與楊厚辭官等事件，諡號為文父。對此，嚴氏於作者考辨，除利用正史所載資料以外，擴及其他的典籍，尋得其別名、稱號。考校精審史無前例，為最佳見證。

〔註130〕梁啟超〈輯佚〉，《中國近三百年學術史》，頁191。
〔註131〕〔清〕嚴可均：《全後周文‧宇文繹》，卷4，冊9，頁153。
〔註132〕〔清〕嚴可均：《全後周文‧李昶》，卷6，冊9，頁170。
〔註133〕〔清〕嚴可均：《全後周文‧王妙暉》，卷21，冊9，頁280。
〔註134〕〔清〕嚴可均：《全後漢文‧楊厚》，卷11，冊2，頁123。

五、綴合多種資料

王謨在《漢魏遺書鈔‧自序》說到輯佚搜求的範圍，據書志記載，並按圖索驥。其說明：

> 竊按隋、唐二〈志〉門類，分別蒐討，經部則以孔氏、賈氏《正義》、陸氏《釋文》為主，史部則以裴氏《集解》、顏監、劉昭、章懷各註為主，不足則參之四類書。又不足則求之漢、魏以來各古書注及宋、元以來說部書。有引用某氏經者，即以還某經；引用某氏史者，即以還某史；引用某子、某傳記者，即以還某子、某傳記。〔註135〕

王謨蒐輯古籍佚書的方式，首以隋、唐二〈志之書目所著錄古籍為蒐羅對象。經部採錄的範圍是以唐代《正義》和陸德明《經典釋文》所徵引的經類材料為重點；史部輯錄的出處是以六朝以前注解為中心。擴及宋元以來小說類等。於此，清代輯佚名家大都因襲這樣的採輯範疇，取資首重經、史、子、集；兼及各種的經書注疏、漢魏六朝文人著述，繼而旁稽他種史書、古注、類書。例如《全後漢文‧史岑》資料採自《文選注》等多種經典古籍：

> 岑字孝山。爵里未詳。

> 案：《後漢‧王隆傳》，初王莽末，沛國史岑，字子孝，莽以為謁者。《文選‧出師頌注》，考定有二史岑，字子孝者，仕莽末。字孝山者，當和熹之際。引《流別集》及《集林》載岑〈和熹鄧后頌並序〉為據。今從《文選注》編入和、安帝間。〔註136〕

據此，嚴氏綴合了《後漢書‧王隆傳》、《文選‧出師頌注》、《流別集》、《集林》四書，其中後兩書記載史岑作〈和熹鄧后頌並序〉，又以《文選注》為依據，從而判定史岑的世代應在和、安二帝之間。採錄方式除了利用多種古籍之外，並直接摘取篇文所提示的內容，交代其生平背景，考訂作者。例如：《全隋文‧戴逵》：

> 逵，濟北人。

> 梅鼎祚云：「嘗仕梁元帝。入周。」又云：「據《藝文類聚》，則又入隋。」今案：《詒慧命書》有「渚宮淪沒」及「家傳賜書」與「及

〔註135〕〔清〕王謨：《漢魏遺書鈔‧序》（臺北：藝文印書館，收入嚴一萍輯《叢書菁華》，1971年），頁2。

〔註136〕〔清〕嚴可均：《全後漢文‧史岑》，卷49，冊2，頁475。

乎從仕」之語，梅說良然。〈皇太子箴〉蓋戒太子勇也，望文知

之。〔註137〕

戴逵，依循梅鼎祚之記載，曾仕宦梁朝，後又入後周；另外，梅氏又從唐代《藝文類聚》的記載，得知戴逵也曾入仕於隋代。摘取舊有文獻又取材於篇文內容「渚宮淪沒」、「家傳賜書」、「及乎從仕」等數語，「望文而知之」該篇〈皇太子箴〉是為隋朝太子勇所寫。

六、結語

嚴氏為每一作者立小傳是組成《全文》一書重要核心之部分。依其慣例，於作者生平見諸於史傳記載者，則僅略說其里系，遷除封拜及贈諡等。若不見於史傳，則稽考群書，並在案語中詳細敘述事蹟，進而做必要的訂正。《全文》校輯的作者3519人，當時僅能檢閱唐以前之文集34家，且尚須顧及到史料完整與否，不一而足。《全文》以一人之力能夠蒐羅如此數量，超乎其他文集所收載之作家總數約100多倍，可說是史無前例。尤以名不見經傳之作家作品，未曾結集成冊者，散見於各種類書、史注、金石碑刻中，力求大全；其後，以隨輯其取材，將之爬梳編次，再次校正，可說是耗費不貲。就此，若論其學術成就與治學精神，後人想是難以追隨超越。

再者，嚴氏深具遵古為上之思想，卻不因而守舊迷信。例如阮瑀（？～212）、應瑒（？～217）、陳琳（？～217）等人均卒於東漢末年建安年間。《後漢書》僅零星記載，取材毫無定例，待至《三國志》時將之條理系統化，才得以見天日。於是，後人蓋此而將視為三國魏代人，亦如新、舊《唐書》等。嚴氏對此並不以為然，旁稽各種資料文獻，精訂訓解加以佐證，博其持論，列入在《全後漢文》類。符應歷來總集《全唐文》、《全唐詩》等之編纂體例「其前代遺老卒於後代者歸前代」。〔註138〕

〔註137〕〔清〕嚴可均：《全隋文・戴逵》，卷12，冊9，頁445。
〔註138〕〔清〕嚴可均：〈凡例〉，《全上古三代秦漢三國六朝文》，冊1，頁19。

第五章 《全文》之文體分類

周彥文在《中國文獻學理論》提出使用輯佚書之反思：

> 如果我們使用的文獻是輯佚書，我們也先要對輯佚書的特性有所認
> 知。凡是輯佚書，或許全闕之間有疑義，或許順序上有問題，甚至
> 古人在引用前人書籍時，只是撮其大意，而未原文照錄，這時其文
> 字的正確性又有了問題。所以輯佚和校勘一樣，都是我們在利用文
> 獻時要先過濾的問題。〔註1〕

使用輯佚書初始，必須面對輯佚書的特性、闕佚疑義、段落之編排順序、以
及古籍原文篇第之間等問題。古人在輯錄文獻時，通常並非原文照錄鈔撮，
常有缺漏若干字。甚或為能充分表達某些意義，進而加以增刪改字；或者為
了詮釋己意，取資符合本意之材料，而刪減重要原文。凡此種問題，牽涉到
編纂者之學術思想以及傾向，導致為了傳達本位想法而在編次上有所偏頗。
對此，筆者依循資料取材方式與原則，分別論述《全文》輯錄的原則、文體
分類與編次，輯錄篇文方式等三個要目，希望能夠釐清今人誤把輯佚當作抄
書之錯誤觀念。

陳韻珊論及嚴可均治學方法：

> 嚴氏是個實踐主義者，他將乾嘉時代的治學方法，認真地運用在研究
> 上，因此乾嘉時代治學的優缺點，正好反映在他的著作中。〔註2〕

又說：

〔註 1〕 周彥文：《中國文獻學理論·方法論》（臺北：臺灣學生書局，2011 年 6 月），
頁 42。
〔註 2〕 陳韻珊：〈後記〉，《清嚴可均事蹟著述編年》（臺北：藝文印書館，1995 年 12
月），頁 IV～V。

　　嚴氏治《說文》的過程與方法，實則代表乾嘉時期治學一種重視『古
本』風尚，因而他治《說文》時，即以輯佚之法入手。〔註3〕

乾隆四十二年（1777）嚴可均開始治經，當時的經學家重視《說文》研究是
與經學之復興息息相關。因為：「經以明道，而求道者不必空執義理以求之
也，但當正文字、辨音讀、釋訓詁、通傳注，則義理自見，而道在其中矣。」
〔註4〕清代學術宗旨是「由小學以通經明道」〔註5〕他們都把「經」看成載道
之書，欲求道必通經。乾隆五十九年，受到姚文田的資助，一起研究《說文
解字》，嘉慶元年（1796）編纂《說文長編》（或稱《說文類考》）。今中國國
家圖書館圖尚存嚴氏《說文類考》殘卷一冊，首有一目次「引據群書類」，該
文大綱意旨以《說文》取引群經、傳注諸家等為探討中心。誠援引《易》、《書》、
《詩》、《周禮》、《春秋》、《春秋公羊傳》等經書，以證持論。另外，將姚文
田、嚴氏曾同纂之《說文考異》，編列「群書引說文類」標目，即是《說文類
考》之「群書引說文類」。嚴氏在《舊說文錄‧序》中說明研治《說文》之初
步手法，乃先采輯引據《說文》諸書：

　　　《說文》自《五音韻譜》盛行，而徐鼎臣本舊矣，而未舊也！鼎臣
　　　學識荒陋，其所校定者訛謬羨脫，彌望而然，余與二三同志重欲校
　　　定，因起東漢止北宋，凡諸書之引《說文》者，大錄一編為底簿焉。
　　　以鼎臣未舊而前乎鼎臣者舊也。故題曰：《舊說文錄》云。宛平嚴可
　　　均。〔註6〕

據序文，嚴氏校正徐本《說文》之初端，先以結輯東漢至北宋之諸書，凡引
據《說文》者一一摘錄，視為稽考底本，與輯佚之法類似。其內容當與《說
文長編》中「群書引說文類」雷同。〔註7〕嚴氏自《商君書新校正》在乾隆五
十七年（1792）時發其端，續而考校群書、彙編整理、專心著述三者為生活

〔註3〕陳韻珊：〈論嚴可均治《說文》的方法〉，《中國文學研究》第 10 期（1996 年
　　　　6 月），頁 1。
〔註4〕〔清〕王鳴盛；黃曙輝點校：《十七史商榷‧序》（上海：上海書店，2005 年
　　　　12 月），頁 1。
〔註5〕郭康松：〈清代考據學的學術宗旨〉，《清代考據學研究》（武漢：崇文書局，
　　　　2001 年 8 月），頁 9。
〔註6〕《舊說文錄》，轉載自：〈論嚴可均治《說文》的方法〉，《中國文學研究》，頁
　　　　4。「嚴可均輯《舊說文錄》，為吳縣王仁俊鈔本二冊，不分卷，首有嚴氏之
　　　　序。」現館藏於上海圖書館。
〔註7〕陳韻珊：〈論嚴可均治《說文》的方法〉，《中國文學研究》，頁 4。

重心；之間，平時交往之學者，當以經學為論述中心，尤偏重研治小學與校勘經典為風尚。〈商君書新校正序〉一文提及，當代舊刻間雜許多舛誤之字，考校之前須以旁搜群籍、參稽眾本為先。顯然，若論及蒐集群書、參校眾本，則入門之法當在考證校勘之前。由此可見，文獻考證端賴於輯軼之全為重。〔註8〕章學誠在《校讎通義》提及輯佚除了先參稽眾本外，仍需進一步彙編整理，即所謂「補綴整合法」：

> 昔王應麟（1223～1296）以《易》學獨傳王弼（226～249），《尚書》
> 止存《偽孔傳》，乃采鄭玄（127～200）《易注》、《書注》之見於羣
> 書者為鄭氏《周易注》、鄭氏《尚書注》；又以四家之《詩》，獨《毛
> 傳》不亡，乃采三家《詩》說之見於羣書者為《三家詩考》。嗣後好
> 古之士踵其成法，往往綴輯逸文，蒐羅略遍。〔註9〕

依章學誠之見，蒐輯佚書工作，應始於宋之王應麟《周易鄭康成注》、《尚書鄭康成注》與《三家詩考》，采輯群書引鄭玄的注解。「引據鄭玄注解群書」乃是蒐輯佚文方法之一，後世學者也大多因襲此論。又說「采輯補綴」擴充采輯的範圍，提出更具體意見：

> 若求之於古而不得，無可如何，而求之今有之書，則又有「采輯補
> 綴」之成法，不特如鄭樵（1104～1162）所論及也。……今按緯候
> 之書，往往見於《毛詩》、《禮記注疏》及《後漢書注》；漢魏雜史，
> 往往見於《三國志注》；摯虞（？～311）《流別》及《文章志》，往
> 往見於《文選注》；六朝詩文集，多見於《北堂書鈔》、《藝文類聚》；
> 唐人載籍，多見採於《太平御覽》、《文苑英華》。一隅三反，充類求
> 之，古逸之可採者多矣。〔註10〕

章學誠所謂「采輯補綴」之法，實屬於輯佚取材方式之一種，即是前代著作，可取諸於後代的注疏、雜傳、類書等資料。誠如漢朝讖緯之書，往往可見於後代《毛詩》、《禮記注疏》及《後漢書注》；六朝詩文集等之逸文，可見於唐代所編纂的類書《北堂書鈔》、《藝文類聚》等。除擴大取材範圍，尤以綴拾補綴，綜合整比對勘等方式，超越鄭樵「引據鄭玄注解群書」之手法。劉咸

〔註8〕〔清〕嚴可均，孫寶點校：〈商君書新校序〉，《嚴可均集》，頁409。
〔註9〕〔清〕章學誠：《校讎通義·補鄭第六》（臺北：廣文書局，收入《文史通義》、
　　　《校讎通義》合冊本，1981年8月），頁16。
〔註10〕〔清〕章學誠：《校讎通義·補鄭第六》（收入《文史通義》、《校讎通義》合
　　　冊本），頁16。

炘（1896～1932）在目錄學・存佚篇》論及輯佚之事：

> 宋世所傳唐人小說，及唐以上人文集，卷數多與原書不合。校以他
> 書所引，往往遺而未錄，蓋皆出於宋人綴拾而成，此即輯佚之事
> 也。〔註11〕

凡論宋代流傳唐人小說，大抵均出於宋人綴拾補遺他書，輯錄而成。統而言
之，綴拾補遺一事，即是輯佚之事。因此根據《全文》輯錄的篇文，採用的
方式有四：一是內容輯錄某處，全無增刪；二是內容有所增刪、改寫、合併；
三是輯錄之篇文，凡出自同書，不同段落，內容有增刪、改寫、合併；四是
輯錄篇文，出自多家文獻，有增刪、改寫、合併。輯錄之前，和校勘一樣必
須，要先過濾文獻之問題所在，如取材方式與原則，文體分類與編次，輯錄
形式之探討等。於此，希望透過本文研究，讓今人研治輯佚者了解，《全文》
並非僅停留在抄書層面，從文獻取資觀點視之，確有其極高的學術價值。

第一節　輯錄之原則

　　清儒實事求是的治學精神，以崇古賤今為念，尤其是熱衷於早已佚失之
古籍，輯佚之學至此蔚然成風，當世學者趨之若鶩成為主流學說。清代馬繡
（1621～1673）在《繹史》中說明，從輯佚之取資方法，可見其端倪：

> 漢魏以還，稱述古事，兼為采綴，以觀異同。……則取諸箋注之言，
> 類萃之佚，雖非全璧，聊窺一斑，《十三經注疏》、《史記索隱》、《正
> 義》、《漢書注》、《後漢書注》、王逸《楚辭注》、酈道元《水經注》、
> 六臣《文選注》、以及《左》、《國》、《世說》等注，其旁證尚論，存
> 古最多。至類書則杜氏（735～812）《通典》、白氏《六帖》、《初學
> 記》、《藝文類聚》、《冊府元龜》、《太平御覽》、《太平廣記》、《文獻
> 通考》、鄭氏《通志》、《玉海》、《說郛》、《事類合璧》、《天中記》、《事
> 文類聚》、《錦繡萬花谷》。其中引用古書名目，今多不見，或聯載數
> 語、或單存片語、今皆取之。〔註12〕

依馬繡之見，「漢魏以還，稱述古事，兼為采綴，以觀異同」。取資來源較前
代更為擴大、取用方法更為縝密。除肯定箋注、類書等舊籍具有重要性之外，

〔註11〕劉咸炘：《目錄學・存佚篇》（上海：上海科技文獻出版社，2008 年 1 月），頁
　　　　18。
〔註12〕〔清〕馬繡著：〈微言〉，《繹史》（濟南：齊魯書社，2001 年 6 月），頁 2～3。

輯佚範圍擴及到經、史、子、集四部。尤其是「聯載數語、或單存片語、今皆取之」，符合嚴氏輯錄的原則，以備全為宗，以細密的稽考為務。至於選文標準，當可參見〈凡例〉之數條說明，於《全文》整體之相關研究，具備了概念性的認識。

一、經傳之誓誥箴銘

　　嚴氏在〈凡例〉提及收錄的原則：「凡經傳不錄，錄經傳中所載之誓、誥、箴、銘等文。」〔註13〕依照《全唐文》標準，單書不予採錄，僅摘其漏遺之篇文或者斷簡殘句；就文體本源來論說，凡「誓、誥、箴、銘」均溯源於《五經》。〔晉〕劉勰（465～532）《文心雕龍・宗經》說：

> 故論、說、辭、序，則《易》統其則；詔、策、章、奏，則《書》
> 發其源；賦、頌、歌、讚，則《詩》立其本；銘、誄、箴、祝，則
> 《禮》總其端；紀、傳、銘、檄，則《春秋》為根。並窮高以樹表，
> 極遠以啟疆，所以百家騰躍，終入環內者也。〔註14〕

所謂《五經》是以《易》、《詩》、《書》、《禮》、《春秋》為綱，其歸納原則，乃以同性質、主題、或形式，進而形成不同的文類。〔梁〕顏之推（531～591）《顏氏家訓・文章》也說：

> 文章者，源出《五經》：詔、命、策、檄，生于《書》者也；序、述、
> 論、議，生于《易》者也；歌、咏、賦、頌，生于《詩》者也；祭、
> 祀、哀、誄，生于《禮》者也；書、奏、箴、銘，生于《春秋》者
> 也。〔註15〕

據此，觀察文體歸類的原則，劉勰與顏之推雖有分合相異的觀點，以根源於《五經》之面向來看，兩者皆有共識。嚴氏取材的核心，以集部散佚典籍為主幹，以見存不錄為總則。然而，舉凡經、傳部類之佚文，包括誓、誥、箴、銘等文類，均見諸於他書旁籍，如何取錄？嚴氏有進一步說明。例如《全上古三代文・周文王》有篇〈程寤〉，嚴氏注解其出處時，提及篇文去取之因由：

> 案《周書・度訓》至〈文傳〉十七篇，今見存，不具錄。錄諸篇中

〔註13〕〔清〕嚴可均：〈凡例〉，《全上古三代秦漢三國六朝文》，頁21。
〔註14〕〔晉〕劉勰；〔清〕黃叔琳注；〔清〕紀昀評：《文心雕龍・宗經》（臺北：世界書局，2011年2月），頁6～7。
〔註15〕〔梁〕顏之推；梁銘、余正平譯注：《顏氏家訓・文章》（廣州：廣州出版社，2001年7月），頁123。

所載之詔、告、令，而以〈程寤〉冠周代文之首。〔註16〕

誠上之案語，說明經部之《逸周書》仍通行於世，在書目編輯歸在「經」類，儒家尊它為《書經》。目次區分為《虞書》、《夏書》、《商書》、《周書》四部份，其中《虞書》、《周書》保存史料較為周全與真確，因此見存不錄，只收錄詔、告、令。「誥、誓、命」首見於《尚書》經，屬於「詔」類文。「按三代王言，見於《書》者有三：『曰誥、曰誓、曰命。』至秦改之曰詔，歷代因之。」〔註17〕可見詔、告、令都是古代公牘文類。「箴」類，本是規勸之辭，《左傳》具載齊備。吳訥（1372～1457）說：「蓋箴者，規誡之辭，若鍼之療疾，故以為名。」〔註18〕最早見於夏商二〈箴〉，於《左傳》記載最多。

古有夏商二〈箴〉，見于《尚書大傳解》、《呂氏春秋》，而殘缺不全。

獨周太史辛甲命百官官箴王闕，而虞氏掌獵，故為〈虞箴〉，其辭備
載《左傳》。後之作者，蓋本於此。〔註19〕

由於夏商二〈箴〉最早見於《尚書大傳解》、《呂氏春秋》二書，可惜殘缺不全。周太史辛甲，曾倡議百官各寫官箴一篇，勸王行善補過。當時虞氏掌獵，稱〈虞箴〉惜已佚失。其中以《左傳》著錄最多，致使後世之人，皆認為「箴」類是始於《左傳》之記載。「銘」類之文，也是緣起於《左傳》說：「夫箴誦於官，銘題於器，名目雖異，而警戒實同。」〔註20〕二者用途、取材也不同，「箴」是對百官之警戒，「銘」則有褒讚之意。「凡經傳不錄，錄經傳中所載之誓、誥、箴、銘等文。」依此，經傳類的收錄原則，是以佚經、佚文為主要範圍。

除此之外，嚴氏有時在輯錄的篇末加上案語，交代其篇文著述的源起。例如《全上古三代文·周文王》之〈詔牧〉及〈告四方遊旅〉：

《周書·大匡》：維周王宰程三年，遭天之大荒，於是告四方游
旅。〔註21〕

〔註16〕〔清〕嚴可均：〈程寤〉，《全上古三代文·周文王》，卷2，冊1，頁20。

〔註17〕〔明〕吳訥：《文章辨體序說·詔》（臺北：長安出版社，影印《文章辨體序說》、《文體明辨序說》合冊本，1978年12月），頁35。

〔註18〕〔明〕吳訥：《文章辨體序說·箴》（收入《文章辨體序說》、《文體明辨序說》合冊本），頁46。

〔註19〕〔明〕吳訥：《文章辨體序說·箴》（收入《文章辨體序說》、《文體明辨序說》合冊本），頁46。

〔註20〕〔晉〕劉勰；〔清〕黃叔琳注；〔清〕紀昀評：《文心雕龍·銘箴》，頁40。

〔註21〕〔清〕嚴可均：〈告四方遊旅〉，《全上古三代文·周文王》，卷2，冊1，頁21。

周文王（前 1152～前 1056）宰程三年，全國發生飢荒，〈詔牧〉述及發生之因由，上位者不德，不體恤民情。後之〈告四方遊旅〉，詔告全國，設立均法制，不管身分是權貴或者平民百姓，皆要求「車不雕飾，人不食肉，畜不食穀，國不鄉射，樂不墻合」〔註 22〕。由於《左傳》歷來被歸於經部之一，嚴氏也從其注文中，輯錄出《尚書》不少佚文。例如《全上古三代文·魯周公》之〈誓命〉篇：

> 毀則為賊，掩賊為藏。竊賄為盜，盜器為奸。主藏之名，賴奸之用，為大凶德，有常無赦。在《九刑》不忘。
>
> 《左傳》文十八年，注：〈誓命〉以下皆《九刑》之書。《九刑》之書今亡。〔註 23〕

今從《左傳注疏》原文得知，〈誓命〉篇的重點是譴責周王之失禮一事，其故實原被記載在《九刑》一書裡，今因亡佚無傳本。所以若單從嚴氏案語中，是無法了解其「〈誓命〉以下皆《九刑》之書。《九刑》之書今亡」原意。依據《左傳》之記載，《九刑》一書，不見存於世，其內容有〈誓命〉一篇，是從《左傳注疏》中輯錄出來。符合了梁啟超所說輯佚之法：「取諸唐人義疏，以輯漢魏經師遺說。」〔註 24〕古來，《左傳》、《公羊傳》、《穀梁傳》、《易》、《逸周書》等皆被儒家列為經部類，尚稱保存完整。經傳不予收錄之原則，若捃拾於其他舊籍經典，在精審稽考之前提下，加以收錄以求完備。

二、金石刻辭

清代考據學的興盛，拓展了研究之層面，促使金石之學大放異彩。利用金石資料作為考校經史之依據，在清代席捲各個治學領域，可當是乾嘉一代之顯學。根據陳韻珊《清嚴可均事蹟著述編年》提及，嚴氏曾幫孫星衍編《平津館金石萃編》，收錄約二百五十種碑刻拓片，並一一做出考釋。此時約是嘉慶十年左右（1805）；後又鈔纂一部《金石總纂》，其內容是按〔清〕王昶《金石萃編》之次第，鈔錄各篇的摘要，補增王昶所未備，應是作為編纂《平津館金石萃編》之參考筆錄。今藏於中央研究院的史語所。〔註 25〕在此之前嘉慶二年（1797），嚴可均已利用唐大和石壁校本讀之，又假葉紹楏所修的拓本

〔註 22〕〔清〕嚴可均〈告四方遊旅〉，《全上古三代文·周文王》，卷 2，冊 1，頁 21。
〔註 23〕〔清〕嚴可均〈誓命〉，《全上古三代文·魯周公》，卷 3，冊 1，頁 37。
〔註 24〕梁啟超：〈輯佚〉，《中國近三百年學術史》，頁 302～303。
〔註 25〕陳韻珊：《清嚴可均事蹟著述編年》，頁 39。

散片對校，寫成了《唐石經校文》。可見，考校之前必先收輯，嚴氏利用金石碑刻收錄佚文或者是佚篇，可說是當代開路之先河。

〈凡例〉：「錄金石刻辭，而岣嶁碑字難識不錄。」〔註26〕嚴氏資料的取得，采錄金石碑辭，作為古籍的對比佐證，乃為開研究歷史之先河。從現存的金石碑刻查考，商周時期的銘文與秦代的刻石乃為現今最早之出土載體。由於年代久遠，碑刻文字早已磨滅難識，既然無法當為文獻佐證，嚴氏只好棄而不收。例如《全上古三代文·闕名》有一篇〈許子將鐘銘〉，末注明出處來自〔宋〕薛尚功《鐘鼎款識》；〔註27〕又〈齊鐘銘〉取自於《鐘鼎款識》與〔宋〕呂大臨（1040～1092）《考古圖》。〔註28〕另外，利用他人的收錄成果，如〈邾公華鐘銘〉，拓本，「案，此鐘大學士紀昀（1724～1805）所藏」。〔註29〕並汲取前人收錄的金石碑刻，作為研究典籍與歷史考證之憑藉，進行佚文的收錄。例如《全秦文·李斯》一篇〈繹山刻石〉，源自於徐鉉（916～991）重摹《繹山碑》拓本，內容是秦始皇（前259～前210）滅六國統一天下後之註記。補《史記》之未記載。以下是嚴氏的考證：

徐鉉重摹《繹山碑》拓本。

案：《秦刻石》三句為韻，唯《琅邪臺》二句為韻，皆李斯之辭。張守節言：「《會稽碑文》及書皆李斯，斯獄中上書言：『更刻畫，平斗斛、度量文章，布之天下。』其顯據也。」此文《史記》不載。〔註30〕

嚴氏從《秦刻石》以三句為韻、《琅邪臺》以二句韻的文體形式觀察，推論是李斯之作。何況又依據〔唐〕張守節之《史記正義》提及李斯曾在獄中上書「更刻畫，平斗斛、度量文章，布之天下」，作為佐證。又〈晉平西將軍周處碑〉一文，碑拓本。據碑文中「太興二年」訂正史實，發現新資料，可補足傳世文獻之闕誤。〈晉平西將軍周處碑〉一文並不是西晉陸機（261～303）所撰。

案：碑在宜興孝武侯廟，題陸機撰，王羲之書。唐元和六年，義興縣令陳從諫重樹。據文有太興二年語，明非陸機撰。反覆觀之，其

〔註26〕〔清〕嚴可均：〈凡例〉，《全上古三代秦漢三國六朝文》，頁20。
〔註27〕〔清〕嚴可均：〈許子將鐘銘〉，《全上古三代文·闕名》，卷12，冊1，頁164。
〔註28〕〔清〕嚴可均：〈齊鐘銘〉，《全上古三代文·闕名》，卷12，冊1，頁164～165。
〔註29〕〔清〕嚴可均：〈邾公華鐘銘〉《全上古三代文·闕名》，卷12，冊1，頁166～167。
〔註30〕〔清〕嚴可均：〈繹山刻石〉，《全秦文·李斯》，卷1，冊1，頁235。

駢儷對偶，當屬舊文。餘則唐人以新修《晉書》及他說添補。今以

舊聞當格，其添補文傍注，以別異之。〔註31〕

考證疑點一是石碑位置在宜興孝武侯廟，題陸機所撰，疑點二是碑文是以駢
儷對偶形式刊刻，屬於六朝舊文。根據太興二年（432）史實，當為十六國北
燕馮昭帝年號，唐元和六年（811）重建。除陸機生年不符外，據其所撰述的
內容，乃是抄錄於《晉書》及其他典籍。依此疑點判斷，碑文應非陸機所寫
的。由於作者未詳，嚴氏從內文詳細查考，此碑文當為南北朝時的作品，歸
為《全晉文·闕名》。可見嚴氏讀碑心細，並不是單純資料彙編而已。

三、史部的史序、史評、佚史論贊

《文選》收錄之原則，是「事出於沉思，義歸乎翰藻」〔註32〕之篇章。
凡經過深思建構，與華美辭藻之表現，並具有文學性質之文。至於「論贊」、
「序述」等史傳性質，也併入結集。其原因是「記事之史，繫年之書，所以
褒貶是非，紀別異同，方之篇翰，亦已不同。」〔註33〕記事編年史事、或者
是褒貶是非之論贊，記錄方式不同，與文學作品相比，是有些差異。就撰寫
的過程與文字形式表現，是符合「事出於沉思，義歸乎翰藻」標準。所以《文
選》把它們與文學性質篇章結合，加以編輯。對於序、評、傳等文體的特徵，
《文心雕龍·論說》一篇，論述比較清晰：

詳觀論體，條流多品。陳政則與議說合契，釋經則與傳注參體，辨

史則與贊評齊行，銓文則與敘文共紀。故議者宜言，說者說語，傳

者轉師，注者主解，贊者明意，評者明理，序者次事，引者亂辭，

八名區分，一揆宗論。〔註34〕

劉勰認為文體的支流品類很多，用來陳述政事就以「議」與「說」兩種文體
最為貼切。解釋經意就與傳和注相互對照配合；贊和評兩種文體是用來辨析
歷史；序和引是用來品論文章的。所以議的內容強調要論述合宜，傳是源自
於轉述老師之學於後世，注是解釋經書的意義，評是公平的評論，序是按次
第說明內容，引是引伸之意。其實這八體的重點都是以論述道理為重點，可

〔註31〕〔清〕嚴可均：〈晉平西將軍周處碑〉，《全晉文·闕名》，卷146，冊5，頁1531。
〔註32〕〔梁〕蕭統編；〔唐〕李善注：《昭明文選·序》（臺北：五南圖書公司，1991
年10月），頁5～6。
〔註33〕〔梁〕蕭統編；〔唐〕李善注：《昭明文選·序》，頁5～6。
〔註34〕〔梁〕劉勰撰；〔清〕黃叔琳注；〔清〕紀昀評：《文心雕龍注》，頁68。

歸為「論」的文類。劉勰論說文體分類的觀點，認為「評」、「序」、「論」、「贊」
等文體之功能性是一致的，以評論為主。顯然，嚴氏的〈凡例〉云：「《史
記》、《兩漢》、《三國》、《宋》、《齊》、《後魏》，及《漢紀》、《後漢紀》、《華
陽國志》之論贊，全本見存不錄，錄史序、史評。」〔註35〕對於史部的輯佚
標準，以見存不錄為首則，僅收載史部已失佚之史序、史評、佚史等論贊。
其典型之作一如《全晉文‧康泓》之〈單道開傳贊〉，故事內容是單道開之
神蹟。

> 肅哉善人，飄然出群。外軌小乘，內暢空身。玄象輝曜，高步是臻。
> 餐如芝英，流浪岩津。
> 嚴案：《高僧傳》九，《法苑珠林》五十九，《十六國春秋》二十
> 一。〔註36〕

康泓生平事蹟不詳，著有《道人單道開傳》一卷。《晉書‧列傳》記載單道開
是敦煌人，粗衣不食飄影無蹤，並能夠步行千里。死後身體髮膚都能生香，
最後蟬蛻羽化而走，有論贊云幾字，卻無後文。《釋文紀》也收錄該佚文，而
嚴氏加注取材出處於史部的《十六國春秋》，子部的《高僧傳》、《法苑珠林》
等三書。又《全晉文‧孫瓊》之〈公孫夫人序贊〉，其人為東晉鈕滔之母，只
知有文集二卷。嚴氏從《藝文類聚》十八，輯錄出此篇〈序贊〉，敘述其生平
行誼，知書達禮、秀外慧中，「動遵禮規，居室則道齊師氏，有行則德配女儀」。
〔註37〕彌補秦瓊在史傳資料的不足。

四、子部的佚文、佚書

《全文‧凡例》云：「子書見存者不錄，錄佚文及佚子書。」〔註38〕嚴氏
不取錄子書，原由於常可見通行於世。然，若經由歷代的類書、古人章句之
注解中，曾記載該書為佚文者，則加以輯錄之；或者是從先秦史書、子書、
傳中曾引錄他人早已佚失之論著；及漢朝以後史書、子書，有曾引錄先秦時
人之篇文者、甚或斷簡殘語，則一概予以取資。乾隆五十八年（1793）嚴可
均校正《商君書》，後有加注案語：

> 案：隋、唐《志》及唐代注釋家徵引，并作《商君書》，不曰《商

〔註35〕〔清〕嚴可均：〈凡例〉，《全上古三代秦漢三國六朝文》，頁20。
〔註36〕〔清〕嚴可均：〈單道開傳贊〉，《全晉文‧康泓》，卷133，冊5，頁1380。
〔註37〕〔清〕嚴可均：〈公孫夫人序贊〉，《全晉文‧孫瓊》，卷144，冊5，頁1505。
〔註38〕〔清〕嚴可均：〈凡例〉，《全上古三代秦漢三國六朝文》，頁20。

子》，今復其舊稱。又其篇帙，《漢志》「二十九篇」，《讀書志》
「今亡三篇」，《書錄解題》「今二十八篇，又亡其一」，是宋本實二
十六、二十七。余得元鐫本，始〈更法〉，止〈定分，為篇二十六，
中間亡篇二：第十六、第二十一、實二十四篇，與今所刑范欽本正
同。……〔註39〕

《商君書》宋本已亡佚，嚴氏取得元刊本，又以明代范欽本、秦四麟本校
正。在校正前並以「隋、唐《志》及唐代注釋家徵引，并作《商君書》」，試
圖恢復其舊貌與舊稱。古來《商君書》大致保存完整，並有傳本見世，在纂
輯《全文》時並未收錄。但是，卻從《群書治要》卷三十六中，發現了佚篇
〈六法〉。其篇名下誠案語說：「《商君書》二十九篇，今二十四篇，見存不
錄，錄其佚篇」。〔註40〕同例，孫武（前 545～前 470）之〈兵法〉，其案語
「《孫子兵法》十三篇見存不錄，錄其佚文」。〔註41〕陳韻珊曾統計嚴氏《四
錄堂類集》著作，其中編纂子部書約有四十一種，多為先秦至六朝的佚書，
由於卷數不多，大多已收入在《全文》中〔註42〕。另外收錄劉廙（180～221）
之佚書有《政論》一卷，其書在宋代已亡佚。嚴氏的案語說明該書輯佚的
過程：

謹案：《隋志·法家》：「梁有《政論》五卷，魏侍中劉廙撰，亡。
舊、新《唐志》著于錄，至宋復亡。……今世所見，僅《群書治
要》載有八篇，題為《劉廙別傳》，而目錄作《政論》。據裴松之
（372～451）所引《別傳》，似與《政論》各為一書，則目錄作《政
論》者是也。各書都未徵引，《治要》有此，彌復可貴，因錄出以廣
其傳。〔註43〕

裴松之所引據目錄《別傳》一書，曾著錄《政論》一書，可惜在宋代已亡。
目前《全文》自《群書治要》處僅收錄八篇，可見該書之彌足珍貴。後人張
鈞衡（1872～1927）收入《適園叢書》，嚴氏手稿藏於上海圖書館。

〔註39〕〔清〕嚴可均：〈商君書總目〉，《商君書新校正》（上海：上海古籍出版社，
　　　　《續修四庫全書》第 971 冊，2002 年），頁 647～648。
〔註40〕〔清〕嚴可均：〈六法〉，《全上古三代文·商鞅》，卷 11，冊 1，頁 147。
〔註41〕〔清〕嚴可均：〈兵法〉，《全上古三代文·孫武》，卷 5，冊 1，頁 69。
〔註42〕陳韻珊：〈嚴可均著述考略上〉，《大陸雜誌》第 91 卷第 3 期（1995 年 9 月），
　　　　頁 40～44。
〔註43〕〔清〕嚴可均：《政論》，《全三國文·劉廙》，卷 34，冊 3，頁 345。

五、宋玉、賈誼以下擬騷體

「辭賦」出於《詩》，乃是古來論文體所持之觀點，如《文心雕龍·詮賦》、《古文辭類纂》。《漢書·藝文志》本劉歆《七略·詩賦》把歌詩或不歌而誦的「賦」分開列目，作為「詩」、「賦」之別。一是可歌，一不可歌。「賦」分為四種，一是屈原賦，以言情為主，「騷體」賦；二是孫卿賦，以敘物為主；三是陸賈賦，以議論為主；四是雜賦，如〈藥性賦〉之類。〔註44〕《昭明文選》簡稱《文選》，開始列「賦」類於首，除了「詩」類又另列「騷」類。「騷」體之賦，乃因楚人屈原（前352～前281）的〈離騷〉而得名。屈原是辭賦之祖，楚人曰「辭」，漢人稱「賦」，一體兩名。雖是一脈相承，「六義附庸，蔚成大國」〔註45〕「不歌而誦」之賦體，自漢代在體制上已有些變化。例如漢之司馬相如（約前179～前117），其〈大人賦〉仍用「兮」字調，為「騷體」。〈上林子虛〉等賦，不用「兮」字調，自此以後，《楚辭》既是一部總集名稱，也是一種文學體制之代號。〈凡例〉：「屈《騷》見存不錄，錄宋玉、賈誼以下擬〈騷〉」。〔註46〕嚴氏「騷體」收錄的原則，是屈原以下之「擬騷體」，代表作家為先秦時的宋玉（前298～前222）、唐勒（約前290～前223）、景差（約前290～前223）等人。漢成帝（前51～前7），劉向整理古文獻，把屈原、宋玉的作品和漢代人仿寫的作品匯集編成《楚辭》一書。在屈原以後，凡先秦之楚辭家，僅見屈原、宋玉二人之作。「楚辭」在漢代又被稱為「賦」，並把詩、賦、楚辭等三體歸為詩類，魏晉時期仍沿襲該種區分法。直到《文選》將文體列為三十九類，其中騷類列在第三項。由是，該文類體即被獨立分出，與上述「賦」、「楚辭」二體並列。自此，凡內容、風格皆為後人仿效學習之典範，〔註47〕《文心雕龍·辨騷》論及其在文學史上的重大影響。

> 自〈九懷〉以下，遽躡其跡；而屈、宋逸步，莫之能追。故其敘情怨，則鬱伊而易感；述離居，則愴怏而難懷；論山水，則循聲而得貌；言節候，則披文而見時。是以枚、賈追風以入麗，馬、揚沿波而得奇；其衣被詞人，非一代也。〔註48〕

〔註44〕蔣伯潛：《文體論纂要·辭賦》（臺北：正中書局，1959年7月），頁163。

〔註45〕〔梁〕劉勰撰；〔清〕黃叔琳注；〔清〕紀昀評：《文心雕龍注·詮賦》，頁27。

〔註46〕〔清〕嚴可均：〈凡例〉，《全上古三代秦漢六朝文》，頁20。

〔註47〕馬積高、黃鈞主編：《中國古代文學史·先秦、魏晉南北朝》（臺北：萬卷樓圖書公司，2008年8月），冊1，頁119～147。

〔註48〕〔梁〕劉勰撰；〔清〕黃叔琳注；〔清〕紀昀評：《文心雕龍注·辨騷》，頁14。

《楚辭》在文學史上的影響，不僅只此一代。從漢代初始，司馬相如、賈誼、枚乘等人所作的賦類，繼承《楚辭》之風格外，依循體制將歸入《楚辭》一書。至於其他擬騷之作，如〔漢〕王褒之〈九懷〉，以及後來仿效《楚辭》之作，皆風起雲湧，遍及四方，在文學史上佔有一席之位，盛行於當代。對此，劉勰認為屈原、宋玉之騷體，雋永深長，耐人尋味，後人是難以效仿。以是，賈誼（前200～前168）、枚乘（？～約前140）等，僅能踵趾相接《楚辭》之雅麗風格；司馬相如（約前179～前117）、揚雄（前53～18）等，也只能隨其餘波，難以超越，未能受到矚目。如在《全漢文・淮南小山》僅收一文〈招隱士〉，嚴氏注明出處為《楚辭》與《文選》。〔註49〕淮南小山為「淮南王安客」，根據《漢志》記載淮南群臣賦有四十四篇，今僅存一篇。可見「騷體」之作，散佚嚴重。嚴氏以見存不收錄為準則，僅能輯錄自屈原下迄六朝之「擬騷體」。

六、文有煩簡、完闕、訛誤、或宋以前依託，畢登無所去取

〈凡例〉：「文有煩簡、完闕、雅俗，或寫刻承訛，或宋已前依託，畢登無所去取。」〔註50〕上古之文在流傳寫刻中，常以當代通行的文字改易；若返回原典，企圖恢復古籍原貌，勢必須從該時流行的語言入手，加以辨別其真偽。對此，難免會使不少古文典籍被排除在外。若將宋代以前通行的「傳注」典籍當為先秦資料，又不免過於濫觴。嚴氏將先秦以前文獻資料，不管是否已被證實為後人依託，以南宋前為限，悉數收載。例如：《全後漢文・孔安國》中收有一篇〈家語序〉，《家語》一書，從元人、明人考證，皆認為王肅（195～256）的著作。另有一說，為〔漢〕孔安國所撰，嚴氏則悉數收錄，但疑為後人所依託，加以注明。以下是嚴氏的說法：

> 〔元〕王廣謀、〔明〕何孟春（1474～1536）《家語注》皆載此序，以為王肅作。又載〈孔衍上書云：「安國撰次《家語》，值巫蠱不行。」則以此序為安國作。毛晉（1599～1659）重刻北宋本《家語》，別有王肅序全篇。肅不言安國撰次也，疑此序及〈孔衍上書皆後人依託。〔註51〕

除了元人、明人認為〈家語序〉為王肅所作之外，《孔衍上書》則記載為孔安

〔註49〕〔清〕嚴可均：〈招隱士〉，《全漢文・淮南小山》，卷20，冊1，頁451。
〔註50〕〔清〕嚴可均：〈凡例〉，《全上古三代秦漢三國六朝文》，頁20。
〔註51〕〔清〕嚴可均：〈家語序〉，《全後漢文・孔安國》，卷13，冊3，頁385。

國所撰寫。〔明〕毛晉重刻宋本《家語》中也有一篇王肅所作之〈家語序〉，卻不提孔安國撰。嚴氏則直從《家語》、〈孔衍上書〉兩書所收錄的〈序〉切入觀察，懷疑為後人假託。這種後人依託造偽之文，在《全文》收錄中屢見不鮮，如《全漢文・孔安國》之〈秘記〉也是。其次，在無確切證據解開疑惑，則暫且保留，留待後人考證。如〔漢〕賈誼之〈惜誓〉：

> 《楚辭》十一。〈王逸敘〉云：「不知誰所作也，或曰賈誼，疑末能明也。」今姑入《賈集》。〔註52〕

針對《楚辭章句》之〈王逸敘〉作者部分，前有賈誼之疑，所以僅能暫予歸入《賈誼集》；之外，將多種錄文，取之合併為一篇，著重在增補遺文。如《全上古三代文・鬼谷先生》之〈遺書責蘇秦張儀〉。此篇采自《錄異記》，嚴氏案語說明：「案：『此校《真隱傳》互有刪節，而首尾多十餘語，故并錄之。』」〔註53〕嚴氏在校訂《真隱傳》時，與杜光庭（850～933）的《錄異記》互為比較，增拼出十餘句，補其闕文。或者是將同一題名之篇文，各書所載內容不同，則悉數收錄，避免掛漏遺失。例如《全漢文・宣帝》之〈耆老勿坐罪詔〉，因內文有差異，嚴氏分別從兩書中併錄之。其案語：「《漢書・刑法志》，與《宣紀》所載小異今并錄之。」〔註54〕《漢書・宣紀》與《漢書・刑法志》均記載此篇文章，彼此對照，差異甚大，所以將之同列併錄，避免疏漏。

七、結語

　　輯佚，顧名思義就是輯錄散佚。一書亡佚，僅存零篇，或者一書雖存，篇章內文凡有散佚疏於載錄，今為重輯皆可稱為輯佚。〔註55〕許逸民把輯佚的體例細分為四種類型，使其更明確：

> 一輯錄佚書。原書已散亡，須爬梳群書，將所得佚文，按原書體例重新編次，冀恢復原書舊貌。如上海古籍出版社版《古本竹書紀年》，中華書局版《舊五代史》等；二是輯錄佚文。原書尚有版本傳世，但已有殘缺，今須在保持原有版本舊貌的同時，另輯佚文，以補其

〔註52〕〔清〕嚴可均：〈惜誓〉，《全後漢文・賈誼》，卷15，冊3，頁409。

〔註53〕〔清〕嚴可均：〈遺書責蘇秦張儀〉，《全上古三代・鬼谷先生》，卷8，冊1，頁105。

〔註54〕〔清〕嚴可均：〈耆老勿坐罪詔〉，《全後漢文・宣帝》，卷6，冊3，頁305。

〔註55〕許逸民：〈古籍與古籍整理〉，《古籍整理釋例》（北京：中華書局，2014年7月），頁18～20。

缺。如巴蜀書社版《華陽國志》、天津人民出版社版《風俗通義校釋》
等；三是輯錄一人或多人之著述為一書。如中華書局版《王粲集》
為輯錄一人之書，中華書局版《建安七子集》則為輯錄多人之書；
四是輯錄某一專題之書。如上海古籍出版社《緯書集成》，專輯讖緯
書。北京圖書館出版社版《古輯叢殘彙編》，專輯《修文殿御覽》、《玉
燭寶典》等各種殘佚書。〔註56〕

總而言之，輯佚就是輯錄斷簡殘篇，目的在恢復古籍原貌。其細分種類有四
項；一是佚書；二是收錄佚文；三是輯錄專屬一人或者多人同時代之文集；
四是單以專一主題為限，俗稱殘佚古籍。綜觀嚴氏《全文》，其收錄之殘文並
輯結為一書如《符子》；蒐輯一人之作品如漢代《蔡邕集》，除借用宋人重編
之版本外，其內容與材料尚存在其他古注舊籍。所以凡各種舊籍引錄《蔡邕
集》者，皆加以網羅蒐錄，最後結集《蔡邕集》十卷，《外傳》一卷。之外，
凡面對沒有任何文集傳世，所謂「小家」之作，據《全宋詩》的統計，幾乎
是佔整部書百分之九十四；《全宋詩》所謂的「小家」、「大家」，誠如孫欽善
解釋「僅存零篇斷句，散見各類文獻當中，他們的詩幾乎全靠輯佚所編定的」，
而「大家的集外詩，也靠輯佚來補遺」。〔註57〕《全文》歷來被視為總集之典
範，收錄範圍上通八代，可說收輯完備。同時，編纂的體例與之前總集對照，
考慮層面較為嚴謹，便於後人檢索與參考。采錄的標準是「見存不收載」外，
另有幾項「不收載」的原則如下：

（一）不載詩，包括佚詩、石鼓

嚴氏在收錄的範圍中，言明不收錄詩類、包括佚詩與石鼓文。尤其是石
鼓文，屬於用大篆字寫的十首四言詩，當屬於詩類。〈凡例〉中註明不輯錄詩
的原因有二個，一是謹遵《全唐文》體例；二是，當代已有《全唐詩》面世，
以及唐前佚詩為對象之馮惟訥（1513～1572）《古詩紀》，詩類收輯大致齊全，
掛漏不多。以下是他的說明：

> 是編大例遵《全唐文》。《全唐文》不載詩，已有《全唐詩》。而唐
> 以前詩有馮惟訥《古詩紀》，罣漏無多，故是篇亦不載詩。然〔漢〕
> 班固〈兩都賦〉末有〈明堂〉、〈辟雍〉等五詩，理無割棄，不能不

〔註56〕許逸民：〈古籍與古籍整理〉，《古籍整理釋例》，頁18～19。
〔註57〕孫欽善：《中國古文獻學‧輯佚》（北京：北京大學出版社，2006年5月），頁
200～201。

破例。〔註58〕

誠上言，於詩的收錄，遺漏不多。針對班固所寫的〈兩都賦〉後附上五首詩〈明堂詩〉、〈辟雍詩〉、〈靈臺詩〉、〈寶鼎詩〉、〈白雉詩〉，為何收載與體例不符？是為了求取賦文的完整性，不得不破例摘錄。今人常舉出這異例，認為嚴氏的誤收「以詩為文」，一如河北教育出版社《全上古三代秦漢六朝文・校點前言》〔註59〕，或者王利器先生引據《全宋文・咏雪離合》一文，認為嚴氏「以詩為文」之失誤。其全文如下：

> 霰先集兮雪霏霏，散輝素兮被詹廷，曲室寒兮朔風屬，川陸凍兮百籟銘。〔註60〕

這首詩或者是賦，從文體特徵上很難判定。《太平御覽》卷十二，歸類在〈霰〉篇；《古詩紀》卷五十五；北宋吳淑（947～1002）《事類賦》卷三，清代吳士玉（1665～1733）《御定駢字類編》卷二七均有收錄。除《古詩紀》當作詩體之外，其他皆歸屬為賦體。王先生為何會認為是詩體呢？可能著重在這題名上〈咏雪離合〉，以下是王先生的論述點：

> 以詩為文。《全宋文》卷十八，王紹之〈咏雪離合〉：……（《太平御覽》十二）。
>
> 今案：《事類賦二・雪部》引作〈咏雪離合詩〉，是也。依全書例不當收，不然，自孔融〈離合作郡姓名詩以下尚多也，何獨及此乎？〔註61〕

其中的《事類賦》、《御定駢字類編》皆分別認為是賦體文、駢體文，若單從這篇〈咏雪離合〉一文為例，嚴氏「以詩為文」不當收的缺失，似乎是今人的誤解。因為從文體的本源觀察，嚴氏在〈凡例〉說明：「騷、賦、韻語出於《詩》……是經、史、子三部闌入集部，在所不嫌」。〔註62〕這是可以成立的常例。

（二）不錄經傳、史、子三部，見存載籍

孫欽善認為輯佚是與搜求遺逸的書不同，例如西漢廣開獻書、孔壁古文

〔註58〕〔清〕嚴可均：〈凡例〉，《全上古三代秦漢三國六朝文》，頁19。

〔註59〕陳廷嘉等：〈校點前言〉，《全上古三代秦漢三國六朝文》，頁13。

〔註60〕〔清〕嚴可均：《全宋文・咏雪離合》，卷18，冊7，頁184。

〔註61〕王利器：〈《全上古三代秦漢三國六朝文》證誤〉，《文學評論》，1996年第02期，頁98～101。

〔註62〕〔清〕嚴可均：〈凡例〉，《全上古三代秦漢三國六朝文》，頁20。

經、敦煌遺書等，都不能看成輯佚。所謂的輯佚，單就傳世的相關文獻中，
凡已經散佚整部古書或者是現存的古書，有部分內容遺失的。其範圍涵蓋完
整的篇段和斷簡殘句。孫先生的看法：

> 如果細分區別，前者稱輯集，後者稱輯補。有的古書未佚，從傳世
> 的有關文獻中，輯考其已佚版本的文字或者是體式，也屬於輯佚。
> 〔註63〕

從傳世的文獻中，不管是整部散佚古書，或者是部分篇段，隻言片語，都是
屬於輯佚範圍。按照嚴氏《全文》體例，大部分是沿襲《全唐文》的編輯形
式。除了不載詩之外，包括凡唐以前的史論贊類，大都見諸於史傳，以及各
種子部書類，是以不收作結。

> 《全唐文》不載晉、梁、陳、北齊、周、隋史論贊，又不載《帝範》、
> 《元子》、《中蒙》、《續孟》、《素履》、《兼明》、《化書》等子書，以
> 諸史子見存，今遵其例而推廣之，以為界限。〔註64〕

《全唐文》侷限於唐代為範圍，上起唐代立國，涵蓋五代十國。因此，為與
之爭勝，《全文》勢必要將輯錄範圍，超乎於前，並可與《全唐文》相銜
接，從而立下通代纂輯之雄心。若從輯佚的定義觀之，嚴氏為何不錄史傳論
贊或者子書見存者不錄，這是可以成立的觀點。之外，參酌《文選》的選文
標準：

> 所謂坐狙丘，議稷下，仲連之卻秦軍，食其之下齊國，留侯之發八
> 難，曲逆之吐六奇，蓋乃事美一時，語流千載，概見墳籍，旁出子
> 史，若斯之流，又亦繁博；雖傳之簡牘，而事異篇章，今之所集，
> 亦所不取。〔註65〕

《文選》認為古人優美之辭章，涵蓋每一謀士應對談吐、辯士之議論策文，
猶如金質玉聲般的動聽。所謂田巴辯論於狙丘，設講堂於稷下。魯仲連（約
前 305～前 245）責辛垣衍而退秦兵，酈食其（前 268～前 204）勸齊歸漢。
陳平（前？～前 178）六出奇計，使漢高祖勢力由弱轉強。他們的言論、事蹟
流傳千古，被記載於典籍。此外，歷來這些賢人、謀士、辯士的言論，大抵
均旁出於諸子、史書。對此，諸子獻策議論，又不符合「事出於沉思，義歸

〔註63〕孫欽善：《中國古文獻學・輯佚》（北京：北京大學出版社，2006 年 5 月），頁
　　　　198。
〔註64〕〔清〕嚴可均：〈凡例〉，《全上古三代秦漢三國六朝文》，頁 20。
〔註65〕〔梁〕蕭統編；〔唐〕李善注：《昭明文選・序》，頁 5。

於瀚藻」，使《文選》不予採納。其次，從文體分類的角度窺析，論贊類本為
論說文之範疇，依其內容、用途等不同，可分為若干類，如論、史論、設論、
議、駁、辯、考、評等。亦如《文選》的編目上設置「史述贊」、「論」、「設
論」等，嚴氏區分為難、釋難、設論、設、論、辨、考七類，可說是既繁瑣又
不科學。這些篇文大致都存在經、史、子部等載籍，原則上是不予收載。

　　嚴氏自稱嘉慶十三年（1803）開始著手於《全文》之編輯，草創初期廣
蒐天下之書，凡是隻言片語，都全數抄錄。

> 其秋使草創之。廣蒐三分書，與夫收藏家秘笈、金石文字，遠而九
> 澤，旁及釋道鬼神，起上古迄隋，鴻裁鉅制，片語單辭，罔弗綜錄，
> 省并複疊，聯類畸零。〔註66〕

嚴氏遍稽古書、古注、唐宋類書、梅鼎祚《文紀》、張溥《百三家集》，兼及
四部書，凡金石碑刻文字，或者國外佛經、神話傳說等各種材料，那怕吉光
片羽，皆極力蒐輯。誠如張嚴所說，網羅書籍的範圍與規模，一如〔唐〕歐
陽詢所編的《藝文類聚》，極盡徵引群書之能事。〔註67〕收錄的標準是以「文」
為原則，遍及經傳、史、子部，以見存傳世者不錄為則。另外，遵照《全唐
文》之體例，凡是單文散見於經、史、子部的雜家、志乘、金石、碑銘、拓
文等，皆一一收入。《爾雅圖贊》二卷，歷來書目皆曾著錄，可惜有目無書；
嚴可均從類書及前人編纂的輯佚典籍中，鈔出四十八首，載於《全晉文》。以
下是嚴氏的案語：

> 謹案：《隋志注》，梁有《爾雅圖贊》二卷，亡。《舊唐志》復有之，
> 宋已後不著錄，近惟余蕭客《古經解鉤沉》、邵晉涵《爾雅正義》略
> 采數事，漏落者十八九。張溥本則與《山海經圖贊》間雜，絕不區
> 分。今從《藝文類聚》、《初學記》、《御覽》寫出四十八篇，依《爾
> 雅》經文先後編次。〔註68〕

《爾雅》一經，是中國一部古代詞典，也是儒家經典之一。嚴氏從《藝文類
聚》、《初學記》、《太平御覽》等類書，輯錄出《爾雅圖贊》四十八首佚文。
其中又從《唐石經》的《爾雅》一經中，鈔出〈爾雅敘〉，輯錄可說全面，其
原則「收經傳不錄之文」。

〔註66〕〔清〕嚴可均：〈總敘〉，《全上古三代秦漢三國六朝文》，頁18。
〔註67〕張嚴：〈嚴可均《《全上古三代秦漢三國六朝文》編次得失平議〉，《大陸雜
　　　　誌》第21卷第8期（1970年10月31日），頁8～11。
〔註68〕〔清〕嚴可均：〈爾雅圖贊〉《全晉文·郭璞》，卷121，冊5，頁1235。

〔清〕葉德輝論及嚴氏的《全文》輯佚成就：

> 然以多為貴，則《全上古三代秦漢三國六朝文》。黃奭《漢學堂叢
> 書》、馬國翰（1794～1857）《玉函山房輯佚書》皆統四部為巨編。
> 嚴輯雖名古文，實包括子、史在內，其搜采宏博，考證精詳，較馬、
> 黃二書猶可據。〔註69〕

葉德輝談到《全文》的學術成就，其價值遠勝於當時的馬國翰《玉函山房輯
佚書》與黃奭《漢學堂叢書》。其內容龐雜，覽括了經、史、子、集四部，範圍
廣博宏備外，其考校精詳及註明取材的出處是其重要特色。誠如陳華所言：

> 如果說，集眾人之力耗時六年才成的官修《全唐文》是對有唐一代
> 文章的總結，那麼，以嚴可均個人之力輯成的《全文》一書，則填
> 補了唐代以前各類文章總匯的空白，嚴氏功莫大焉！〔註70〕

依上述所言，《全文》反映他在輯佚方面的貢獻及對後代影響，把唐代以前所
有現存的或散佚的單篇文章、史論、子書等的各類文章，提供寶貴資料。

第二節　文體編次之原則

《文心雕龍·附會》說：「夫才量學文，宜正體制。」〔註71〕所謂「體制」，
也稱為體裁，這是文學形式，結構的個別表現，若是分開而言，便是文學的
體制。若除開了體制不談，也就沒有文學形式了。詩和散文的區別，為有韻
文和無韻文，關鍵就在形式的辨別。至於詩，又分為若干體，文之下也分為
若干體，文學的形式便因體制的不同，而分為若干類。〔註72〕所以在文學總
集的編纂上，了解體制是一件非常重要的事情。古往今來，文章的分類大概
是依文體、性質、作法、時代和作者的不同而劃分的；尤其是文章的分類又
是根據總集，包括眾人之詩、文而來。因為選錄各家之文成為總集，又必須
依文章的體制而區分若干類，才能條理分明。《全文》文體的編次分為七十類，
體例大抵是遵於《全唐文·凡例》：「其文體分類詮次，仍依《文苑英華》，以

〔註69〕〔清〕葉德輝：〈輯刻古書不始于王應麟〉，《書林清話》，頁218。
〔註70〕陳華：〈試論嚴可均對文獻輯佚的貢獻〉，《杭州大學學報》第26卷第1期
　　　　（1996年3月），頁81～84。
〔註71〕〔梁〕劉勰撰；〔清〕黃叔琳注；〔清〕紀昀評：《文心雕龍注·附會》，頁
　　　　148。
〔註72〕張榮輝撰：《中國文體通論·緒論》（高雄：高職叢書出版社，1977年7月），
　　　　頁2。

昭畫一。」〔註73〕嚴可均編輯的最大原則是「以文類人」，並以賦列為首，按類編排。同時，賦體的內容又依循《文苑英華》的編排方式，區分為十五子目。因此按照《全文》七十文體與歷代的《文選》做比較，就可發現《全文》的分類繁瑣與不合邏輯。嚴氏輯錄《全文》，在文體的編次上也做了一些說明，以下分為三點論述：一是分為七十類，依序編排；二是以時間先後編排之文體；三是唐人類書分門先後。因此筆者認為，《全文》文體的編次原則與分類的體系，是有必要做一個總檢討，相信連嚴可均本人都未能條理分明。其原因是未能細分與系統化，導致把這議題攏統的帶過。依此，筆者也藉著《全上古三代文》收錄的篇文為例，細分其文體，並做一個整併歸納，探討其創新類分與承襲之處。

一、分類編次

中國最早的詩歌總集是《詩經》，其次是〔漢〕劉向所編的《楚辭》，但它們只是把一類文學匯集成一書。第一部按文體分類的文學總集是蕭統（501～531）《文選》，把各體詩文與賦等總匯一起，分類區分、依類編排成一部規模宏大的總集。收錄的範圍從周代至六朝梁以前一百三十個知名作家之詩文作品，並包括少數佚名作者約七百篇。所收的作品分為三十九類，以「賦」為第一類，又依內容分為十五個子目；第二類是「詩」又依內容，區分二十二個子目。這種把文學作品辨體區分，在當時是一種創舉，對文體的分類學影響十分重大。嚴氏〈凡例〉對於文體的編次有簡略的說明，其編排如下：

> 其文分類編次，曰賦，曰騷，曰制，曰誥，曰詔，曰敕，曰璽書，曰下書，曰賜書，曰冊，曰策命，曰策問，曰令，曰教，曰誓，曰盟文，曰對策，曰對詔，曰章，曰表，曰封事，曰疏，曰上書，曰上言，曰奏，曰議，曰駁，曰檄，曰移，曰符，曰牒，曰判，曰啟，曰箋，曰奏記，曰書，曰答，曰對問，曰設論，曰設，曰難，曰釋難，曰辯，曰考，曰七，曰記，曰序，曰頌，曰贊，曰連珠，曰箴，曰銘，曰戒，曰傳，曰敘傳，曰別傳，曰約，曰券，曰誄，曰哀冊，曰哀辭，曰墓志銘，曰碑，曰靈表，曰行狀，曰吊文，曰祭文，曰祝文，曰題後，曰雜著。〔註74〕

〔註73〕周紹良等編：《全唐文新編・凡例》（長春：吉林文史出版社，1999 年 12 月），頁 26。

〔註74〕〔清〕嚴可均：〈凡例〉，《全上古三代秦漢三國六朝文》，頁 19。

其分類的原則，乃是依據《文選》體系，所以在類目安排上，頗能符合文學編目之特性。以下是歷代《文選》與《全文》比較表格：

附錄：歷代《文選》與《全文》文體分類之對照表格

《文選》39 類	《全文》70 類	《文心雕龍》38 類	《文苑英華》39 類	《文章辨體》59 類	《文體明辨》127 類	《古文辭類纂》13 類
賦	賦	賦	賦	賦	賦	辭賦
詩		詩	詩	樂府、古詩	歌謠、古詩雜言、近體絕句	辭賦
騷	騷	騷	子目：騷	騷	楚騷	辭賦
七	七	雜文：七		七體		辭賦
詔	詔：制、詔敕、璽書、賜下書、誓	詔策	翰林制誥：詔敕	諭告、璽書、制	命、諭告、詔、敕、制璽書、國書	詔令
冊	冊、券		翰林制誥：冊文、封爵	冊	冊	詔令
令	令、誥、誓	雜文：誥、誓記：令	判：軍令	誥	令、誥、誓	詔令
教	教	詔策：教			教	詔令
策	策命策問	詔策對：射策	策策問	制策	策問	詔令
表	表、章	表、章	表	表	表、章	奏議
上書	上書、疏上言、議封事、訓謨、牋	議記：疏	判、書、疏議	奏疏、論諫議	上書、奏疏書記：疏議	奏議
啟	啟	啟	啟		書記：啟	奏議
彈事	彈事（無）		彈文	彈文	奏疏：彈事	奏議
牋	箋、牒		箋		箋	書說
	記、雜著	記	記	記	記	雜記

奏記	奏記	奏	狀：雜奏	奏疏	書記：奏記 奏疏	奏議
書	書	書	書	書	書	書說
移書	移	移	移文		公移	詔令
檄	檄	檄	檄、露布	露布	露布	詔令
對問	答、對問對策、對詔	雜文：對問 問 對：對策	雜文：問答	問對	問對	辭賦
難	難、釋難					
設論	設論、設					
辭						詔令
序	序	雜文：引	序	序	序、小序、引	序跋
頌	頌	頌	頌	頌	頌	頌贊
贊	贊	贊	贊	贊	贊	頌贊
符命		封禪 記：符	議：封禪		符	頌讚
史述贊	題後				論：史論 贊：史贊評	序跋
論	論、辨考	說、議	雜文：雜說 辯論論	論、說	論	論辨
連珠	連珠	雜文：連珠	連珠	連珠	連珠	辭賦
箴	箴、誡約	箴	箴	箴	箴、規、戒約	箴銘
銘	銘	銘	銘	銘	銘	箴銘
誄	誄	誄	誄	誄辭	誄	哀祭
哀	哀冊（哀） 哀辭	哀	謚哀冊文	哀辭	哀辭 冊：祝冊、哀冊、謚冊	哀祭
碑文	碑		碑	碑、神道碑	碑文 碑陰文	碑誌
墓志	墓誌銘（墓志）		墓表	墓志、墓記 墓碑、墓碣 埋銘、墓表	墓誌銘 墓表 墓碑文 墓碣文	碑誌

行狀	行狀、傳敘傳別傳	記：狀	行狀、傳志	行狀、傳、志	行狀、述傳、志紀事	傳狀
吊文 祭文	靈表、吊文、祭文	吊	祭文：哀弔	祭文	吊文、祭文論祭文	哀祭
	祝文	祝			祝文：告、脩、祈、辟謁	哀祭
	盟文	盟			盟	哀祭
		判		判	判	詔令
		雜文：典、覽略、篇		辨、題跋	鐵券文盟：誓題跋	

依據前列之對照表，雖是以《文選》的分類體例為基礎，但《全文》的分類只能劃分為 35 種文體；以《文心雕龍》的文體分類體系來對應《全文》，只能歸類 29 種文體；對照《文苑英華》的分類體系，可分為 37 種文體；甚至有 127 種類的《文體明辨》一書，《全文》只能對照 67 種文體。顯然，《全文》這樣文體分類方式，是繁瑣與不科學的。《古文辭類纂》曾批評《文選》「分體碎雜，其立名多可笑者。後之編集者，或不知其陋而仍之」。〔註 75〕姚鼐（1731～1815）認為《文選》分類立名，已是雜碎而可笑，後之總集編目仍沿襲其缺失。就「詔」類文體，《全文》就分為詔、制、詔敕、璽書、賜、下書、誓等 7 種；上書類文體又細分為上書、疏、上言、議、封事、訓、謨、牋等 8 種。綜觀現今研究《全文》的學者，如趙逵夫在〈論嚴可均《全上古三代》之失與《全先秦文》的編輯體例〉一文中，論述上古與先秦時期的文體可分為二十類，每位作者的作品按體排列，其次嚴氏分文體為七十類，雖是考慮從上古至隋之各體散文，但畢竟過繁。〔註 76〕故以《全上古三代文》為例，加以歸納整併，分為二十類：

> 訓、誥、誓、命（令）、祝、辭（「六辭」）、策命（冊）、教、盟文、
> 對問（對策）、答、上書（上言、奏）、議（駁）、符、辯、語、記、

〔註 75〕〔清〕姚鼐編；世界書局編輯部注：《古文辭類纂注・序目》（臺北：世界書局，2010 年 7 月），頁 22。

〔註 76〕趙逵夫：〈論嚴可均《全上古三代》之失與《全先秦文》的編輯體例〉，《西北師大學報》第 1 卷第 5 期（2004 年 9 月），頁 1～5。

誡、誄（哀策、哀辭）、雜著。以此為序。同嚴書一樣，書中不標出
文體分類，只是作為排序的依據。〔註77〕

依此，趙先生所謂二十類，大致可分為一是將命與令體合一，二是冊與策命
體，三是對問與對策體，四是上書與上言、奏體，五是議與駁體，六是誄與
哀策、哀辭等體歸併合一。對比《文選》或者是《文苑英華》的分類原則，《全
上古三代文》是有些不符文體併類。尤其「辯」體之文，《全上古三代文》並
未收錄，筆者竊以為應歸併在論說類。就「議」類篇文，也只收錄兩篇，一
是狂矞、華士兄弟之〈立議〉篇，內容是自敘。二是陽虎之〈議〉，乃是論說
類。至於「議」、「說」二類，也是從《全漢文》才有大量篇章。龜、占、釋
氏等文，趙氏並未言明其歸併在何類文體上。之外，策命與冊體之文，定義
不同，自是不可等同視之，即是不能歸為一類來論述。不只是趙氏，甚至近
代的學者對嚴氏《全文》之研究，在文體分類的議題上，是有必要做一個總
檢討，其原因是未能細分與系統化，導致把這議題攏統的帶過。筆者藉著《全
上古三代文》收錄的篇文為例，細分其文體，並做整併歸納，探討其分類的
程序與原則。

《全上古三代文》列舉區分教、禁、書、法、占、語、銘、戒、誨、決、
誓、箴、告、誥、辭、祝、禱、命、訓、令、對問、詔、卜、策命、問、志、
言、頌、盟、誄、璽書、上書、序、祝詞、約、賦、符、對、刻石、檄、冊、
誦、憲、論等 43 種文體。諸子之文，如卷七〈陰秘〉、〈塞道士〉，卷八〈書
門版〉、〈復募〉。姚鼐之《古文辭類纂》歸併在論辯體：

> 論辯類者，蓋原於古之諸子。各以所學，著書詔後世。孔孟之道與
> 文至矣。自老莊以降，道有是非，文有工拙，今悉以子家不錄，錄
> 自賈生始。〔註78〕

姚鼐設定收錄原則是先秦子部典籍不收，輯錄自漢代賈誼始。論辯之文體，
源自於諸子著書，如《論語》、《孟子》等。老子、莊子以後，道有是非異同、
文有優劣之分，等同於《文選》之「老、莊之作、管、孟之流，蓋以立意為
宗，不以能文為本」、「義歸乎翰藻」宗旨。而文體分類的產生，是發端於總
集的編纂，為了方便讀者的翻閱。分體編錄的總集有哪些基本體例呢？只能

〔註77〕趙逵夫：〈論嚴可均《全上古三代》之失與《全先秦文》的編輯體例〉，《西北
　　　　師大學報》，頁 4。
〔註78〕〔清〕姚鼐編；世界書局編輯部注：《古文辭類纂注・序目》，頁 1。

從現存最早的詩文總集《文選》入手，而且實際上《文選》也是後世編纂詩文總集的主要藍本。包括後來的《文苑英華》、斷代詩文總集《唐文粹》等。其分類依據、編次原則，分合異同，大致可從《文選》、《文心雕龍》、《文苑英華》等幾點說明：

（一）依據《文選》之分類準則

《文選》共收錄梁以前作品七百餘篇，選錄的標準是「以文為本」，將經、史、子劃為非文學體，不予收錄。把文學體類分為 39 類，其中「賦」類又按內容列為十五種，「詩」類又細分為二十二種。就《全上古三代文》對應《文選》收錄，「賦、詔、冊、令、教、書、上書、檄、對問、辭、序、頌、箴、銘、誄」列舉的 15 種文體。其中的書、檄、序、頌、箴、銘是上古以來，沿襲已久的文體。另外的 29 種文體，並沒有額外做說明，「禁、法、占、語、戒、誨、決、誓、告、誥、祝、禱、命、訓、卜、策命、問、志、言、盟、璽書、序、約、符、對、刻石、檄、冊、誦」。就《文心雕龍》論述列出的文體，進一步分析「祝」「盟」2 種；〈雜文〉篇細分出「對問」；「其他」類包含「典、誥、誓、問」4 種；〈記〉篇細分出「占」、「法」、「符」3 種；詔策又細分有「戒」、「教」、「命」3 種。現存魏晉文學專著對比《全上古三代文》之文體，列舉出「賦、詔、冊、令、教、書、上書、檄、對問、辭、序、頌、箴、銘、誄、戒、記（占、法、符）、祝、對（對策）、盟，其他類（典、誥、誓、問）」等二十一類文體。這種分類方式是依照《文選》與《文心雕龍》之文體觀，將之編列分類。之外，有「禁、語、誨、決、禱、卜、策命、志、言、約、刻石、誦、憲」等，仍可納入其他的文體，如「禁」歸入《文選》的「令」類；「誨」、「決」、「卜」三種屬於《文心雕龍》的「記」類之「占」。「語」、「禱」、「言」為「祝」類，「策命」為「詔策」類，「約」為「箴」類。「志」、「憲」可視為兩種史傳類，《文選》歸為「史論」。至於「刻石文」、「玉印文」、「玉牒文」等，均歸入「碑文」類。誠如上述，文章是隨著時代發展而不斷變化。就其產生的時代意義也是隨著功能、性質不同，一時難以說得詳盡。誠如《文選序》所言：

> 文之時義，遠矣哉！若夫椎輪為大輅之始，大輅寧有椎輪之質？增冰為積水所成，積水曾微增冰之凜，何哉？蓋踵其事而增華，變其本而加厲；物既有之，文亦宜然；隨時變改、難可詳悉。〔註79〕

〔註79〕〔梁〕蕭統編；〔唐〕李善注：《昭明文選·序》，頁5。

〈文選序〉談到大輅是從椎輪的原理而發展，它主要傳達的是每種器物，在基本原理不變之下，外觀型態的改變，就有不同的表象。器物既有這種情況，文章也是如此，隨著時代而變化。請參照《全文》與歷代文選對照表，藉著表格可以驗證《文選》之文學觀「隨時變改，難可詳悉」。

同時利用《全上古三代文》之文體表格化，以及系統化之後，很容易就發現，嚴氏誤收之部分。例如《誦》體，乃是「賦」體之變，蔣伯潛（1892～1956）引據《文心雕龍・頌讚篇》認為是民間歌謠，只能歸之為「詩歌」。顯然，這是嚴可均誤收之處。

> 所謂的〈輿人之誦〉、〈裘鞞之誦〉，是和「頌」大不相同的。它們並不是「宗廟之正歌」，而是民間歌謠，並不是美盛德之襃頌，倒是含有譏刺的意思。所以只能歸之於「詩歌」，不能入之於「頌讚」。〔註80〕

根據《文心雕龍・頌讚篇》論述「頌」體的淵源流變，劉勰認為「頌」是從《詩經》中的〈風〉、〈雅〉、〈頌〉的〈頌〉演變出來，內容是讚揚美德、昭告神明，屬於宗廟之歌。《左傳・城濮之戰》的〈輿人之誦〉，與孔子執政之〈魯人謗誦〉等之「誦」，是和「頌」體不同的。反觀《全上古三代文・闕名》收錄的〈背賂誦〉、〈改葬共世子誦〉、〈城濮誦〉、〈臧紇誦〉、〈子產誦〉、〈孔子誦〉五首，若依《文心雕龍》「頌」體標準，嚴氏把「誦」當作「頌」體收錄，顯然是誤收了。

（二）依據《文苑英華》之分類原則

《文苑英華》是詩文總集，北宋李昉（925～996）等人編纂，上起南朝梁，下迄晚唐五代。作品收錄有兩萬餘篇，分文體38類，又按內容區分為若干小類。《全文》之先秦文中，對應《文苑英華》收錄的文體的分類，區分為賦、雜文（箴、誡、征伐）、中書制誥（憲臺）、策問、策、判（軍令、易卜、占相妖言）、書、檄、頌、銘、箴、記（釋氏、祈禱）、誄、志，共二十一種，歸納14類。其中「戒」體也作「誡」，戒與記是後世定名相沿至今的文體。「箴」類，《文選》、《文苑英華》有收錄，但無「戒」體。「箴於補闕，戒出於弭匡」。〔註81〕「箴」與「戒」是有所區別的，「戒」，《文心雕龍》在〈詔策篇附加說明，「戒」體，同〔漢〕之東方朔（前153～前93）〈戒子書〉、〔漢〕馬援（前

〔註80〕蔣伯潛：《文體論纂要》（臺北：正中書局，1959年7月），頁91。
〔註81〕〔梁〕蕭統編；〔唐〕李善注：《昭明文選・序》，頁5。

14～49）等之〈家戒〉、〔漢〕班昭（45～117）〈女戒〉。

> 「戒」者，慎也。禹稱「戒之用休」，君父至尊，在三罔極。漢高祖
> 之敕太子東方朔之戒子，亦〈顧命〉之作也。及馬援已下，各貽家
> 戒，班姬〈女戒〉，足稱母師。〔註82〕

《文心雕龍》從上古時代開始論述「戒」體之功能，在於告誠、謹慎之意。
直到漢朝時慢慢演變為勸戒如〈家戒〉之書。命又兼附誥、誓、令（七國以
後稱）之事。〔註83〕至於「判」類，興盛於唐代之文體，始見於《文苑英華》，
內容包含七十種細目，與《全上古三代文》相關大致為三種，軍令、易卜、
占相妖言。

　　《文選》在「賦」體，依照內容粗略分為十五子目，依次為京都、郊祀、
耕藉、畋獵、紀行、遊覽、宮殿、江海、物色、鳥獸、志、哀傷、論文、音
樂、情。其排列順序是以人間事務為先，情志抒發為後。顯然是與《文苑英
華》子目列序有些差別。《文苑英華》「賦」體子目分：天象、歲時、地類、
水、帝德、京都、邑居、宮室、苑囿、和朝會、禮祀、行幸、諷喻、儒學、
軍旅、治道、耕藉、樂、鐘鼓、雜技、飲食、符瑞、人事、志、射和博弈、
工藝、器用、服章、圖畫、寶、絲棉、舟車、薪火。畋獵、道釋、紀行、遊
覽、哀傷、鳥獸、蟲魚、草木共四十種。排列順序是把天、地、皇族排在前
頭，中間是各種的人間事務，最後是鳥獸。兩者比對，《全文》在「賦」體的
排列方式是依據《文苑英華》的。例如《全上古三代文·宋玉》，收錄的賦類
有〈風賦〉、〈大言賦〉、〈小言賦〉、〈諷賦〉、〈高唐賦〉、〈神女賦〉、〈登徒子
好色賦〉、〈釣賦〉、〈笛賦〉。就內容分析，依次為天地、諷喻、器物。

（三）文體歸類以內容性質為主

　　從《文選》、《文苑英華》按體分類之後，又依題材內容，按事類從。即
是「事」和「文」的內容，分門別類的編次。一般都是先分大類，後標子目。
〈文選序〉：「詩賦體既不一，又以類分。」〔註84〕即是在體類之下，又按題
材內容分類編排。其特點與古代類書《初學記》、《藝文類聚》，事文兼收的功
能相類似。聞一多（1899～1946）曾指出唐初時期「『事居其前，文列於後』
這可見《藝文類聚》是兼有總集《流別》、《文選》與類書《皇覽》、《遍略》

〔註82〕　〔梁〕劉勰撰；〔清〕黃叔琳注；〔清〕紀昀評：〈文心雕龍注·詔策〉，頁75。
〔註83〕　〔梁〕劉勰撰；〔清〕黃叔琳注；〔清〕紀昀評：〈文心雕龍注·詔策〉，頁74。
〔註84〕　〔梁〕蕭統編；〔唐〕李善注：《昭明文選·序》，頁5。

的性質，也可見他們看待總集與看待類書的態度差不多」〔註85〕，甚至《藝文類聚》在編撰之初，就明確地指出，該書編成以後，須具有《文選》、《皇覽》的功能：

> 皇帝……欲使家富隋珠，人懷荊玉，以為前輩綴集，各抒其意。《流別》、《文選》，專取其文；《皇覽》、《遍略》，直書其事。文意既殊，尋檢難一。爰詔撰其事且文，棄其浮雜，刪其冗長，金箱玉印，比類相從，號曰《藝文類聚》，凡一百卷。其有事出於文者，便不破之為事。故事居其前，文列于後。俾夫覽者易為功，作者資其用，可以折衷今古，憲章墳典云爾。〔註86〕

《文選》、《皇覽》二書，一是文學總集，一是類書。《藝文類聚》編纂宗旨，能夠提供事類尋檢的功能，也須具有總集提供範文的便利性。體例上，故事居於前，文列於後。在體類之下，依據文章的實際內容，類從區分。如姚鼐《古文辭類纂》，收錄先秦至乾隆間文章，分為十三類。其採用原則是「以實不以名」。類書的編纂體例是以「事」和「文」的內容，分門別類的編次。首先分天、地等大類，日、月、星辰，山川州府等小類，安排在大類之下。其概念是與《文選》、《文苑英華》等編纂方式類似。如《文選》有賦、表、箋、書、移、檄、序、頌、贊、論、連珠、箴、銘、行狀等14類，是歷代相承不變的文體。其中議、戒、傳、記、判、題等，是後代定名之文體，但後人編纂體制仍沿襲這稱名。就「記」類而言，徐師曾（1517～1580）在《文體明辨序說》論述「記」文體，主要是用在記祖之名，漢魏以前作品較少，興於唐代以後。

> 〈禹貢〉、〈顧命〉，乃記之祖；而記之名，則昉于《戴記·學記》諸篇。厥後揚雄作《蜀記》，而《文選》不列其類，劉勰不著其說，則知漢魏以，作者尚少，其盛自唐始也。〔註87〕

《尚書》的〈禹貢〉、〈顧命〉等篇為「記」體之始祖，興盛於唐代，內容多為紀事之文。《全上古三代》收錄「紀」之體，只有一篇〈瞽史之紀〉兩條，

〔註85〕 聞一多：〈類書與詩〉，《唐詩雜論》（上海：上海古籍出版社，1998 年 12 月），頁 3。

〔註86〕 〔唐〕歐陽詢；汪紹楹校：《藝文類聚·序》（上海：上海古籍出版社，1983 年 1 月），頁 27。

〔註87〕 〔明〕吳訥：《文章辨體序說·記》（收入《文章辨體序說》、《文體明辨序說》合冊本），頁 145。

採自〈晉語〉。〔註88〕內容是記解釋瞽史及晉國之緣起：

> 唐叔之世，將如商數。（〈晉語〉四，韋昭注：「瞽史，知天道者」）
>
> 嗣續其祖，如谷之滋，必有晉國。（同上）〔註89〕

這是紀傳類的敘事內容，通常被歸類於「記」體，以韋昭之注解，瞽史是一位了解天道運行之先知，也就是晉國的遠祖。唐代以後內容已有所轉變，略分為四類，有山水遊記、臺閣名勝、書畫雜物記、人士雜記等。以「記」類之文體為例子，隨著時代的不同，其內容與寫法是十分多樣的；也由於所寫的內容與作者書寫的特色，產生了與其他文體有交叉現象。雖然相近又有些微的差異，因此論述文體的分類編次，有時也須按照時代的文體特徵與內容作為歸納的考量。編纂者考量文體稱謂不同，但差別不大，卻又存在些微的差別。所以為了讓各個文體都能有所歸屬，體例分明、綱舉目張，只能把相近文體劃分大類加以區別，大類內又涵蓋各種小類。現今的學者對於《全文》文體的分類，略少論述甚至有些的誤解，主要是他們忽略了篇文的內容，致使在歸類上統以「尊《全唐文》體例」為宗，而未能細審、統合。若從《全上古三代文》的文體分類為例，追朔分類編次的基本概念，是以《昭明文選》的體例為縱線。就內容的編次原則，仍建築在分類基礎上，如「詔」類《文選》獨立一類，《文苑英華》，放在制誥類（詔、詔敕同，放在制誥類）；「冊」類，《文選》為冊封、追封之下行文，《文苑英華》置放在「翰林制誥」類之冊文、封爵之內容。（其他文體請參考上圖歷代《文選》對照表格）

二、以時間先後編排之篇章

〈文選序〉：「類分之中，各以時代相次。」〔註90〕《文選》文體編輯概念，分為兩層次，一是按體編排，及按題材內容分類。二是各類之文，又以時代先後為順序。也就是將選文分為39體，每一文體又依循題材內容區分為若干小類。如「賦」體，分為十五子目，子目之下再按時代先後繫之作者作品。由此可見，先後排序之錄文，是可推敲「詔令、書疏、奏議、碑板等文，皆按年月日為先後，年月未詳，則列于各類之末」。〔註91〕「詔令」是屬於下行關係的公牘文。用途於帝王與臣民之間的聯繫，即指令，以「令」、「詔」、

〔註88〕〔清〕嚴可均：〈瞽史之紀〉，《全上古三代文·闕名》，卷12，冊1，頁161。
〔註89〕〔清〕嚴可均：〈瞽史之紀〉，《全上古三代文·闕名》，卷12，冊1，頁161。
〔註90〕〔梁〕蕭統編；〔唐〕李善注：《昭明文選·序》，頁5。
〔註91〕〔清〕嚴可均：〈凡例〉，《全上古三代秦漢三國六朝文》，頁20。

「制」、「諭」等稱呼。最早見於《尚書》中,當時為命、誥、誓等名稱。「命」是順天而教之意;「誥」即昭告四方之意;「誓」是指揮軍旅誓師之詞。「詔」是詔書、詔旨等稱名,沿革於三代時稱「命」、「誥」、「誓」;戰國則改稱「命」或「令」。秦漢時才有制詔、詔書等說法。此外,屬於上行聯繫的公牘文,猶如古代臣下向皇帝陳言進諫之疏文,簡稱「書」。蓋屬於奏議類「上書」、「奏書」、「奏疏」等稱呼。《中國古代文體概論》認為這種公牘性質的文書體,用途不同,敘事的形式、內容,隨時代或者陳述事情的角度不同,透過編纂者的眼光,以章、奏、表、議、疏、啟、剳子、彈事等稱名,呈現不同層次的論述。〔註92〕依據初始的文獻來看,早在商、周之時,即具有奏議性的文字傳播下來,如《尚書‧伊訓》是商朝時臣伊尹在湯王死後,其孫太甲繼位時的告君之詞。內容是表達其政治見解,不時以天命來說教,「伊訓『作訓以教道太甲』」〔註93〕。雖沒有專用名稱,但推測應是最早的奏議性文獻;直到了戰國時代始稱為「書」,如《戰國策》之〈樂毅報燕惠王書〉,尤以李斯(前280~前208)之〈諫逐客書〉為後世模仿的典範。秦統一天下後,把臣子的上書改為「奏」;就此,稱「疏」名則始於漢代。《文心雕龍‧奏啟》說:「自漢以來,奏事或稱上疏,儒雅繼踵,殊采可觀」〔註94〕「書奏」之用途:「陳政事,獻典儀,上急變,劾愆謬,總為之奏。奏者進也。言敷於下,情進於上也。」,〔註95〕因此,後世臣子若向皇帝陳言上書,總以「書奏」來稱之,或在文類稱呼前冠上「奏」字,如奏表、奏章、奏疏、奏啟等,稱名繁複,於性質內容並無多大差別。

「碑版」,是屬於古代的碑文,在石碑上刻的文辭。碑文有碑志、碑銘的稱謂,概指記載、記識之意。沿襲於商周時在銅器彝鼎等器物上刻字記功、記事的「銘文」體。後來改刻在石頭,以石代金,用於紀功、宮室廟宇、墓碑。最早石刻文獻,來自於李斯所寫碑文,主在歌頌秦始皇豐功偉業。端視《全文》所收錄的碑刻文獻,論其年代應早於李斯。例如,嚴氏的《全文‧趙武靈王》收錄之〈潘吾勒石〉,據其案語:

　　《韓非子‧外儲說》左上:趙主父令工施鈎梯而緣潘吾,刻疏人跡

〔註92〕褚斌杰:〈公牘文〉,(北京:北京大學出版社,1990 年 10 月),頁 438。

〔註93〕〔漢〕孔安國傳;〔唐〕孔穎達正義;黃懷信整理:〈伊訓〉,《尚書正義‧商書》(上海:上海古籍出版社,2007 年 12 月),頁 301。

〔註94〕〔梁〕劉勰撰;〔清〕黃叔琳注;〔清〕紀昀評:《文心雕龍注‧奏啟》,頁 89。

〔註95〕〔梁〕劉勰撰;〔清〕黃叔琳注;〔清〕紀昀評:《文心雕龍注‧奏啟》,頁 89。

其上，廣三尺，長五尺，而勒之。〔註96〕

據悉，趙武靈王自號主父，僅見錄文惟「主父常游于此」一句。嚴氏是從戰國時的《韓非子‧外儲說》輯錄出來，敘述趙武靈王刻潘吾石的經過；刻石外觀，寬度三尺、長五尺。此外，秦昭襄王（前325～前251）之〈與夷人刻石為盟要〉、〈華山勒石〉，前者為盟書，後者乃祭告文，年代當早於李斯。足見嚴氏收錄上古碑刻文獻，可以輔助上古史學上之不足。《文選》的「碑文」類，分為「碑文」與「墓誌」兩種，有蔡邕（133～192）〈郭林宗碑文〉、王巾（？）〈頭陀寺碑〉，一是墓碑，一是廟碑。《文苑英華》與《唐文粹》都在「碑」類下，各細分十四個子目與二十六個子目，包括了廟記、廟碑、碑陰、廟文、碣、神道碑、塔記等。《文章辨體》統合歸納為碑、墓碑、墓碣等三種，雖然分體歸類並不盡相同，但皆由《文選》的「碑文」、「墓誌」類延伸而來。自《文苑英華》後，歷代總集的「墓表」類，實與碑碣作用同，沒有受限於身分地位。〔註97〕

總而言之，中國古代對文體的分類的方式，大致是從三個途徑；一是行為方式的文體分類，二是從文本自身的分類，三是文章體系之分類。從文體自覺性的分析與系統性的分類，產生文學體制之分類觀，大概是開始於魏晉南北朝時期。嚴氏的作者編排是以文類人，每一作者之下則按體編排、列序。大抵是以先公後私，先生後死的原則，根基於中國古代的學術分類觀念，與會通古今的歷史觀。歷代總集在尊王封建的體系下，凡所有詔令、奏議、書疏、碑文等文體，按世次編入帝王集內。至於兩文互見的情況，乃是依據執筆者併入其文集。〈凡例〉：「詔令、書檄，有可考為某人具草者，歸入撰人集中」。〔註98〕例如《全漢文‧高帝》篇文之編排年代順序如下：

> 〈重祠詔〉（二年）；〈立吳芮為長沙王詔〉（五年二月）；〈以王諸為閩粵王詔〉（五年二月）；〈罷兵賜復詔〉（五年五月）；〈詔衛尉酈商〉（五年五月）；〈赦詔〉（六年十二月）；〈擇立齊王荊王詔〉（六年十二月）；〈上太公尊號詔〉（六年五月）；〈疑獄詔〉（七年）；〈立靈星祠詔〉（八年）；〈補趙王張敖詔〉（八年）；〈擇立代王詔〉（十一年正

〔註96〕〔清〕嚴可均：〈潘吾勒石〉，《全上古三代文‧趙武靈王》，卷11，冊1，頁141。

〔註97〕郭英德：《中國古代文體論稿》（北京：北京大學出版社，2005年9月），頁135。

〔註98〕〔清〕嚴可均：〈凡例〉，《全上古三代秦漢三國六朝文》，頁20。

月）；〈定口賦詔〉（十一年二月）；〈求賢詔〉（十一年二月）；〈擇立梁王淮陽王詔〉（十一年三月）；〈立趙它為南粵王〉（十一年五月）；〈擇立吳王詔〉（十二年十月）；〈置秦皇楚王陳勝等守冢詔〉（十二年十二月）；〈議立燕王詔〉（十二年二月）；〈立南武侯織為南海王詔〉（十二年二月）；〈布告天下詔〉（十二年三月）；〈手敕太子〉；〈賜韓王信書〉（六年九月）；〈書帛射城上與沛父老〉（秦二世元年九月）；〈入關告諭〉（二年三月）；〈數項羽十罪〉（四年十月）；〈下令恤軍士死者〉（四年七月）；〈下令立韓信為楚王彭越為梁王〉（五年正月）；〈下令赦天下〉（五年正月）；〈復吏卒限制衣冠令〉（八年三月）；〈夷三族令〉；〈答諸侯王韓信等上尊號〉（五年二月）；〈封爵誓〉（六年十二月）；〈丹書鐵券〉；〈又與羣臣刑白馬而盟〉〔註99〕

以上所述，收錄的文獻從秦始皇開始，不記年號，按照時間先後排序，肇端於《漢書》開其先鋒。以詔、敕、書、令等下行公牘文居多，諭、誓、答、盟、鐵券僅只一篇。凡詔、敕、諭、盟皆屬於公牘性質文書，《文選》均將歸納入「詔」類一體。再者，根據文章內容，以及「以類相從」準則，似乎與中國古代的類書十分的相近，甚至可以說是類書編纂的延伸。

三、以唐代類書文體分類

　　類書編纂者的目的是提供帝王、讀書人能作有效學習於歷史掌故，後與科舉業產生連結。最大因素，利用類書能快速掌握箇中重點，寫作之前的提示，可作為詞語的參考用書。至於，藉此輯佚古書的材料，約在明清時期逐漸才被重視。《四庫總目》記載胡應麟（1551～1602）在《甲乙剩言》中說：

　　姚（叔祥）見余家藏書目中有干寶《搜神記》，大駭言：「果有是書乎？」余應之曰：「此不過從《法苑》、《御覽》、《藝文》、《初學》、《書鈔》諸書中錄出耳，豈從金函石篋、幽巖土窟掘得耶！」大抵後出異書，接此類也。〔註100〕

姚士粦在胡應麟藏書目錄中，見《搜神記》而驚呼「真有其書？不只是傳說。」胡應麟即刻回應：「目前所見之異書，大概都是從類書中輯錄出來。」上海古

〔註99〕〔清〕嚴可均：《全漢文·高帝》，卷1，冊1，頁245～252。
〔註100〕轉引自《欽定四庫全書總目·子部·小說家》之《搜神記》，卷142，頁1207。

籍出版社《藝文類聚‧前言》說：

> 故自晚明以下，〔明〕馮惟訥輯《詩紀》、〔明〕梅鼎祚輯《歷代文紀》、〔明〕張溥輯《漢魏六朝一百三家集》，無不資以為寶山玉海。迨〔清〕嘉、道間嚴可均輯《全上古三代秦漢三國六朝文》七百四十六，其取汲於本書的資料之多，幾乎達到了頂點。〔註101〕

《全文》編纂之前，前人利用《藝文類聚》的內容，加以收錄「詩」類作品，結集成《詩記》一書。誠如《文紀》與《百三家集》等大量輯錄先秦作品，嚴氏從而仰賴該書之參考功能，盡其汲取作為《全文》採輯來源出處。陳振孫（約 1183～1262）在《直齋書錄解題》一書中提到類書的最大功用，保存自漢到隋的詞章名篇：「其所載詩、文、賦、頌之屬，多今世所無之文集」；〔註102〕〔明〕高儒也說：「載引諸集，今世罕傳。漢、魏、六朝之文，獨賴《文選》。此書之存，不然幾至泯沒無聞矣」。〔註103〕嚴氏〈凡例〉：「賦、頌、箴、銘，依唐人類書為先後」。〔註104〕賦、頌、箴、銘等 4 種文體，是歷代相承不變的文體。尤其是〈文選序〉論述這 4 種文體的源流，進而解說何以安排順序之原由：

> 〈詩序〉云：「詩有六義焉，一曰風，二曰賦，三曰比，四曰興，五曰雅，六曰頌。」至於今之作者，異乎古昔，古詩之體，今則全取賦名。荀、宋之前，賈、馬繼之於末。自茲以降，源流實繁。
>
> 頌者，游揚德業，褒讚成功。吉甫有「穆若」之談，季子有「至矣」之嘆。
>
> 舒布為詩，既言如彼；總成為頌，又亦若此。
>
> 次則箴，興於補闕。
>
> 銘則序事清潤。〔註105〕

「賦」體是源自於《詩經‧六義》中的「賦」因襲而來，最早的創作者是荀

〔註101〕〔唐〕歐陽詢撰；汪紹楹校：〈前言〉，《藝文類聚》（上海：上海古籍出版社，1982 年 1 月），頁 7。

〔註102〕〔宋〕陳振孫；徐小蠻點校：〈藝文類聚〉，《直齋書錄解題‧類書》（上海：上海古籍出版社，1987 年 12 月），卷 14，頁 423。

〔註103〕〔明〕高儒：〈藝文類聚〉，《百川書志》（臺北：新文豐出版公司，收入《叢書集成續編》第 3 冊，1989 年），卷 11，頁 538。

〔註104〕〔清〕嚴可均：〈凡例〉，《全上古三代秦漢六朝文》，頁 20。

〔註105〕〔梁〕蕭統編；〔唐〕李善注：《昭明文選‧序》，頁 4～5。

子與宋玉，將其發揚光大的是賈誼（前 200～前 168）、司馬相如，從而拓展
出各種題材，以及敘述的內容，紀事、詠物等。又說「頌」主在歌功頌德；「箴」
則寓有警告性質；至於「銘」體，則強調於寫作要領，以敘事清楚扼要為上。
《文選》主張寫作須依自身的需要，採取不同的文體。因之，任何一種文體
的抒寫方式，皆有其不同的特點與功能。對於「銘」體的解說，與上古時期
的銘文並沒有很明顯的分別。《文心雕龍》進一步闡述文體的制式，把「詩、
樂府、賦、頌、贊、祝、盟、銘、箴、誄、碑、哀、吊、雜文、諧、隱」等
類體，統稱為有韻之文。尤其是在「箴」、「銘」類上，就有很清楚的說明用
途與源流。

　　《詩》有六義，其二曰賦。賦者，鋪也；鋪采攡文，體物寫志也。

〔註106〕

　　四始之至，頌居其極。頌者，容也，所以美盛德而述形容也。〔註107〕

　　銘者，名也。觀器，必也正名；審用，貴乎慎德。〔註108〕

　　箴者，所以攻疾防患，喻鍼石也。〔註109〕

「賦」有六義，第二要義為「賦」，特點是鋪陳華采，體察物情，直接抒發胸
臆心志。〈四始〉的次序是「風」、「小雅」、「大雅」、「頌」，「頌」體即是〈四
始〉之末，用來褒獎盛大的功德，描述其功成名就之不易。「銘」、「箴」兩類
均是刻在器物上，或是金石類上。「銘」就是名，刻在器物，觀覽器物時態度
需要「觀器，必也正名；審用，貴乎慎德」，首以稱名來辨識，審定它的用途，
強化該文須謹慎敘述其功德。這裡的「銘」體又與古代鑄金刻石，以記功為
主題的銘文，又有些差異，商、周時代常在鐘鼎器物上鑄刻文字，記功頌德
稱為「銅器銘文」。據此，凡遇「銘」體文，則需要審視內容，進而歸納列入。
「箴」就是「針」之意，即是今天所謂的針刺，用途於糾正缺失，警示居安
思危、未雨綢繆。對此，《文心雕龍・銘箴》進而解說之間的區別性，前者是
雋刻在器物上，後者是供給官府誦讀，兩者稱名不一，同在警戒之意。所以
才有「夫箴誦於官，銘題於器，名目雖異，而警戒實同」。〔註110〕

〔註106〕〔梁〕劉勰撰；〔清〕黃叔琳注；〔清〕紀昀評：《文心雕龍注・銓賦》，頁 27。
〔註107〕〔梁〕劉勰撰；〔清〕黃叔琳注；〔清〕紀昀評：《文心雕龍注・頌贊》，頁 30。
〔註108〕〔梁〕劉勰撰；〔清〕黃叔琳注；〔清〕紀昀評：《文心雕龍注・銘箴》，頁 39。
〔註109〕〔梁〕劉勰撰；〔清〕黃叔琳注；〔清〕紀昀評：《文心雕龍注・銘箴》，頁 40。
〔註110〕〔梁〕劉勰撰；〔清〕黃叔琳注；〔清〕紀昀評：《文心雕龍注・銘箴》，頁 40。

蔣伯潛說：「頌贊和箴銘二類，以韻語為多，體制相近，而其用不同。」
〔註111〕《文心雕龍》認為，頌體是源自於《詩》之頌體，箴銘二類三代已有。
嚴氏為何在編輯條例特別舉出賦、頌、箴、銘等 4 種文體，依唐人類書先後
排序呢？除了類書有文學總集的特質外，如《文苑英華》在每體類下，又以
小類劃分。不僅名目設置上和類書分類體系相似，主在輔助文人創作。筆者
試從類書編輯體例觀察，例如《藝文類聚》，所引資料是以文學作品為主。分
46 部，部下又分 727 個子目。每一個子目下，先摘錄經、子、史、集等相關
材料。之後，輯錄與內容相關之詩、賦、頌、贊、箴、銘、文、書、表等。
據《文心雕龍》主張的文論觀察，賦、頌、贊、箴、銘，皆為有韻之文，性
質作用雖不同，體式簡短扼要為基本體式，意圖敘事能義理精當。嚴氏依據
《藝文類聚》體制安排，把頌、贊、箴、銘 4 種文體，按序編列。至於賦體，
則比照《文選》，列為首類。

四、結語

《四庫總目》提到總集編纂之淵源，大致分為兩種，一是網羅散佚，使
斷簡殘語有所依歸，希冀能匯錄全篇，永保齊全，進而編成總集。如《全唐
詩》、《全唐文》等類。二是刪汰蕪雜，俾求菁華盡出，輯成選本之總集，如
《文選》、《唐文粹》之類。以下是《總目》說明：

> 文籍日興，散無統紀，於是總集作焉。一則網羅放佚，使零章殘什
> 并有所歸；一則刪汰繁蕪，使菁稗咸除，菁華畢出。是固文章之衡
> 鑒，著作之淵藪矣。《三百篇》既列為經，王逸所裒又僅《楚辭》
> 一家，故體例所成，以摯虞《流別》為始。其書雖佚，其論尚散見
> 《藝文類聚》中，蓋分體編錄者也。《文選》而下，互有得失。至宋
> 真德秀《文章正宗》，始別出談理一派，而總集遂判兩途。然文質相
> 扶，理無偏廢，各明一義，未害同歸。惟末學循聲，主持過當，使
> 方言俚語俱入詞章，麗製鴻篇橫遭嗤點，是則併德秀本旨失之耳。
> 今一一別裁，務歸中道。至明萬曆以後，僧魁漁利，坊刻彌增，
> 剽竊陳因，動成巨帙，併無門徑之可言，姑存其目，為冗濫之戒而
> 已。〔註112〕

〔註111〕蔣伯潛：《文體論纂要》，頁 90。
〔註112〕〔清〕永瑢等：《四庫全書總目‧總集類》，卷 186，冊下，頁 2598。

總集的編纂，肇始於能提供讀書人檢索方便。於取捨的標準，當是按照編纂者意識加以擇優精選，進而結集成冊。以「類聚區分」〔註113〕、「分體編錄」為編纂兩大原則〔註114〕。區別文體為先，從而選錄編輯。以類相從為骨幹，使用者即能根據自身的需要，翻檢閱讀，「俾夫覽者易為功，作者資其用，可以折衷今古，憲章墳典云爾。」〔註115〕顯見，與類書的原始構想相似。至於，後之總集的編輯，即因「文籍日興，散無統紀，於是總集作焉。」主在保存文獻的用意，避免散佚嚴重，以致有蒐羅全備之初想。從保存文獻的面向思考，就隻言片語或者斷簡殘篇的歸併，所建構的全集性的文本，企圖恢復古籍原貌為旗幟，本是《全文》編纂的宗旨。何以會與文學總集產生連結，進而有如此莫大的貢獻，實出於意料之外。反觀，《全文》文體編次原則，不管是類分或者是性質作用的類從，均肇端於尊古不守舊之思想意識。

（一）根源五經

東晉摯虞（？～311）提出「原始以要終，體本以正末。」〔註116〕之政治思想，並貫徹於文體研究上，追尋文體的本源。《文心雕龍‧序志》：「蓋文心之作，本乎道，師乎聖，體乎經」〔註117〕文章之樞紐，必須體現於道之本體，師法於聖人精髓，本源於經典。三者之間，彼此具有連貫性與淵源性，強化其尊古意識，六經為一切寫作之根本。這種思維型態，若應用在文體研究上，反映出寫作的概念，建築在「原始以表末」的要求〔註118〕，才可瞭解文學之流變，正體與變體之區別。所以陳述《文心雕龍》著作動機：

> 敷讚聖旨，莫若注經；而馬、鄭諸儒，宏之已精；就有深解，未足立家。唯文章之用，實經典枝條，五禮之以成，六典因之致用，君臣所以炳煥，軍國所以昭明，詳其本源，莫非經典。〔註119〕

〔註113〕〔唐〕房玄齡等：《晉書‧摯虞傳》（北京：中華書局，1974 年 11 月），卷 51，冊 5，頁 1426。

〔註114〕〔清〕永瑢等：《四庫全書總目‧總集類》，卷 186，冊下，頁 2598。

〔註115〕〔唐〕歐陽詢；汪紹楹校：《藝文類聚‧序》，頁 27。

〔註116〕〔唐〕房玄齡等：《晉書‧摯虞傳》，卷 51，冊 5，頁 1426。

〔註117〕〔梁〕劉勰撰；〔清〕黃叔琳注；〔清〕紀昀評：《文心雕龍注‧序志》，卷 10，頁 176。

〔註118〕〔梁〕劉勰撰；〔清〕黃叔琳注；〔清〕紀昀評：《文心雕龍注‧序志》，卷 10，頁 176。

〔註119〕〔梁〕劉勰撰；〔清〕黃叔琳注；〔清〕紀昀評：《文心雕龍注‧序志》，卷 10，頁 175。

據此，劉氏《文心雕龍》撰寫動機，當以傳達、讚揚聖人之意旨。馬融（79～166）、鄭玄（127～200）等人的注經成果，精闢獨到，後人望塵莫及，何以未能成一家之言。蓋是僅著眼於注疏詮釋，於讚揚聖人之意旨，卻付諸闕如。對此，劉氏認為，文章因作法或性質的不同，文體自然隨之演化孳乳。後世一切新興文體，必以五經為根據。例如五種禮儀藉著文章得以形成，六種法典也是憑藉著文章得以致用，朝廷公牘之文，軍國之事也是因文章而昭明。詳查這些的本源，無不經由聖典的傳承。以〈宗經〉、〈徵聖〉的精神，強調「原始以表末」的文學觀，若不能窮究文體本源，則不能成為經國之大業，「未能振葉以尋根，觀瀾而索源，不述先哲之誥，無益後生之慮。」〔註120〕據《全文》文體編例之意旨，其說：

> 詔令、書檄、天文、地理、五行、食貨、刑灋之文出于《書》；騷、賦韻語出于《詩》；禮議出于《禮》；紀傳出于《春秋》。百家九流皆六經餘潤，故四部別派而同源。故《文選》為總集，而收〈毛詩序〉、〈尚書序〉、〈春秋左傳序〉。史論、史述贊、〈典論論文〉、《文苑英華》、《唐文粹》亦如此。是經、史、子三部闌入集部，在所不嫌。〔註121〕

古來帝王之詔令、書檄範文，或者是天文、地理、經濟、刑法之類，是源自於《尚書》與《易經》；騷、賦之體，出於《詩經》；禮制、禮儀之文，出於《禮》經；紀傳之體出於《春秋》傳。凡諸子百家者流，皆出於六經之範圍，分列四部歸併。所以歷來之《文選》包括《文苑英華》、《唐文粹》等文學總集，一概收錄〈毛詩序〉、〈尚書序〉等之經部之〈序〉文。體現嚴氏文學觀，文體之間的源流，以六經為根本，除了經、史、子部見存不錄外，「是經、史、子三部闌入集部，在所不嫌。」，是屬於六經餘流，併收不棄置。例如《全上古三代文》收錄了許多古逸〈歸藏〉，〈筮辭〉、〈卜頌〉，這些的佚文原屬於《易》經，文獻資料采自《左傳》、《周禮》，《禮記》，甚至採自於歷代《文選》。如〈齊太公・金匱〉輯錄 28 條，取材於史部《後漢書》，子部《開元占經》、《困學紀聞》、《初學記》、《藝文類聚》、《北堂書鈔》、《意林》、《太平御覽》、《太平寰宇記》，集部《文選》、《事類賦注》橫跨史、子、集三部。

〔註120〕〔梁〕劉勰撰；〔清〕黃叔琳注；〔清〕紀昀評：《文心雕龍注・序志》，卷 10，頁 176。
〔註121〕〔清〕嚴可均：〈凡例〉，《全上古三代秦漢三國六朝文》，頁 20。

（二）分合異同

在進行文體區分與辨析時，不僅發現文體中有其基本依據，即是古來早有之文體，或者是後世衍生出一種新的文體；其三，後世未再出現之體式，或被併入其他文體。四種現象的出現，成因於文體之間有類似特徵，同中見異，也有異中見同。所以區分文體歸類時，為何要觀察其同源之本，與衍生之派別。異中有同，同中有異的文體觀，在《文心雕龍》的論述中，俯拾皆是。例如〈誄碑〉：

> 詳夫誄之為制，蓋選言錄行，傳體而頌文，榮始而哀終，論其人也；曖乎若可覿，道其哀也；悽焉如可傷，此其旨也。〔註122〕

> 夫屬碑之體，資乎史才，其序則傳，其文則銘。標序盛德，必見清風之華；昭紀鴻懿，必見峻偉之烈，此碑之制也。夫碑實銘器，銘實碑文，因器立名，事光於誄。是以勒石讚勳者，入銘之域；樹碑樹巳者，同誄之區焉。〔註123〕

誄體是屬於後代哀祭文的一種，采用頌讚的文辭。運用傳記之體裁，敘述生前之嘉言懿行，作法是「榮始而哀終」，以示哀悼之情為重。碑體之體制，有銘有文，中或有序。撰述者必須具備史傳才識，記述事蹟要像史乘中的傳狀，稱其功德如銘文一般；標舉功德需顯出清高儒雅之風範。碑是記載銘文之器物，銘是刻在碑上之文辭，其性質與誄文相似，都是頌揚功德。只是一是追念生前事蹟，一是敘述其人功德，所以創制了兩種文體「誄」與「碑」。從劉勰著述中得出其主張，任何一種文體都有其本同特徵，並在使用時分析其特異性。

如上所引，參照歷代《文選》總集，以《文選》文體 39 種為依據，並以《全文》70 種文體作分類歸納，以及《昭明文選》、《文心雕龍》、《古文辭類纂》三者列表對照，顯出《全文》體系之繁雜、瑣碎現象。從而觀察出《全文》分類是傾向《文體明辨》之體系。

1、七體之文，極盛於漢魏六朝，《全漢文》始列一類。《文選》、《文心雕龍》、《文章辨體》獨立設置一體。《文苑英華》收入「雜文」子目，《古文辭類纂》歸入「辭賦」類。

〔註122〕〔梁〕劉勰撰；〔清〕黃叔琳注；〔清〕紀昀評：《文心雕龍注・誄碑》，頁43～44。

〔註123〕〔梁〕劉勰撰；〔清〕黃叔琳注；〔清〕紀昀評：《文心雕龍注・誄碑》，頁44。

　　2、詔體之文，《文心雕龍》有詔策類，涵蓋命、誥、誓、制、詔、令、敕、告、訓、戒、教等帝王下行公文。《文苑英華》無單獨「詔」體文，別列在「翰林制誥」類下之子目「詔敕」。《唐文粹》在「書」類下，另設置子目「諭」；《元文類》列詔赦、制二類；《文章辨體》以諭告、璽書、制並列；《文體明辨》列命、諭告、詔、敕、制、璽書、國書等類；《古文辭類纂》歸併在詔令類；《全文》列有詔、制、詔敕、璽書、賜、下書、誓等類。可見，古來的文體詔、制、誥、敕、璽書、賜等諸類，或分或合，是沒有一個標準。

　　3、上書、上疏、奏、起、章、表、彈體之文，實為同體異名，《文心雕龍》以「尊貴差序，則肅以節文。戰國以前，君臣同書；秦、漢立儀，始有表奏，王公國內，亦稱奏書。張昶奏書於膠后，其義美矣。迄至後漢，稍有名品，公府奏記，而郡將奏牋」。〔註124〕「書」體本於公文之信，戰國以前，君臣之間的往來書信，秦漢之時有表奏之稱，王公諸侯間往來稱奏書，又「周監二代，文理彌盛，……言事於主，皆稱上書。秦初定制，改書曰奏；漢定禮儀，則有四品：一曰章，二曰奏，三曰表，四曰議；章以謝恩，奏以按劾，表以陳請，議以執異。」〔註125〕《古文辭類纂》：「漢以來，有表、奏、疏、議、上書、封事之異名，其實一類。」對象是諸臣上告君主之辭，彼此之間，體式少有特徵、差異。故《文選》列在「上書」類，《全文》分別為上書、疏、上言、議、封事、訓、謨、牋；《文心雕龍》列在疏之子目「議」與「記」二類；《文苑英華》分列判、書、疏、議；《元文類》列奏議類；《文體明辨》列上書、奏疏、議、書記，疏。至於其他文體，《文選》的啟、彈事、牋、奏記類，實是上書同名異稱。後世之歷代《文選》總集分合各異，其實皆是奏議類之體。

　　4、冊類之文，《文心雕龍》未有冊類論述，《文選》收錄的「冊」類，只有一篇〈魏王九錫文〉，主要用於賜封，《文苑英華》僅在〈翰林制誥〉篇分列二子目，一是「冊文」，內容為謚冊文與哀冊文兩種；二是「鐵券文」，大封功臣之事。《文體明辨序說》曾將「冊」文分為十一種用途：

　　　　又按古者冊書施之臣下而已，後世則郊祀、祭享、稱尊、加謚、寓
　　　　哀之屬，亦皆用之，故其文漸繁。今彙而辯之，其目凡十有一：

　　　　一曰祝冊，郊祀祭享用之。

〔註124〕〔梁〕劉勰撰；〔清〕黃叔琳注；〔清〕紀昀評：《文心雕龍注·書記》，頁98。
〔註125〕〔梁〕劉勰撰；〔清〕黃叔琳注；〔清〕紀昀評：《文心雕龍注·章表》，頁87。

二曰玉冊，上尊號用之。

三曰立冊，立帝、立后、立太子用之。

四曰封冊，封諸侯用之。

五曰哀冊，遷梓宮及太子諸王大臣薨逝用之。

六曰贈冊，贈號、贈官用之。

七曰諡冊，上諡、賜諡用之。

八曰贈諡冊，贈官並賜諡用之。

九曰祭冊，賜大臣祭用之。

十曰賜冊，報賜臣下用之。

十一曰免冊，罷免大臣用之。

今制：郊祀、立后、立儲、封王、封妃，亦皆用冊；而玉、金、銀、
銅之制，各有等差，蓋自古迄今，王言之所不可闕也。〔註126〕

由此可知，「冊」文在古代先秦時，是上位者在冊封臣下時所用，直到漢朝時
才廣泛應用於罷免、冊封后妃、諡號、祭祀等十一類等。一般而言，它與
詔書不同之處，在於「冊」帶有符命、徵信之意，兩相比較更具有權威性。
〔註127〕《全文》區分為冊、券二類，《古文辭類纂》歸入「詔令」類，為詔令、
封冊、檄文範圍，與詔類之體也有同異分合現象。

　　5、策體之文，《文選》未收有晁錯（前 200～前 154）、董仲舒（前 179
～前 104）等對策之文。《全文》分為策命、策問二類；《文心雕龍》除了設立
詔策一類外，另外在「對」體子目內有「射策」一類；《文苑英華》設有策與
策問二類；《唐文粹》列制策一類；《元文類》、《文體明辨》則同為策問一類；
《古文辭類纂》仍歸並為詔令類。

　　6、對問一體，《全文》有對答、對問、對策、對詔；《文心雕龍》在雜文
類，設立「對問」子目，另單列問一類與對類之「對策」子目；《文苑英華》
在雜文體設有「問答」；《文章明辨》、《文體明辨》設立問對一類；《古文辭類
纂》則歸併在辭賦類。

　　7、難、設論二體，《全文》分別設立難、釋難與設論、設共四類。《文心
雕龍》論說類，包含論、難、序、史論等類，後代《文選》總集，皆未另設

〔註126〕〔明〕徐師曾：〈冊〉，《文體明辨序說》（收入《文章辨體序說》、《文體明辨
　　　　序說》合冊本），頁 116。
〔註127〕褚斌杰：《中國古代文體概論》，頁 467～468。

一類，《古文辭類纂》則歸併入辭賦類。其原因：

> 辭賦類者，〈風〉、〈雅〉之變態也。楚人最工為之，蓋非獨屈子而
> 已。余嘗謂〈漁父〉，及楚人以弋說襄王。宋玉對王問遺行，皆設辭
> 無事實，皆辭賦類耳。太史公、劉子政不辨，而以事載之，蓋非是。
> 辭賦故當有韻，然古人亦有無韻者。以義在托諷，亦謂之賦耳。漢
> 世校書有〈辭賦略〉，其所刻者甚當。〔註128〕

辭賦之體，源自於《詩經》之〈頌〉類變體。以楚人最為擅長，不獨屈原專
美於前之賦體文。收錄的〈宋玉對楚王問〉、〈東方曼倩客難〉、〈司馬長卿難
蜀父難〉、〈東方曼倩非有先生論〉、〈揚子雲解難〉、〈韓退之釋言〉，都是辭賦
體。其內容性質著重在以義托諷，《唐文粹》依照體制，凡賦、騷、七、難、
對問、設論、辭、連珠，皆為賦體，這也是《古文辭類纂》歸併辭賦體之成
因。《文心雕龍》在〈詮賦篇〉外，另歸併在〈論說〉類，分合標準是較《文
選》簡明扼要。

　　8、誄、哀、吊文、祭文四體之文，《古文辭類纂》歸併入哀祭文。其說
明如下：

> 哀祭類者，《詩》有〈頌〉，〈風〉有〈黃鳥〉。〈二子乘舟〉，皆其原
> 也。楚人之辭至工，後世惟退之、介甫而已。〔註129〕

《詩》有〈周頌〉、〈魯頌〉、〈商頌〉，皆屬於宗廟祭祀之樂章。而《詩》中〈黃
鳥〉乃是秦人哀悼穆公之葬，〈二子乘舟〉為衛人哀宣公二子被殺之作。《楚
辭》、〈九歌〉〈招魂〉、〈大招〉也有為祭神、哀死者而作之賦。《全文》在哀
類上區分為哀冊、哀辭二類；《文心雕龍》設立誄碑、哀弔二類，把誄、哀、
弔之體文、用途、區別，詳析清楚。「誄者，累也，累其德行，旌之不朽。」
〔註130〕「哀者，依也，悲實依心，故曰哀也。以辭遣哀，蓋不淚之悼，故不
在黃髮，天昏。」〔註131〕「弔者，至也。《詩》云：『神之弔也。』言神至也。
君子令終定諡，事極理哀，故賓之慰主，以至到為言也。」〔註132〕誄是敘述
生前之豐功偉業，哀是夭折悲幼之辭，弔表示神到之意，有德君子死後之定
諡，弔唁慰主之辭，對象是成人之喪；《文苑英華》設立諡哀冊文；《唐文粹》

〔註128〕〔清〕姚鼐編；世界書局編輯部注：《古文辭類纂·辭賦序》，頁22。
〔註129〕〔清〕姚鼐編；世界書局編輯部注：《古文辭類纂·辭賦序》，頁25。
〔註130〕〔梁〕劉勰撰；〔清〕黃叔琳注；〔清〕紀昀評：《文心雕龍注·誄碑》，頁43。
〔註131〕〔梁〕劉勰撰；〔清〕黃叔琳注；〔清〕紀昀評：《文心雕龍注·哀弔》，頁46。
〔註132〕〔梁〕劉勰撰；〔清〕黃叔琳注；〔清〕紀昀評：《文心雕龍注·哀弔》，頁47。

在文類上有子目「諡冊」，並另獨立列哀冊一類，《文體明辨》設立哀辭、祝冊、哀冊、諡冊等類。可見哀類之文，隨著時代進化，慢慢與告祭之文結合。《文選》弔文、祭文二類，《全文》分列為三類，靈表、弔文、祭文，並另設祝文一類。蓋是與《文心雕龍》觀念是一致，「禮之祭祀，事止告饗；而中代祭文，兼讚言行；……是以義同於誄，而文實告神。誄首而哀末，頌體而祝儀，太史所作之讚，因周之祝文也。」〔註133〕又云：「盟者，明也。騂毛、白馬，珠盤、玉敦，陳辭乎方明之下，祝告於神明也。」〔註134〕祝盟總括為祭告一切神明，故用於一切喪事之祭文，也歸為此類。《元文類》沿襲哀祭同體之文論，《文體明辨》在祝文類下另設子目告、脩、祈、辟、謁，《文選》沒有列目。後世凡屬哀祭之文，總括哀悼、哀冊與告祭之範圍，《古文辭類纂》以哀祭辭賦、祭文、哀辭為主要收錄範疇。

　　9、墓志、碑文二體之分合，《全文》有碑、墓誌銘二體；《文心雕龍》論碑類之緣起於古帝皇封禪樹碑，本於《詩》，歌功頌德，將之刻在金石上，是一種紀念性文字。「碑者，埤也。上古帝皇，紀號封禪，樹石埤岳，故曰碑也。」〔註135〕自此以後，碑文之體用途漸廣，不僅於金石器物。「周穆紀跡于弇山，亦古碑之意也。又宗廟有碑，樹之兩楹，事止麗牲，未勒勳績；而庸器漸缺，故後代用碑，以石代金，同乎不朽，自廟徂墳，猶封墓也。」〔註136〕《古文辭類纂》以碑誌總括所有，凡碑、碑記、神道碑、碑陰、墓誌、墓表、刻文、碣、墓版文、靈表等體。

　　按照褚斌杰先生在《中國古代文體概論・古代文章的各種體類》的論述，連結文體演變的脈絡，《全文》輯錄的篇文是可以反映出各時代的文體特徵的。《文選》、《文心雕龍》、《文苑英華》等分類體系，是具有時代意義的。如「判」體，《全後魏文》始收錄，《文苑英華》單立一類。事實上，此體發端於「券」類，《文苑英華》歸入「記」之鐵券文。《文心雕龍》說明如下

　　　　券者，束也；明白約束，以備情偽，字形半分，故周稱判書；古有
　　　　鐵券以堅信誓，王褒髯奴，則券之楷也。〔註137〕
券本意為約束明白，券字割畫一半為判，周代稱為判決之書。古有鐵券代表

〔註133〕〔梁〕劉勰撰；〔清〕黃叔琳注；〔清〕紀昀評：《文心雕龍注・祝盟》，頁35。
〔註134〕〔梁〕劉勰撰；〔清〕黃叔琳注；〔清〕紀昀評：《文心雕龍注・祝盟》，頁35。
〔註135〕〔梁〕劉勰撰；〔清〕黃叔琳注；〔清〕紀昀評：《文心雕龍注・誄碑》，頁44。
〔註136〕〔梁〕劉勰撰；〔清〕黃叔琳注；〔清〕紀昀評：《文心雕龍注・誄碑》，頁44。
〔註137〕〔梁〕劉勰撰；〔清〕黃叔琳注；〔清〕紀昀評：《文心雕龍注・書記》，頁99。

堅信，信誓之書約。《文章辨體序說》單列判一體，又《文體明辨序說》則設立鐵券文與判二類，其說法更為明確：

> 按字書云：「券，約也，契也。」劉熙云：「綣也，相約束繾捲以為限也。」史稱漢高帝定天下，大封功臣，剖符作誓，丹書鐵券，金匱石室，藏之宗廟。其誓詞曰：「使黃河如帶，泰山若礪，國以永存，爰及苗裔。」後世因此遂有鐵券文焉。〔註138〕

券是約定、契約之意，漢高祖定天下時，大封功臣，以符剖半立誓，稱為丹書鐵券，或是金匱石室藏於宗廟，作為信誓，代表堅定信實如泰山般堅信，永不移轉。使用範圍廣及外族苗裔。另「判」體之作用是：

> 按字書云：「判，斷也。」古者折獄，以五聲聽訟，致之於刑而已。秦人以吏為師，專尚刑法。漢承其後；雖儒吏並進，然斷獄必貴引經，尚有近於先王議制及《春秋》誅意之微旨。其後仍有判詞。〔註139〕

從《文心雕龍》券與判同、《文苑英華》列分二類、《文體明辨序說》列分二類等撰述，可以得知《文心雕龍》的說法是較為周全。有契約、約束、判刑斷獄、封賞之意，其後《宋文鑑》以書判設為一類。因此「判」與「券」雖稱名不同，實質作用有一分為二或者二合為一之義同。

　　如「序」之文體，主要是指一部書的序文，是寫在一本書或者是一首詩前面的文字。序與跋的性質相近的，都是對某部著作或者詩文做一段文字的說明。褚氏認為先秦時期未見有序文的出現，「序」的出現是在漢代從〔漢〕的司馬遷《史記·太史公自序》。這種的觀點是必須進一步探討，因為從《全上古三代文·呂不韋》就收有〈呂氏春秋序意〉佚文一篇，內容是標準的序文，《呂氏春秋》一書的寫作緣起。甚至更早之前孫武（前 545～前 470）之〈算經序〉，敘述《算經》一書的大綱與大意。

> 《孫子算經》聚珍本

> 案：《隋志》：《孫子算經》二卷，今本，三卷。其書有長安洛陽及佛書二十九章等語，蓋後人有增加也。朱彝尊（1629～1709）等皆謂是孫武書，故錄之。〔註140〕

〔註138〕〔明〕徐師曾撰：〈冊〉，《文體明辨序說》（收入《文章辨體序說》、《文體明辨序說》合冊本），頁118。

〔註139〕〔明〕徐師曾撰：《文體明辨序說》（收入《文章辨體序說》、《文體明辨序說》合冊本），頁127。

〔註140〕〔清〕嚴可均：〈算經序〉，《全上古三代文·孫武》，卷5，冊1，頁69。

乾隆時期的聚珍本《算經》，與《隋志》著錄的卷數有些的差異，今本多出了
長安洛陽地名與佛書等語，嚴氏對照之前朱彝尊的考證，認為後面增錄部分
是後人的附益偽託之作。稍後的〔漢〕劉向〈戰國序〉，內容是敘述自己對社
會、歷史的觀點，與前面的序跋不同。因此「序」之文體有兩種形式，一是
議論體，二是敘事體。這種序文有時稱為「引」或者是「題辭」，在唐宋時期
才出現。如〔唐〕劉禹錫（772～842）〈吳蜀集引〉、或〔漢〕趙岐（108～201）
〈孟子題辭〉等都是「序」的異名。對於「序」之文體，是與「引」、「題辭」
歸為一類之體。依此，《全文》的分類體系，是必須作一個表格化，與歷代文
學總集比較表格。這兩種系統化後，才能明確考見《全文》文體的分合異同，
排序的標準。在根源五經的基本精神下，以《文選》、《文苑英華》、《文體明
辨序說》分合異同，分成 70 類文體。既承襲前代總集之文體分類之體系，又
依據內容性質，分合異同，別具創新復古融合。

第三節　輯錄之方式

嚴氏將分散與被保存在各種圖書之零章斷句，如何一點一滴的勾稽出來，
彙集成書，前人的研究很少有人關注。面對這些散亂的資料，有全部或部分
存留，篇文段落順序、錄文真確性等等問題，導致嚴氏在輯錄的過程中，有
時會注入個人的主觀判斷，對文本進行直錄、抽換、析離、倒置、拼合等改
造，致使其所錄文本與原始面貌，存在些許差異性，可直稱為「新文本」。其
問題的產生，是發端於古注舊籍、類書等的引錄，大多是摘錄而非全帙。即
便是引錄完整的，也存在不相重合之異文。例如〈孔光·丞相遣郡國計吏敕〉
「《漢舊儀》《永樂大典》本，又引見《續漢·百官志注》，《北堂書鈔》七十
九，合訂成篇。」〔註141〕簡而言之，同一作品往往以不同長短、片段形態，
散見在不同的文獻古本中。因此在編錄時，就必須對同一作品，進行不同層
面的綴合、抽離等等手法，以恢復古籍原貌為目的。針對古書輯佚的方式，
嚴氏〈凡例〉做了一些說明：

> 宋、齊、梁、陳、隋文多完篇。東漢、三國、晉文散見群書者，各
> 自刪節，往往有文同此篇，從數處采獲，或從數十處采獲，合而訂
> 之，可成完篇。張溥《百三家集》所載魏晉諸賦亦如此。而《賦

〔註141〕〔清〕嚴可均：〈丞相遣郡國計吏敕〉《全漢文·孔光》，卷13，冊1，頁391。

匯》即據為定本，謹遵此例。剌取引見之文，以校訛補缺。至乃
碎錦殘圭，義不連貫，則為散條，附當篇之末，片語單詞，未敢遺
棄。〔註142〕

上述所言，嚴氏從古籍散佚情況，佚文處理方式，做了一個簡要說明。一是
宋、齊、梁、陳、隋等文集，大致保存完整；二是東漢、三國、晉等古籍則
散佚嚴重，散見於古籍舊注；三是處理方法，直接摘錄、整併、刪節；四是
利用摘錄之文，作為傳本之校勘補遺；五是引錄之斷簡殘句，若是上下文義
不連貫，則附錄在篇末。通過以上說明，筆者歸納得出《全文》輯錄佚文之
幾種方式，藉此能進一步了解清代編纂輯佚學之方法。

一、直錄徵引

所謂「直錄」篇文的方式，乃是根據原始出處，據書直錄，不改動任何
文字，是具有較高的參考價值。這是輯佚的基礎工作，發現佚文，隨手摘錄，
並在文句下注明出處。例如：《全宋文·謝莊》之〈竹贊〉，其案語「《藝文類
聚》八十九。」〔註143〕出處只有一個，最為單純。另一種是殘文剩句，出自
多種類書，經過整理歸納，方才聯貫可讀。作法是將同一作品散見於不同出
處之片段，分條收錄，於各條下分別指出文獻出處。例如《全三國文》之
〈四時食制〉，據《太平御覽》、《文選·海賦注》、《初學記》等輯錄出十三
條，分別標注引據資料與卷數。〔註144〕此類之例證隨處可拾，試舉直錄徵引
之例：

（一）全篇佚文內容沒有增刪、改寫、合併

透過「直錄」方式，乃是快速累積文獻的最佳方式，也是符合現代學術
的引用原則。嚴氏大量取用史書，做為輯錄佚文之基礎，稍加以排比，例證
頗多。例如〈齊桓公·與魯書〉：

子糾，兄弟，弗忍誅，請魯自殺之。召忽、管仲，讎也，請得而甘
心醢之。不然，將圍魯。〔註145〕

此輯錄之文，完全出自《史記·齊太公世家》之〈齊遺魯書〉一段佚文，沒

〔註142〕〔清〕嚴可均：〈凡例〉，《全上古三代秦漢三國六朝文》，頁20。
〔註143〕〔清〕嚴可均：〈竹贊〉，《全宋文·謝莊》，卷35，冊6，頁343。
〔註144〕〔清〕嚴可均：〈四時食制〉，《全三國文·魏武帝》，卷3，冊3，頁39。
〔註145〕〔清〕嚴可均：〈與魯書〉《全上古三代文·齊桓公》，卷7，冊1，頁99。

有任何刪改。〔註146〕此外，嚴氏既以梅鼎祚《歷代文紀》、張溥《漢魏六朝百三家集》為其藍本，是以對收錄之內容，往往採用直錄方式，藉以豐富摘錄之佚文。例如《全漢文‧嚴遵》之〈道德指歸說目〉：

> 莊子曰：昔者老子之作也，變化所由，道德為母，效經列首，天地為象。上經配天，下經配地。陰道八，陽道九。以陰行陽，故七十有二首；以陽行陰，故分為上下；以五行八，故上經四十而更始；以四行八，故下經三十有二而終矣。陽道奇，陰道偶，故上經先而下經後；陽道大，陰道小，故上經眾而下經寡；陽道左，陰道右，故上經覆來，下經覆往，反覆相過，淪為一形。冥冥混混，道為中主。重符烈驗，以見端緒。下經為門，上經為戶。智者見其經效，則通乎天地之數，陰陽之紀，夫婦之配，父子之親，君臣之義，萬物敷矣。（《秘冊彙函》）〔註147〕

據《四庫總目》，《道德指歸論》本為十一卷，大多散佚，現僅見傳本六卷，「此書為胡震亨《秘冊彙函》所刻，後以版歸毛晉，編入《津逮秘書》，止存六卷」。〔註148〕〈道德指歸說目〉細審其著錄內容、順序，篇名，皆承自《西漢文紀》，只有「効」字改動為「效」。這種輯錄方式，很多是直接採錄梅氏《歷代文紀》，只是嚴氏大多不注明。

（二）全篇佚文，出自同卷，不同段落，內容沒有增刪、改寫、合併

例如〈齊太公‧決事占〉：

> ①太白犯畢口，大兵起，一歲罷。②太白出東方，入畢口，車馬貴易政。③太白犯參左股，戰大勝。〔註149〕

此段佚文為〈太白決事占〉，分別摘錄自《開元占經》卷四十九之不同三個段落。①②出自同卷不同段落〈太白犯畢五〉〔註150〕，③取〈太白犯參七〉中之〈太白決事占〉。〔註151〕

〔註146〕〔日〕瀧川龜太郎：《史記會注考證‧齊太公世家第二》，卷32，頁539。

〔註147〕〔清〕嚴可均：〈道德指歸說目〉，《全漢文‧嚴遵》，卷12，冊1，頁643。

〔註148〕〔清〕永瑢等撰：《四庫全書總目‧子部‧道家》，卷146，冊上，頁1243。

〔註149〕〔清〕嚴可均：〈決事占〉，《全上古三代文‧齊太公》，卷7，冊1，頁97。

〔註150〕①〔唐〕瞿曇悉達：〈太白犯畢五〉，《唐開元占經》（臺北：臺灣商務印書館，影印《文淵閣四庫全書》第807冊，1983年），卷49，頁541。②，卷49，影印《文淵閣四庫全書》第807冊，頁541下。

〔註151〕〔唐〕瞿曇悉達：〈太白犯參七〉，《唐開元占經》，卷49，影印《文淵閣四庫全書》第807冊，頁542。

（三）同篇佚文，分數條段落，採自不同出處，內容沒有增刪、改寫、合併

　　〈凡例〉說：「碎錦殘圭，義不連貫，則為散條，附當篇之末，片語單詞，未敢遺棄。」〔註152〕處理此種義不連貫之殘語片辭，嚴氏則各列條文，當於篇末。如《全漢文・董宏》之〈上哀帝書請上傅泰後及丁姬尊號〉。〔註153〕

　　　①秦莊襄王母本為夏氏，而為華陽夫人所子。及即位後，俱稱太后。
　　　　宜立定陶共王后為皇太后。（《漢書・師丹傳》）〔註154〕
　　　②宜立丁姬為帝太后。（《漢書・孝元傅昭儀傳》）〔註155〕
　　　③《春秋》之義，母以子貴。丁姬宜上尊號。（《漢書・王莽傳》）
　　　　〔註156〕

列錄三條，出自《漢書》之〈師丹傳〉、〈孝元傅昭儀傳之〉、〈王莽傳〉，其背景乃是董宏上書為哀帝（前 27～前 1）祖母與生母設立尊位尊號。另則摘錄完整佚文，例如〈闕名・請雨祝〉：

　　　①昊天生五穀以養人，今五穀病旱，恐不成，敬進清酒脯脯，再拜
　　　　請雨。雨幸大澍。（《古微書》引《春秋漢含孳・請雨祝》）
　　　②皇皇上天，照臨下土。集地之靈，神降甘雨。庶物群生，咸得其
　　　　所。（《博物志・史補》）〔註157〕

此篇〈請雨祝〉分為兩段，佚文①是採自《古微書・春秋漢含孳》〔註158〕，②是取自《博物志・史補》之〈請雨曰〉。原書摘錄沒有任何增減、改寫，內文採自多種出處合併等方式，並不多見。

（四）同篇佚文，互見數處，互有刪節，分別載錄

　　〈闕名・為徐福上書〉，嚴氏收錄兩篇，一是《說苑・權謀》，二是《漢書・霍光傳》。兩者之間，小有差異，故分別載錄，能更清晰還原當時之歷史

〔註152〕〔清〕嚴可均：〈凡例〉，《全上古三代秦漢六朝文》，頁 20。
〔註153〕〔清〕嚴可均：〈上哀帝書請上傅泰後及丁姬尊號〉，《全漢文・董宏》，卷 46，
　　　　冊 1，頁 679。
〔註154〕〔漢〕班固撰；〔唐〕顏師古注：《漢書》（北京：中華書局，1987 年 12 月），
　　　　卷 86，冊 5，頁 3505。
〔註155〕〔漢〕班固撰；〔唐〕顏師古注：《漢書》，卷 97 下，冊 11，頁 4001。
〔註156〕〔漢〕班固撰；〔唐〕顏師古注：《漢書》，卷 99 上，冊 12，頁 4042。
〔註157〕〔清〕嚴可均：〈請雨祝〉《全上古三代文・闕名》，卷 14，頁 191。
〔註158〕〔明〕孫瑴：《古微書・春秋漢含孳》（臺北：臺灣商務印書館，影印《文淵
　　　　閣四庫全書》第 194 冊，1983 年），卷 12，頁 896。

事件。嚴氏說明：「案：『此與《說苑》互有刪節，而加詳，故分載之。』」
〔註 159〕

　　臣聞客有過主人者，見竈直埃，傍有積薪，客謂主人曰：「曲為埃，
　　遠其積薪，不者將有火患。」主人嘿然不應。居無幾何，家果失
　　火，鄉聚里中人哀而救之，火幸息。于是殺牛置酒，燔髮灼爛者在
　　上行，餘各用功次坐，而反不錄言曲埃者。向使主人聽客之言，不
　　費牛酒，終無火患。今茂陵徐福數上書，言霍氏且有變，宜防絕之。
　　向使福說得行，則無裂地出爵之費，而國安平自如。今往事既已，
　　而福獨不得與其功，唯陛下察之，客徙薪曲突之策，使居燔髮灼爛
　　之右。（《說苑・權謀》）〔註 160〕

　　臣聞客有過主人者，見其竈直突，傍有積薪，客謂主人曰：「更為曲
　　突，遠徙其薪，不者且有火患。」主人嘿然不應。俄而家果失火，
　　鄰里共救之，幸而得息。於是殺牛置酒，謝其鄰人，灼爛者在於上
　　行，餘各以功次坐，而不錄言曲突者。人謂主人曰：「鄉使聽客之言，
　　不費牛酒，終亡火患。今論功而請賓，曲突徙薪亡恩澤，燋頭爛額
　　為上客耶？」主人乃寤而請之。今茂陵徐福數上書言霍氏且有變，
　　宜防絕之。鄉使福說得行，則國亡裂土出爵之費，臣亡逆亂誅滅之
　　敗。往事既已，而福獨不蒙其功，唯陛下察之，貴徙薪曲突之策，
　　使居焦髮灼爛之右。」（《漢書・霍光傳》）〔註 161〕

兩篇所錄之文，彼此對照，具有數點之差異，一是字詞不同，二是字句增加，
三是內容不同等要素，如「突」與「埃」；《說苑》增加「居無幾何」；《漢書》
增加「俄而」為「俄而家果失火」；《漢書》增加「謝其鄰人」；《說苑》增加
「國安平自如」之句；《漢書》多出「臣亡逆亂誅滅之敗」；《說苑》之「見竈
直埃」與《漢書》「見其竈直突」；《說苑》「曲為埃，遠其積薪，不者將有火
患」，《漢書》作：「更為曲突，遠徙其薪，不者且有火患。」；《說苑》之「鄉
聚里中人哀而救之，火幸息。」，《漢書》作「鄰里共救之，幸而得息。」；《說
苑》之「燔髮灼爛者在上行」，《漢書》作「灼爛者在於上行」；《漢書》增加
「今論功而請賓，曲突徙薪亡恩澤，燋頭爛額為上客耶？』主人乃寤而請之。」；

〔註 159〕〔清〕嚴可均：〈為徐福上書〉《全漢文・闕名》，卷 57，冊 1，頁 777。
〔註 160〕〔漢〕劉向撰：《說苑》（臺北：世界書局影印《四庫全書薈要》第 247 冊，
　　　　　1984 年），卷 13，頁 123～124。
〔註 161〕〔漢〕班固撰；〔唐〕顏師古注：《漢書》，卷 68，冊 9，頁 2958。

《說苑》之「無裂地出爵之費」，《漢書》為「國亡裂土出爵之費」；《說苑》之「福獨不得與其功」，《漢書》為「福獨不蒙其功」；《說苑》之「客徙薪曲突之策」，《漢書》作「貴徙薪曲突之策」。據此，嚴氏判別兩者之間，以《漢書》內容較為詳盡，但分別載錄。

（五）同篇佚文，互見數處，一一列出，內容沒有增刪、改寫、合併

〈凡例〉云：「各篇之末，皆注明見某書某卷，或再見數十見，亦備細注明，以待覆檢。」〔註162〕嚴氏指出，輯錄之文在篇末會注明來源出處，並一一列舉互見之處，方便後人之查找。例如〈孔安國·尚書序〉，嚴氏列舉互見之文：「《文選》、唐石經《尚書》、宋版《尚書注疏》、宋巾箱版《尚書》、仿岳版《尚書》。」〔註163〕單就〈尚書序〉，就注明互見之五種書版。所謂互見法，即是從本書之外，其他書籍中可找到相關的材料、相同篇文。例如〈鄭鮮之·祭牙文〉，嚴氏注明「《藝文類聚》六十，《初學記》二十一（卷數有誤，應是22），《御覽》三百三十九」〔註164〕據此，嚴氏一一列舉之出處來源，其摘錄的內文是相同。〔註165〕然嚴氏之互見法，另以「又」、「又見」、「略見」等形式注明，指引讀者參看：

1、「又」、「又見」，乃是相同篇文，可分別見諸其他書籍，只是某些文句或者是字詞有些微的差異。例如〈傅亮·為宋公修張良廟教〉，嚴氏注明：「《文選》，又《宋書·武帝紀》中。」〔註166〕其摘述錄文如下：

> 綱紀：夫盛德不泯，義存祀典。微管之嘆，撫事彌深。張子房道業黃中，照鄰殆庶，風雲玄感，蔚為帝師；夷項定漢，大拯橫流，固已參軌伊、望，冠德如仁。若乃神交圯上，道契相洛，顯默之際，宜然難究，淵流浩漾，莫測其端矣。塗次舊沛，仁駕留城，靈廟荒頓，遺像陳昧，撫事懷人，永歎實深。過大樑者或仁想於夷門，游

〔註162〕〔清〕嚴可均：〈凡例〉，《全上古三代秦漢三國六朝文》，頁19。
〔註163〕〔清〕嚴可均：〈尚書序〉，《全漢文·孔安國》，卷13，冊1，頁383。
〔註164〕〔清〕嚴可均：〈祭牙文〉，《全宋文·鄭鮮之》，卷25，冊6，頁246。
〔註165〕請參見〔唐〕歐陽詢撰；汪紹楹校：《藝文類聚》，卷60，冊2，頁1078。〔唐〕徐堅等：《初學記·武部》（北京：中華書局，1962年1月第1版），卷22，冊3，頁525。〔宋〕李昉《太平御覽》（臺北：臺灣商務印書館，1997年7月），卷339，冊2，頁1686。
〔註166〕〔清〕嚴可均：〈為宋公修張良廟教〉，《全宋文·傅亮》，卷26，冊6，頁252。

九京者，亦流連於隨會。擬之若人，亦足以云，可改構棟宇，修飾
丹青，蘋蘩行潦，以時致薦。抒懷古之情，存不刊之烈，主者施
行。〔註167〕

根據《宋書‧武帝紀》記載，此篇錄文是緣起於宋武帝十三年（436）正月，
領軍征戰在留城時，經過張良廟，下令修建之詔文。對照《文選》，「道契
商洛」改字為「相」；「永歎寔深」改為「實深」。〔註168〕與《宋書‧武帝
紀》對比，嚴氏增加「綱紀」二字；將「大拯橫流，夷項定漢」改為「夷項
定漢，大拯橫流」；將「顯晦之間」改為「顯默之際」；「源流淵浩」改為「淵
流浩漾」；「殘」改為「頓」；「撫跡」改為「撫事」；「慨然永歎」改為「永歎
實深」；增加「擬之若人，亦足以云」二句；「可改構檂楠」改為「可改構棟
宇」；「以抒懷古之情，用存不刊之烈」改為「抒懷古之情，存不刊之烈，主
者施行」。〔註169〕

依此，嚴氏摘述之篇文以《文選》為主，改動不大。就「又」表示之意
義，是在他書所見之相同篇文，與原文有些微的變動，但大抵不影響其文意。
另就「又見」之例，〈民殺長吏議〉注明「《宋書‧劉秀之傳》：『大明四年，
改定制令，疑民殺長吏科，議者謂值赦宜加徙送，秀之以為云云。』又見《南
史》十五。」〔註170〕嚴氏根據《宋書》記載，先敘述此篇錄文之緣起，百姓
殺官吏科又值遇大赦，劉秀之主張仍按照刑法管制。又見於《南史》，則稍改
動字詞，內文並無刪減詳略之分別。以下說明之：

律文雖不顯民殺官長之旨，若值赦，但止徙送，便與悠悠殺人曾無
一異。民敬官長，比之父母；行害之身，雖遇赦，謂宜長付尚方，
窮其天命，家口令補兵。〔註171〕

上述依《宋書》為本，《南史》「但止徙送」，《宋書》作「但止徙論」；《南史》
「民敬官長」，《宋書》作「人敬官長」；《南史》「家口令補兵」，《宋書》減省
為「家口補兵」。

2、「略見」之注明，藉由一篇佚文，分別被重複著錄在不同資料上。雖
然內容相同，輯錄的片段卻詳簡不一。嚴氏以「略見」標註不同資料出處，

〔註167〕〔清〕嚴可均：〈為宋公修張良廟教〉，《全宋文‧傅亮》，卷26，冊6，頁252。
〔註168〕〔梁〕蕭統編；〔唐〕李善注：《昭明文選‧教》，卷36，冊下，頁914～915。
〔註169〕〔梁〕沈約：《宋書‧武帝紀中》，卷2，冊1，頁41。
〔註170〕〔清〕嚴可均：〈民殺長吏議〉，《全宋文‧劉秀之》，卷39，冊6，頁380。
〔註171〕〔清〕嚴可均：〈民殺長吏議〉，《全宋文‧劉秀之》，卷39，冊6，頁380。

說明彼此之間何者是詳細、與簡略之摘述。如〈文帝・賜南郡王義宣詔〉，嚴氏注明「《宋書・南郡王義宣傳》，又略見《南史》十三。案：『義季，小字師護』。」〔註172〕其差別如下：

①師護以在西久，比表求還，出內左右，自是經國常理，亦何必其應於一往。今欲聽許，以汝代之。護雖無殊績，潔己節用，通懷期物，不恣群下。此信未易，非唯聲著西土，朝野呂為美談。在彼已有次第，為士庶所安，論者乃謂未議遷之，今之回換，更在欲為汝耳。汝與護年時一備，各有其美，物議亦護有少劣。若今向事脫一減之者，既於西夏交友巨礙，遷代之讖，必歸責於吾矣。②復當維護怨，非但一誚而已也。如此則公私具損，為不可不先共善詳。此事亦易勉耳，吾為使人動生評論也。〔註173〕

《全宋文》收錄①與②兩部分，而《南史》卷十三只摘錄①部分。〔註174〕依此，就〈南郡王義宣詔〉之錄文，以《宋書》記載最為詳盡，而「略見《南史》」一句，乃為簡略之摘錄。另例〈孝武帝・孝武紀〉，嚴氏注明：「《宋書・孝武紀》，又略見《通典》二十二。」〔註175〕按照輯錄的慣例，以《宋書》的摘錄最為完備，《通典・職官》則略為簡要。其說明如下：

①首食尚農，經邦本務，貢士察行，寧朝當道。內難甫康，政訓未洽，衣食有耗之弊，選造無觀國之美。昔衛文勤民，高宗恭默，卒能收賢巖穴，大殷季年，朕每側席疚懷，無忘鑒寐。凡諸守莅親民之官，可詳申舊條，勸盡地利。力田善蓄者，在所具以名聞。褒甄之科，精為其格。四方秀孝，非才勿舉，獻答允值，即就銓擢。若止無可採，猶賜除署，若有不堪酬奉，虛竊榮薦，遣還田里，加以禁錮。②尚書、百官之元本，庶績之樞機，承郎列曹，局司有在。而頃事無巨細，悉歸令僕，非所以眾材成構，羣能濟業者也。可更明體制，咸責厥成，③糾戮勤惰，嚴施賞罰。〔註176〕

根據《宋書・孝武紀》的記載，全篇是南朝宋武帝於建國草創時期，求賢納

〔註172〕〔清〕嚴可均：〈賜南郡王義宣詔〉，《全宋文・文帝》，卷3，冊6，頁39。
〔註173〕〔清〕嚴可均：〈賜南郡王義宣詔〉，《全宋文・文帝》，卷3，冊6，頁39。
〔註174〕〔唐〕李延壽：《南史》（北京：中華書局，2003年6月），卷13，冊2，頁375。
〔註175〕〔清〕嚴可均：〈重農舉才詔〉，《全宋文・孝武帝》，卷5，冊6，頁57。
〔註176〕〔清〕嚴可均：〈重農舉才詔〉，《全宋文・孝武帝》，卷5，冊6，頁57。

材之詔書。〔註177〕《全宋文》收錄①、②、③三部分,《通典‧職官四》只輯錄②小段,重點在魏晉以下尚書令一職之職責。〔註178〕兩書錄文之性質截然不同,嚴氏卻能將輯錄之篇文,一一列舉出處,並以「略見」區別詳略簡要。

二、佚文之換置

《全文》輯錄的篇文,經過嚴氏的校勘、比對、考證。然針對篇文收錄於不同出處,依據資料的優劣,以己意取捨,改換文句內容。不管是段落的順序、內容,均作一些處理,如抽換、析離、倒置等方式。

(一)抽換、倒置

《全文》收錄的內容,有節錄他書的情況,因而與原書不同。嚴氏則在過程中,盡量考證其古書原貌,並據以改換成完整內文,提高研究價值。這種做法常見於散條零句、源自於不同文獻載錄,併合於同一篇作品。簡而言之,即是某局部之不同篇文,經過整理,綴合成一篇新作品。就其方法,常以抽換、倒置相互使用。例如《全後漢文‧崔駰》之〈東巡頌〉:

①伊,漢中興三葉,於皇維烈,允迪厥倫。纘王命,徹漢勳,矩坤度以範物,規乾以陶鈞,于是考上帝以質中,總列宿于北辰,開太微,敞紫庭,延儒林,以諮詢岱嶽之事。于是典司耆考,載華抱實,逌爾而造曰:「盛乎大漢,既重雍而襲熙,世增其德。唯斯嶽禮,久而不修,此神人之所慶幸。」海內之所想思,頌有喬山之征,典有徂嶽之巡,時邁其邦,民斯攸勤,不亦宜哉。乃命太僕,訓六騶,閑路馬,戒師徒,②于是乘輿登天,靈之威路。駕太一之象車,③升九龍之華旗,建翠霓之旌旄。三軍霆激,羽騎火烈,天動雷震,隱隱轔轔。躬東作之上務,始入正于南行。④哀胡者之元老,賞孝行之畯農。(《初學記》引兩條,《藝文類聚》三十九,《御覽》三百四十,又五百三十七)〔註179〕

據①部分,《漢魏六朝百三家集》、《東漢文紀》同,抽掉「纘王命,徹漢勳」,

〔註177〕〔梁〕沈約:《宋書‧孝武紀》(北京:中華書局,2003年10月),卷6,冊1,頁113～114。

〔註178〕〔唐〕杜佑:《通典‧職官四》(臺北:新興書局,收入《十通》,1963年10月),卷22,頁130。

〔註179〕〔清〕嚴可均:〈東巡頌〉,《全後漢文‧崔駰》,卷44,冊2,頁421。

換置「袞胡耇之元老，賞孝行之畯農」在「三軍霆激」之前，為「袞胡耇之
元老，賞孝行之畯農，三軍霆激」，並注明「闕」字〔註180〕；增併「登天靈之
威輅，駕太乙之象車」在「隱隱轔轔」之後，為「三軍霆激，羽騎火烈，天
動雷震，隱隱轔轔。登天靈之威輅，駕太乙之象車。」〔註181〕《初學記》抽
掉①之「岱嶽之事」與③全部，只涵蓋①②兩部分〔註182〕；《藝文類聚》在①
部分剔除「纘王命，徵漢勳」、「既重雍而襲熙」；③部分之「建翠霓之旌旄」
改為「建掃電之旌旄」併接④部分為「建掃電之旌旄，袞胡耇之元老，賞孝
行之畯農」；抽掉③「三軍霆激，羽騎火烈，天動雷震，隱隱轔轔。躬東作之
上務，始入正于南行。」《太平御覽》只摘錄兩條，在③部分「升九龍之華旗」
〔註183〕；另一條③部分併接為「登靈之威輅，駕太一之象車，躬東作之上務，
始入政於南行。」〔註184〕。大體上，嚴氏輯錄是依類書記載為原則，「省并複
疊，聯類畸零」、「拾遺補闕，抽換之，整齊之，劃一之」。〔註185〕而其整理出
來之面貌，又與原本有些出入。林曉光以〈明清所編總集造成漢魏六朝文本
變異〉一文，提出一種反思。〔註186〕這種互相拆換、穿插、倒置的排列情形，
是否是一種新的文本，值得再深入研究。

（二）析離

嚴氏不僅將輯錄之篇文，做一些改動、抽換，亦將同一筆資料分成數條
或者數篇處理。例如〈傅亮·與謝晦書〉，收錄同出於《宋書·謝晦傳》卷四
十四的兩條，分別為：

　　薄伐河朔，事猶未已，朝野之慮，憂懼者多。（《宋書·謝晦傳》）

　　朝士多諫北征，上當遣外監萬幼宗往相諮訪。（同上）〔註187〕

〔註180〕〔明〕梅鼎祚：《東漢文紀》（臺北：臺灣商務印書館，影印《文淵閣四庫全
　　　　書》第 1397 冊，1983 年），卷 10，頁 221。

〔註181〕〔明〕張溥：《漢魏六朝百三家集》（臺北：臺灣商務印書館，影印《文淵閣
　　　　四庫全書》第 1412 冊，1983 年），卷 12，頁 290。

〔註182〕〔唐〕徐堅等：《初學記·巡狩》，卷 13，冊 2，頁 333。

〔註183〕〔宋〕李昉：《太平御覽》，卷 340，冊 2，頁 1690。

〔註184〕〔宋〕李昉：《太平御覽》，卷 537，冊 3，頁 2566。

〔註185〕〔清〕嚴可均：〈總敘〉，《全上古三代秦漢三國六朝文》，冊 1，頁 18。

〔註186〕林曉光：〈明清所編總集造成的漢魏六朝文本變異——拼接〉」插入的處理手
　　　　法及其方法論反省〉，《漢學研究》總 84 期，第 34 卷第 1 期（2016 年 3 月），
　　　　頁 309～335。

〔註187〕〔清〕嚴可均：〈與謝晦書〉，《全宋文·傅亮》，卷 26，冊 6，頁 255。

兩條錄文，出自於《宋書‧謝晦傳》同卷、相同段落。嚴氏析為兩條，歸併於一篇，起始於傅亮（374～426）與謝晦書。《宋書》記載如下：

傅亮與謝晦書曰：「薄伐河朔，事猶未已，朝野之慮，憂懼者多。」

又言：「朝士多諫北征，上當遣外監萬幼宗往相諮訪。」〔註188〕

據此可知，兩條錄文來自於傅亮給謝晦（390～426）之書信，為同一事件之兩句話。又〈贈劉延孫司徒詔〉採自《宋書‧劉延孫傳》，卷與段落同處，嚴氏卻析離為兩篇，以示不同詔書。以下是《宋書‧劉延孫傳》的記載：

①下詔曰：「故侍中、尚書左僕射、領護軍將軍、東昌縣開國侯延孫，風局簡正，體識沈明，綢繆心膂，自蕃升朝，契闊唯舊，幾將二紀。靈業中圮，則首贊宏圖；義令既舉，則任均蕭、寇。器允棟幹，勳實佐時。歷事兩宮，出內尹牧，惠政茂績，著自民聽，忠謨令節，簡乎朕心。方燮和台階，永毗國道，奄至薨殞，震慟兼深。考終定典，宜盡哀敬。可贈司徒，給班劍二十人，侍中、僕射、侯如故。」有司奏諡忠穆，詔為文穆。②又詔曰：「故司徒文穆公延孫，居身寡約，家素貧虛，每念清美，良深悽歎。葬送資調，固當闕乏，可賜錢三十萬，米千斛。」〔註189〕

依據《宋書》原文，涵蓋「下詔」與「又詔」，以①②作區別。嚴氏析分為兩篇以〈贈劉延孫司徒詔〉：「故侍中、尚書左僕射、領護軍將軍東昌縣開國侯延孫……侯如故。」〔註190〕〈又詔〉：「故司徒文穆公延孫，每念清美，良深悽歎。葬送資調，固當闕乏，可賜錢三十萬，米千斛。」〔註191〕注明「同上」，剔除了「有司奏諡忠穆，詔為文穆」兩句。嚴氏析離之法，其特點是將資料析為數篇，但均位於同一著錄之下，後人尚容易考察其間之異同。例如：漢之新垣平〈上言設五廟〉、〈又言日再中〉、〈又言迎周鼎〉三篇，出自《史記‧封禪書》與《漢書‧郊祀志》上：

〈上言設五廟〉

長安東北有神氣，成五采，若人冠絻焉。或曰：東北神明之舍，西方神明之墓也。天瑞下，宜立祠上帝，以合符應。（《史記‧封禪

〔註188〕〔梁〕沈約：《宋書‧謝晦傳》，卷44，冊5，頁1349。
〔註189〕〔梁〕沈約：《宋書‧劉延孫傳》，卷78，冊7，頁2020～2021。
〔註190〕〔清〕嚴可均：〈贈劉延孫司徒詔〉，《全宋文‧孝武帝》，卷6，冊6，頁69。
〔註191〕〔清〕嚴可均：〈又詔〉，《全宋文‧孝武帝》，卷6，冊6，頁69。

書》,《漢書・郊祀志上》)〔註192〕

〈又言日再中〉：

　　臣候日再中。居頃之,日卻復中。(同上)〔註193〕

〈又言迎周鼎〉：

　　周鼎亡在泗水中,今河溢通泗,臣望東北汾,陰直有金寶氣,意周
　　鼎其出乎?

　　兆見不迎,則不至。(同上)〔註194〕

據《史記・封禪書》卷二十八記載,〈上言設五廟〉一文當在漢文帝十五年(前
154)時,《西漢文紀》題稱〈立祠上帝奏〉及〈又言迎周鼎〉改為〈周鼎奏〉。
〔註195〕新垣平(?~前163)因觀氣象而向上建言,設立五廟之論述。其〈又
言日再中〉與〈又言迎周鼎〉,則在文帝十七年(前152),建議改元更始,與
迎周鼎之事。從篇文的稱名而言,此三篇乃是嚴氏所擬,符應〈凡例〉原則
「或舊有題,便仍其舊,至《文苑英華》等題或繁,尤偶亦刪改。」〔註196〕
錄文摘取於同卷處,乃因時間、事件的不同,析離三篇,並題不同篇名,使
得篇文的編排,更符合歷史時序的原則。

三、刪節

　　嚴氏〈凡例〉：「東漢、三國、晉文散見群書者,各自刪節,往往有文同
此篇,從數處采獲,或從數十處采獲,合而訂之,可成完篇。」在輯錄過程
中,面對不同出處,曾依據資料的優劣,加以刪節,或者改動字詞。對於刪
節的部分,嚴氏引據《漢魏六朝百三家集》為例,直接抄錄《賦匯》,「張溥
《百三家集》所載魏晉諸賦亦如此。而《賦匯》即據為定本,謹遵此例」。
〔註197〕在《歷代文紀》也存著不少這樣例子。這種改換刪節的內容,沒有依
定的準則,例如《全上古三代文・魯僖公》之〈禱請山川辭〉,其案語：「《穀
梁》成八年疏,又定公元年注,又見《後漢書・郎顗傳》注,小異。」〔註198〕

〔註192〕〔清〕嚴可均：〈上言設五廟〉,《全漢文・新垣平》,卷17,冊1,頁422。
〔註193〕〔清〕嚴可均：〈又言日再中〉,《全漢文・新垣平》,卷17,冊1,頁422。
〔註194〕〔清〕嚴可均：〈又言迎周鼎〉,《全漢文・新垣平》,卷17,冊1,頁422。
〔註195〕〔明〕梅鼎祚：《西漢文紀》(臺北：臺灣商務印書館,影印《文淵閣四庫全
　　　　書》第1936冊,1983年),卷6,頁332。
〔註196〕〔清〕嚴可均：〈凡例〉,《全上古三代秦漢三國六朝文》,頁20。
〔註197〕〔清〕嚴可均：〈凡例〉,《全上古三代秦漢三國六朝文》,頁20。
〔註198〕〔清〕嚴可均：〈禱請山川辭〉,《全上古三代文・僖公》,卷3,冊1,頁38。

同篇佚文，互見數處，互有小異，嚴氏直接收錄梅氏《皇霸文紀》，作為摘錄之準則。

《春秋穀梁傳注疏·成公》卷十三

①方今大旱，野無生稼，寡人當死，百姓何依？不敢煩民請命，願撫萬民，以身塞無狀。②是鄭意，亦以不須雩，唯有禱請而已。

〔註199〕

又《春秋穀梁傳注疏·定公》卷十九

①方今大旱，野無生稼，寡人當死，百姓何謗？不敢煩民請命，願撫萬民，以身塞無狀。②禱亦請也，此即請辭也。〔註200〕

又《後漢書注·郎顗傳》卷三十

①方今大旱，野無生稼，寡人當死，百姓何罪？不敢煩人請命，願撫萬人害，以身塞無狀。②禱已，舍齊南郊，雨大澍也。〔註201〕

嚴氏之〈禱請山川辭〉

方今大旱，野生無稼，寡人當死，百姓何依？不敢煩民請命，願撫萬民，以身塞無狀。〔註202〕

依據上述錄文分為①②部分，嚴氏刪改之內文在①，《春秋穀梁傳注疏·成公》為「百姓何依」；《春秋穀梁傳注疏·定公》為「謗」；《後漢書注·郎顗傳》引《春秋考異郵》、《皇霸文紀》為「罪」。二是據《後漢書注·郎顗傳》之「不敢煩人請命，願撫萬人害」，改為「不敢煩民請命，願撫萬民」。另外第②部分，引錄之文各不相同，嚴氏依據《皇霸文紀》全刪。

四、併合

在收錄的篇文中，嚴氏除了有刪改、直錄等方式外，尚有併合不同的資

〔註199〕〔晉〕范甯集解；〔唐〕陸德明音義、〔唐〕楊士勛疏：《春秋穀梁傳注疏·成公》（臺北：世界書局，收入《四庫全書薈要》第33冊，1984年），卷13，頁219。

〔註200〕〔晉〕范甯集解；〔唐〕陸德明音義、楊士勛疏：《春秋穀梁傳注疏·定公》，收入《四庫全書薈要》第33冊，卷19，頁302。

〔註201〕〔宋〕范曄著；〔唐〕李賢注：《後漢書·郎顗傳》（北京：中華書局，1965年5月），卷30，冊4，頁1058。同文參見《四庫全書》收錄《後漢書·郎顗傳》，卷60下，兩者卷數有差異。

〔註202〕請參見〔清〕嚴可均：《全上古三代文·僖公》，卷3，冊1，頁38。〔明〕梅鼎祚：〈雩祭禱辭〉，《皇霸文紀·雩祭禱辭》（臺北：臺灣商務印書館，收入《文淵閣四庫全書》第1396冊，1983年），卷2，頁24。

料，使其成為一篇佚文。例如《全宋文・謝靈運》之〈七濟〉，從《太平御覽》卷六百八十六與九百七十一各摘錄一條，合併一篇，即所謂「併合」之法。此類，並非單一事例，在《全文》中，常見有併合資料之情形。而其情況可區分為幾種，試舉例說明：

（一）原文併合，沒有刪改

一般而言，此類的併文沒有刪改，是根據完整的資料，再加以補錄，使輯錄的篇文更為完整。例如〈劉歆・鍾律書〉：

①春宮秋律，百卉必凋。秋宮春律，萬物必榮。（《隋書・牛弘傳》、《北史》七十二、《御覽》二十五）②夏宮冬律，雷必發聲（《隋書・牛弘傳》、《北史》七十二）〔註203〕

依上述所引，《全文》應是①②併合。就嚴氏注明出處為（《隋書・牛弘傳》，《北史》七十二、《御覽》二十五，其中《御覽》卷二五有誤，應直錄於卷五百六十五。明顯地，嚴氏收錄篇文，併合直錄方式備細完整，至於文獻出處，則需後人再次檢閱。例如《漢文・劉向》之〈熏爐銘〉：

①嘉此正器，嶄巖若山。上貫太華，承以銅盤。中有蘭麝，朱火青煙。（《藝文類聚》七十、《初學記》二五、《北堂書鈔》一百三十五）②蔚術四塞，上連青天。（《北堂書鈔》一百三十五）③雕鏤萬獸，離婁相加。（《文選・景福殿賦》注卷十一）〔註204〕

根據《全文》收錄的資料出處，可分為三部分①②③論述。①是取自《藝文類聚》、《初學記》、《北堂書鈔》，甚至明代《西漢文紀》、《漢魏六朝百三家集》；②是補錄於《北堂書鈔》；③是摘補於《文選六臣注・景福殿賦》卷十一。這種併合之文，端視於編纂者對文獻資料掌握之程度，補全缺漏之內容，還原原始資料出處，可以說輯佚最大宗旨「恢復古籍原貌」。

（二）增併

大抵一般併合的篇文，常見有兩種情況，一是斷簡殘語，各為散條，附

〔註203〕〔清〕嚴可均：〈鍾律書〉，《全漢文・劉歆》，卷41，冊1，頁633。根據《太平御覽》，卷25，冊1，頁246。摘錄部分只有「春宮秋律，百卉必凋。秋宮春律，萬物必榮」；卷565，冊3，頁2683，錄自《風俗通》曰：「案劉韶《鍾律書》曰『春宮秋律，百卉必凋。秋宮春律，萬物必榮。夏宮冬律，雨雹必降。冬宮夏律，雷必發聲。』夫音樂至重，所感者大。故曰：『知禮樂之情能作，知禮樂之文者能述。』」此應為完整篇文。
〔註204〕〔清〕嚴可均：〈熏爐銘〉，《全漢文・劉向》，卷37，冊1，頁604。

於篇末，二是片語併合插入。其第一情況，常被視為「同篇佚文，分數條段落，採自不同出處，內容沒有增刪、改寫、合併」；第二種情況又細分為：散條合併，片語插入。以下分別舉例說明：

1、同一出處，各為散條，合併錄之為一篇，例如簡文帝（503～551）〈釋迦文佛像銘〉：

①至矣調御，行備智周。滿月為面，青蓮在眸。②心珠可瑩，智流方溥。永變身田，長無沙鹵。（《藝文類聚》七十七引兩條，今合錄之）〔註205〕

〈釋迦文佛像銘〉均收錄在《藝文類聚》卷七十七、《釋文紀》卷二十一，篇名同，皆區分為兩條①②部分；《漢魏六朝百三家集》則散為兩篇，①為〈釋迦文佛像銘〉，②為〈迦葉佛像銘〉之第二條。〔註206〕《全文》合併為一則，取合標準是有待釐清。

2、不同出處，各為不同段落，併接一篇，如魏武帝（155～220）之〈求言令〉：

①令：夫治世御眾，建立輔弼，誠在面從。《詩》稱：「聽用我謀，庶無大悔。」斯實君臣懇懇之求也。吾充重任，每懼失中，頻年以來，不聞嘉謀，豈吾開延不勤之咎邪？自今以後，諸掾屬治中、別駕，常以月旦各言其失，吾將覽焉。（《魏志·武帝紀》注引《魏書》，有《文館詞林》六百九十五）②自今諸掾屬侍中、別駕，常以日朔各進得失，紙書函封，主者朝，常給紙函各一。（《初學記》二十一〈紙〉）〔註207〕

曹操〈求言令〉，嚴氏收錄兩段①②，取自不同出處。①部分摘錄於《魏書·武帝紀》與《文館詞林》；②部分摘錄於《初學記》卷二十一之〈紙〉。《漢魏六朝百三家集》區分為兩篇，著錄在卷二十三，①篇名〈求直言令〉一篇，

〔註205〕〔清〕嚴可均：〈釋迦文佛像銘〉，《全梁文·簡文帝》，卷13，冊7，頁140。
〔註206〕〔唐〕歐陽詢撰；汪紹楹校：《藝文類聚》，卷77，冊3，頁1317。〔明〕梅鼎祚：《釋文紀》（臺北：臺灣商務印書館，影印《文淵閣四庫全書》第1401冊，1983年），卷21，頁207。同篇名，分為兩條列目。〔明〕張溥：《漢魏六朝百三家集》（臺北：臺灣商務印書館，影印《文淵閣四庫全書》，1983年），卷82下，頁574。〈迦葉佛像銘〉之第一條，嚴氏也立一篇同名題稱，兩篇分合標準未能說明。
〔註207〕〔清〕嚴可均：〈求言令〉，《全三國文·武帝》，卷2，冊3，頁17。

②篇名〈掾屬進得失令〉〔註208〕。嚴氏為何併接兩則為一篇，實讓人費解，也許就如同《七十二家集‧凡例》所言當屬「脈絡所通」者也。其說：「尋其脈絡所通，為之增入；上下不接，則題一文字，另附于後。」〔註209〕

（三）併改

　　早在劉向在校理群書時，即從事刪去複從，條其編次的編纂工作。嚴氏在輯錄過程中，由於徵引複雜，為了「拾遺補闕」，必定經過刪併的程序，其〈總敘〉言：「省并複疊，聯類畸零」才能使篇文「整齊之，畫一之」。〔註210〕例如徐爰（394～475）之〈食箴〉：

> 悠悠遂古，民之初生。有生自食，有實□□。資生順性，甘是黍稷。炎皇俶載，后弃茂植。一食三飽，聖賢通執。三穀既黳，五味亦宜。潔爨豐盛，滋芬美肥。奉君養親，靡不加精，充膚潤氣，調神暢情。〔註211〕

此篇〈食箴〉一文，嚴氏藉由增併之法，統合《北堂書鈔》卷一百四十二、一百四十三，輯錄一篇。兩相對照，發現嚴氏有多處更改原句，其不同處有三：

1、卷一百四十二，原文為：「一食三飽，聖賢通執。奉君養親，靡不加精，安體潤氣，調神暢情。」〔註212〕

2、卷一百四十三「民之初生，有生有食。資生順性，甘是黍稷。炎皇俶載，后弃茂植。三穀既黳，五味亦宜。潔爨豐盛，滋芬美肥。」〔註213〕

據此，一是「有生有食」改為「有生自食」；二是增加二句，「悠悠遂古」、「有實□□」；三是改動「安體」為「膚體」。這種併合纂輯方式，在文學總集編纂中還算是常例，因為資料整合源自同一出處，達到「拾遺補闕」與「刪改」

〔註208〕〔明〕張溥：〈求直言令〉，《漢魏六朝百三家集》，影印《文淵閣四庫全書》第1412冊，卷23，頁551；〈掾屬進得失令〉，頁552。

〔註209〕〔明〕張燮：〈凡例〉，《七十二家集》（上海：上海古籍出版社，《續修四庫全書》第1583冊，1995年），頁1。

〔註210〕〔清〕嚴可均：〈總敘〉，《全上古三代秦漢三國六朝文》，頁18。

〔註211〕〔清〕嚴可均：〈食箴〉，《全宋文‧徐爰》，卷40，冊6，頁390。

〔註212〕〔唐〕虞世南編纂：《北堂書鈔》（北京：清華大學出版社，收入《唐代四大類書》第1冊，2003年11月），卷142，頁639。

〔註213〕〔唐〕虞世南編纂：《北堂書鈔》，收入《唐代四大類書》第1冊，卷143，頁647。

之程序。至於把「省并複疊，聯類畸零」之不同文本，經過剔除重合、節選片段，刪削整併為一篇作品，其過程實為不易。《全晉文・傅玄》之〈鸚鵡賦〉：

> ①奇毛曜體，綠采含英。鳳翔鸞跱，孔質翠榮。②懸頬分于丹足，婉朱味之熒熒。③發言輒應，若響追聲。(《藝文類聚》九十一，《初學記》三十)〔註214〕

依據《全文》之錄文，其併接的方法可分為兩個層面論述，一是文本併接之順序為①②③三部分，與《藝文類聚》、《漢魏六朝百三家集》存在次序差異的問題。《藝文類聚》卷九十一，摘錄之文為①③兩部分。《漢魏六朝百三家集》之先後順序為①③②。二是「聯類畸零」引錄之類書，是有助文句拼合之依據。《初學記》卷三十收錄①段「鳳翔鸞跱，孔質翠榮」，②之「懸頬分于丹足，婉朱味之熒熒」〔註215〕，其完整內文為「鳳翔鸞跱，孔質翠榮。懸頬分于丹足，婉朱味之熒熒。」嚴氏透過《初學記》的片段錄文，重新整合條文順序，雖與《漢魏六朝百三家集》不同，卻提高錄文完整性。

由於佚文大多散見各書或一書之不同部分，東鱗西爪，不相連續，所以輯佚者必須考其體例、確定佚文之先後順序，按照錄文，分類排比，力求恢復原書篇第。透過這樣處理的錄文，編輯出來的文本是否能恢復古籍原貌，《全文・校點前言》做了一些說明：

> 第十一，提示嚴氏以己意拼合之文。一段文字或一篇文章如有幾個出處，嚴氏在文末皆一一注明，多數情況是正文與注明的第一個出處的版本一致；少數情況是在正文中注明不同版本的異文。另外有一種情況則值得注意：嚴氏依自己的理解將不同版本的文字加以取捨，合成一文，而他又不加注，這樣在《全文》中出現的文字，既不與出處甲的文字全同，又不與出處乙的文字全同。嚴可均這樣做，大概是想恢復古籍的原貌，用心良苦，耗費了許多精力，也取得了某些成績。但這種做法原則上不可取，從整體效果上也不理想。如果一一寫出校記，則不勝其煩，也沒這個必要。〔註216〕

該上文提示了嚴氏在輯錄的過程中，以己意併合所呈現出的問題，是否為古

〔註214〕〔清〕嚴可均：〈鸚鵡賦〉，《全晉文・傅玄》，卷46，冊4，頁468。
〔註215〕〔唐〕徐堅等：《初學記・鸚鵡》，卷30，冊3，頁737。
〔註216〕陳廷嘉：〈校點前言〉，《全上古三代秦漢三國六朝文》，頁12～13。

籍的原貌？面對不同出處的內容，除了考訂不同版本間之異文，加以重整。
然所收之所有資料，並非全是第一手，如以傅玄（217～278）之〈鸚鵡賦〉
為例，經過併改已非完整原文了。這種併合、節選片段、剔除重合、刪改異
文等錄文方式，除了經過覆核原始資料之外，餘皆嚴氏個人之判斷定奪。例
如《全三國文・武帝》之〈軍策令〉：

①孤先在襄邑，有起兵意，與工師共作卑手刀，時北海孫賓碩來
候孤，譏孤曰：「當慕其大者，乃與工師共作刀耶？」孤答曰：
「能小復能大，何害？」（《書鈔》一百二十三、《御覽》三百四
十六）

②袁本初鎧萬領，吾大鎧二十領。本初馬鎧三百具，吾不能有十
具，見其少遂不施也，吾遂出奇破之。是時士卒練甲，不與今時
等也。（《御覽》三百五十六）

③夏侯淵今月賊燒卻鹿角，鹿角去本營十五里。淵將四百兵行鹿
角，因使士補之。賊山上望見，從谷中卒出，淵使兵與鬥，賊遂
繞出其後，兵退而淵未至，甚可傷。淵本非能用兵也，軍中呼為
白地將軍。為督帥尚不當親戰，況補鹿角乎？（《御覽》三百三
十七）〔註217〕

據此〈軍策令〉，其完整篇文①②③三段，出自於《書鈔》一百二十三卷、《御
覽》三百五十六與三百三十七。仔細覆核，三段佚文彼此沒有重複或者異文
片段，《書鈔》僅摘錄①部分「孤先在襄邑，有起兵意，與工師共作卑手刀」
〔註218〕；就②段部分，《御覽・兵部》卷三百五十六，收錄在〈魏武軍策令〉
〔註219〕；③段錄於《御覽・鹿角》之〈魏武軍策令〉，卷三百三十七。〔註220〕
就先後順序關係，《漢魏六朝百三家集》拚合為②③①，與《全文》有倒置現
象。其相互之間的先後關係，嚴氏並未作進一步說明。

五、結語

嚴氏輯錄方式，大抵是單純的摘錄，僅從一種文獻抄錄，如史傳類之〈諫

〔註217〕〔清〕嚴可均：〈軍策令〉，《全三國文・武帝》，卷3，冊3，頁31。
〔註218〕〔唐〕虞世南編纂：《北堂書鈔》，影印《唐代四大類書》第1冊，卷123，
頁518。
〔註219〕〔宋〕李昉：《太平御覽》，卷356，冊2，頁1765。
〔註220〕〔宋〕李昉：《太平御覽》，卷337，冊2，頁1677。

文帝遊獵疏〉，出自《魏志·王朗傳》。〔註221〕或者是唐宋類書之《初學記》、
《藝文類聚》、《太平御覽》等，如邯鄲淳（132～221）之〈受命述〉，出自「《藝
文類聚》十」。〔註222〕除此之外，其錄文形式，大致可分為幾種：

（一）片段摘錄

唐宋類書、古舊注引用六朝文獻，通常是片段性的，甚至是零碎的散句。
所以嚴氏才說：「碎錦殘圭，義不連貫，則為散條，附當篇之末。片語單詞，
未敢遺棄」〔註223〕道出了輯佚之宗旨，凡殘語隻字、義不連貫，在輯佚家眼
中都是吉光片羽，覆核再三，連結成篇。如典型之例，曹植（192～232）之
〈感時賦〉、〈悲命賦〉：

> 惟霖雨之永降，曠三旬而未晞。（《文選注·鮑明遠》〈苦熱行〉）
> 〔註224〕

> 哀魂靈之飛揚。（《文選注·別賦》）〔註225〕

〈感時賦〉之散句，嚴氏錄自《文選注·鮑明遠》之注文；〈悲命賦〉之碎句，
取自於《文選注·江文通》。這種取擇方法，作品出處均為同一種文獻。取資
於兩種以上之不同文獻，往往會引用不相重合的片段。例如〈齊桓公·葵丘
盟〉：

① 凡我同盟之人（既盟之後【脫句】），言歸于好。（《左傳·僖九
年》）

② 初命曰：「誅不孝，無易樹子，無以妾為妻。」再命曰：「尊賢育
才，以彰有德。」三命曰：「敬老慈幼，無忘賓旅。」四命曰：「士
無世官，官事無攝，取士必得，無專殺大夫。」五命曰：「無曲
防，無遏糴，無有封而不告。」曰：「凡我同盟之人，既盟之後，
言歸于好。」（《孟子·告子》下）

③ 毋雍泉，毋棄糴，毋易樹子，毋以妾為妻，毋使富人易國事。（《穀

〔註221〕〔清〕嚴可均：〈諫文帝遊獵疏〉，《全三國文·王朗》，卷22，冊3，頁219。
參見〔晉〕陳壽撰：《三國志·王朗傳》（北京：中華書局，1982年7月），
卷13，冊2，頁409。

〔註222〕〔清〕嚴可均：〈受命述〉，《全三國文·邯鄲淳》，卷26，頁259。又參見
〔唐〕歐陽詢撰；汪紹楹校：《藝文類聚》，卷10，冊1，頁195。

〔註223〕〔清〕嚴可均：〈凡例〉，《全上古三代秦漢三國六朝文》，頁20。

〔註224〕〔清〕嚴可均：〈感時賦〉，《全三國文·陳王植》，卷13，冊3，頁137。

〔註225〕〔清〕嚴可均：〈悲命賦〉，《全三國文·陳王植》，卷13，冊3，頁143。

梁傳・僖九年》）〔註226〕

依此，〈葵丘盟〉取錄文獻有三處，分別①②③個段落，取自《左傳》、《孟子》、《穀梁傳》，①②③各有重疊不一，或異文現象。至於段落之先後，順序如何安排？筆者推測，蓋是依照語法加以列序，似乎已非古籍原貌了。

（二）片段零散插入

例如《全三國文・文帝》之〈車渠椀賦〉：

①車渠，玉屬也，多鮮理縟文。生於西國，其俗寶之。

②小以繫頸，大以為器。

③惟二儀之普育，何萬物之殊形？料珍怪之上美，無茲椀之獨靈。

苞華文之光麗，發符采而揚榮。理交錯以連屬，佀將離而復并。

或若朝雲浮高山，忽佀飛鳥屬蒼天。夫其方者如矩，圓者如規。

稠希不謬，洪纖有宜。〔註227〕

據《百三家集》、《藝文類聚》，其收錄部分為①③；《太平御覽》摘錄部分為①②。依此，嚴氏插入《御覽》之②，使其完整篇文。另外曹丕（187～226）〈柳賦序〉：

①昔建安五年，上與袁紹戰于官渡。是時余始植斯柳，自彼迄今，

十有五載矣。②左右僕御已多亡，③感物傷懷，乃作斯賦曰。〔註228〕

此序文，只見《藝文類聚》與《百三家集》載錄之①③部分，並添加「是」字；②之「左右僕御已多亡」，乃是嚴氏所添加，至今仍未有其文獻記載。就其以己意插入片段之纂輯方式，顯見嚴氏在處理篇文時，是具有其獨創性。這種特質往往為今人所忽略的，如進行細審考證之時，當根據文脈作一些闡釋。

（三）插入與併接複合形式

例如《全上古三代文・黃帝》之〈金人銘〉，嚴氏雖說取自《說苑・敬慎》。又說其資料摘錄的過程：「案：此銘舊無撰人名，據《太公陰謀》、《太公金匱》，知即《黃帝六銘》之一。《金匱》僅載銘首二十餘字，今取《說苑》以足之。」〔註229〕就《說苑》記載，〈金人銘〉本是孔子時太廟前之刻石，其

〔註226〕〔清〕嚴可均：〈葵丘盟〉，《全上古三代文・齊桓公》，卷7，冊1，頁99。
〔註227〕〔清〕嚴可均：〈車渠椀賦〉，《全三國文・文帝》，卷4，冊3，頁47。
〔註228〕〔清〕嚴可均：〈柳賦序〉，《全三國文・文帝》，卷5，冊3，頁48。
〔註229〕〔清〕嚴可均：〈金人銘〉，《全上古三代文・黃帝》，卷1，冊1，頁7。

背後刻有銘文。《太公金匱》曾收錄，僅見前半部分，約刻二十餘字，嚴氏利用《說苑・敬慎》補足後面漏失之部分。這種併合方式，與原文是否有很大出入，須待進一步釐清補正。例如《全漢文・元帝》之〈賜蕭望之爵邑詔〉：

> 制詔御史：國之將興，尊師而重傅。故前將軍望之傅朕八年，道以
> 經書，厥功茂焉。其賜爵關內侯，食邑八百戶，給事中，朝朔望，
> 坐次將軍。（《漢書・元紀》，又《蕭望之傳》。）〔註230〕

此篇出處有二，一是《漢書・元帝紀》，二是《漢書・蕭望之傳》。兩相對照，《漢書・蕭望之傳》增加兩句「給事中」、「坐次將軍」；《漢書・蕭望之傳》「食邑六百戶」作「食邑八百戶」。顯然，嚴氏取錄文本以《漢書・蕭望之傳》為根據，而其併接的緣由，當以交代完整的事件為依據。其錄文原則「所以識其緣起」、「所以竟其事也」。〔註231〕

　　嚴氏在輯錄佚文時，將徵引的材料歸納整理，並在文末注明多種出處、文獻各種異同等，並做出相應的編排。不管編纂次第是否合理、資料出處是否無誤？其所收輯完備、體例嚴謹、便於後人參用等評價，在在皆顯其編纂之用心。

〔註230〕〔清〕嚴可均：〈賜蕭望之爵邑詔〉，《全漢文・元帝》，卷7，冊1，頁317。
　　　　〔漢〕班固撰；〔唐〕顏師古注：《漢書・元帝紀》，卷9，冊1，頁283。又
　　　　〔漢〕班固撰；〔唐〕顏師古注：《漢書・蕭望之傳》，卷78，冊1，頁3287。
〔註231〕〔清〕嚴可均：〈凡例〉，《全上古三代秦漢三國六朝文》，頁20。